晚清民国
西学翻译摭论

管新福　著

社会科学文献出版社
SOCIAL SCIENCES ACADEMIC PRESS (CHINA)

Contents 目录

第一编　晚清民国西学翻译与传统文化

晚清民国西学翻译与文化关系研究综述[*]

20 世纪下半期以来，翻译研究因受文化转向的影响，晚清民国西学译介与传统文化的关系重新引起学界重视，尤其聚焦于中国文学现代转型中的外来文学文化因素、中国传统文学文化经典对西学翻译的影响和重构等方面。众所周知，晚清民国是中国文化受外来冲击最为猛烈的时段，西学东渐，并形成了翻译高潮。不但有天文历法、数学地理、物理化学等自然科学的翻译，也包括哲学、政治学、史学以及文学等人文社会科学的翻译。由于晚清文化所固有的保守性和排他性，加之当时翻译家接受的大都是旧式教育，在翻译文献的选择和译文风格上，受中国传统制度文化、伦理道德文化、民族审美文化的深刻影响，因此，厘清中国传统文化和晚清民国西学翻译之间的复杂关系，具有重要的学术价值。由目前的研究成果观之，学界主要形成几种研究进路，下面就分述之。

一　文学史、翻译史著述对翻译与文化关系的阐释

"无论在中国还是在西方，翻译都是一项极其古老的活动。事实上，在整个人类历史上，语言的翻译几乎同语言本身一样古老。"① 对人类翻译活动的爬梳和研究，就形成翻译史。长期以来，翻译史研究都是翻译研究的重要领地，而在晚清民国西学翻译领域，对翻译史的研究也是成果最为丰硕的部分。早在 20 世纪二三十年代就有学者给予关注，并取得一些颇有影响的研究成果。如胡适《五十年来中国之文学》（1923）、郑振铎《林琴南先生》（1924）、陈子展《中国近代文学之变迁》（1929）、王哲甫《中国新文学运动史》（1933）、阿英《晚清小说史》（1937）和《翻译史话》（1938）、郭箴一

* 本文原载于《阴山学刊》2021 年第 3 期，收入本书时有修改。

① 谭载喜：《西方翻译简史》，商务印书馆，1991，第 3 页。

《中国小说史》（1939）等史著都对“翻译文学”辟有专论，亦有相关的文化背景分析。之后20世纪五六十年代出版的中国文学史著作，如复旦大学编著的《中国近代文学史稿》（1956）、北京大学编著的《中国文学史》（1959）和《中国小说史稿》（1960）及吉林大学编著的《中国文学史稿（清及近代部分）》（1960）也涉及“翻译文学”的相关内容。延及20世纪90年代，关于晚清民国西学翻译的研究成果猛然增多，翻译专史也大量出现。代表著述有陈玉刚主编《中国翻译文学史稿》（1989）、陈福康《中国译学理论史稿》（1992）、施蛰存主编《中国近代文学大系（1840—1919）》（翻译文学集）（1990）、王宏志主编《翻译与创作——中国近代翻译小说论》（1997）、郭延礼《中国近代翻译文学概论》（1998）、马祖毅《中国翻译简史》（上、下）（1999）、徐志啸《近代中外文学关系》（2000）、王秉钦《20世纪中国翻译思想史》（2004）、李伟《中国近代翻译史》（2005）、方华文《20世纪中国翻译史》（2005）、黎难秋《中国科学翻译史》（2006）、胡翠娥《文学翻译与文化参与：晚清小说翻译的文化研究》（2007）、查明建和谢天振《中国20世纪外国文学翻译史》（2007）、杨义主编《二十世纪中国翻译文学史》（近代卷）（2009）、冯志杰《中国近代翻译史》（晚清卷）（2011）、王宏志主编《翻译史研究》（辑刊）（2011—2017）、谢天振和何绍斌《简明中西翻译史》（2013）、宋炳辉《文学史视野中的中国现代翻译文学——以作家翻译为中心》（2013）、邹振环《20世纪中国翻译史学史》（2017）等。

上述研究成果中，陈福康《中国译学理论史稿》对梁启超、林纾、周桂笙、徐念慈、周氏兄弟等人的翻译思想进行了介绍，也涉及他们的小说翻译理论；王宏志主编的《翻译与创作——中国近代翻译小说论》开拓了国内外合作研究的新模式，研究方向更为细化，内容更为丰富，有对文学翻译活动的总体概括与介绍，也有对不同翻译家所译外国小说的专项研究，开阔了研究思路；郭延礼《中国近代翻译文学概论》对近代翻译文学的发展脉络和特点进行了总结，也对近代翻译文学理论、各体文学翻译和著名翻译家的译学贡献进行了全面论述；徐志啸《近代中外文学关系》从翻译态度、动机、方法、语言、标准等五方面对近代文学翻译思想进行了总体论述；李伟《中国近代翻译史》介绍了传教士的早期翻译及近代翻译理论的出现；胡翠娥《文学翻译与文化参与：晚清小说翻译的文化研究》重点关注文学翻译与文化间的互动关系；马祖毅《中国翻译简史》、杨义主编的《二十世纪中国翻译文学史》（近代卷）、冯志杰《中国近代翻译史》（晚清卷）重点对晚清民国西学翻译进行了鸟瞰扫描，尤其突出对代表性翻译家的评述；谢天振、何绍斌

《简明中西翻译史》则引入西方翻译视野，力图对晚清民国西学翻译研究提供参照。这些成果之间各有同异、各有展开和侧重，是目前研究晚清民国西学翻译的重要参考文献。

具体而言，这些成果主要对晚清民国西学翻译进行历时性梳理，以资料整理和通识性介绍为主，基本厘清了晚清民国西学翻译的历史脉络和文献现状，有些著述涉及晚清民国西学翻译兴起的社会基础、翻译活动发展的历史演进、各类翻译作品的概况、晚清民国时期的翻译家和翻译机构以及翻译活动对近代中国社会转型的影响等。虽有学者将西学翻译置于清末民初的文化语境和时代背景中审视，但研究主要限于宏观评价，对翻译文本缺少细致分析，鲜有专门探讨传统文化与晚清民国西学翻译之间关系的成果，特别是传统文化对晚清民国西学翻译的影响和渗透的深层次关系还少有论者探析，在今后的研究中学界应给予重点关注。

二　翻译家个体研究中的社会、历史文化原因分析

翻译家“有丰富的翻译实践经验，他们从事翻译活动都有深刻的社会背景，因此对民族思想文化的沟通起了极大的作用，在翻译史上留下了永恒的足迹”①，因此，对翻译家的研究是晚清民国西学翻译研究的又一重镇，成果也比较突出，尤其关于严复、林纾、梁启超等代表翻译家的研究成果最为丰硕。(一) 对严复翻译理论和翻译实践的研究。如贺麟《严复的翻译》(1925) 对严复西学翻译成就进行了总体论述，尤其对其译著风格给予了较为中肯的述评；王森然《近代二十家评传》(1940) 专门对严复与桐城古文的关系进行了细致梳理；王佐良《严复的用心》重点阐述严复“信达雅”翻译主张的时代意义；王栻《严复与严译名著》(1982) 则对严复的八大代表译著给予全面的介绍和评述；牛仰山《严复评传》、俞政《严复著译研究》、黄忠廉《严复变译思想考》等重在对严复生平和翻译概貌的详细梳证；韩江洪《严复话语系统与近代中国文化转型》从语言学角度切入，论述严复及其翻译话语对中国文化近代转型的作用；沈苏儒《论信达雅：严复翻译理论研究》、王宏志《重释“信达雅”——二十世纪中国翻译研究》重点对严复的翻译理论进行现代阐释，尤其是将严复的翻译理论置于20世纪世界翻译理论视域中给予审视，使严复的“信达雅”主张具有现代视野和生命力。除这些

① 王秉钦：《20世纪中国翻译思想史》，南开大学出版社，2004，第2页。

专著之外，另有40余篇硕博士论文、近300篇期刊论文研究严复的翻译理论及其翻译实践，但大多论域和结论重复，学术价值不大。代表论文有黄忠廉《重识严复的翻译思想》、曹明伦《论以忠实为取向的翻译标准——兼论严复的“信达雅”》、廖七一《严复翻译批评的再思考》、邵璐《Bourdieu社会学视角下的重释中国近代翻译史——以并世译才严复、林纾为例》、吴微《桐城文章的“别样风景”——以严复、林纾的翻译为中心》等。（二）对林纾及其翻译小说的研究。从现有材料看，最早对林纾进行客观而系统评述的是郑振铎的《林琴南先生》（1924）一文，该文是郑振铎在林纾去世后发表的一篇悼念和总结性质的专论，可谓定调之文；寒光《林琴南》（1935）是研究林纾的第一本专著，该书高度评价了林译小说的社会文化意义和文学史价值；王森然《近代二十家评传》（1940）专章论述林纾的翻译贡献；钱锺书（又写作“钱钟书”）在《林纾的翻译》（1981）中则对林纾在小说翻译上的影响与贡献做了深入浅出的点评。往后如徐中玉主编《中国近代文学大系（1840—1919）》（文学理论集）、张俊才《林纾评传》、曾宪辉《林纾》、孔庆茂《林纾传》、张旭和车树昇《林纾年谱长编1852—1924》、高惠群《翻译家严复传论》等著述重在对林纾生平和翻译成就的详细爬梳。而高万隆《文化语境中的林纾翻译研究》、韩洪举《林译小说研究》、刘宏照《林纾小说翻译研究》等成果，结合林纾的翻译思想及特点，对林译小说作了较为系统全面的研讨，这些专著是学界研究林纾的基本起手资料。此外还有200余篇硕博士论文、上千篇期刊论文研究林纾的翻译。论文方面，知名学者的发文可视为代表，如陈平原《古文传授的现代命运——教育史上的林纾》、郭延礼《“林译小说”的总体评价及其影响》、罗志田《林纾的认同危机与民初的新旧之争》、李欧梵《林纾与哈葛德——翻译的文化政治》、苏桂宁《林译小说与林纾的文化选择》等。还有一些学术新锐也有不错的研究发现，如李伟昉《论林纾对莎士比亚的接受及其文化意义》、陈燕《从〈黑奴吁天录〉看林纾翻译的文化改写》、邹瑞玥《林纾与周作人两代翻译家的译述特点——从哈葛德小说 The World's Desire 说起》、崔文东《翻译国民性：以晚清〈鲁滨孙飘流续记〉中译本为例》、陆双祖《论“林译小说”对20世纪中国文学的影响》等，从多角度对林译小说进行了卓有见地的个案分析。需要强调的是，虽然未能穷尽文献，但这些成果基本展示了学界对林纾研究的成就和动向。（三）对梁启超翻译思想和实践的研究。虽然梁启超不以翻译名世，但学界对其翻译思想和实践的研究也有不少。专著有蒋林《梁启超“豪杰译”研究》等，此外还有10多篇硕博士论文、50多篇期刊论文研究梁氏的翻译。代表如罗选民《意识形态与文学翻译——论梁启超的翻译实践》、谈峰《翻译家梁启超研究》、李兆国《梁启超文学翻译作品的文本特征分析》《梁启超文学翻译作品的翻译策略分析》等，对梁氏翻译的文本特征、翻译策略进行了细化论证。而宋剑华和曹亚明《梁启超的日译西学与五四新文学》、王志松《文体的选择与创造——论梁启超的小说翻译文体对清末翻译界的影响》、蒋林《梁启超的小说翻译与中国近代小说的转型》、石云艳《略论梁启超的翻译理论与实践》等成果则论述了梁启超文学翻译对中国文学的影响和价值，这些成果基本代表了学界对梁启超翻译研究的大体成就和范围。(四) 对苏曼殊、周桂笙、马君武、徐念慈等翻译家文学翻译活动的研究。这方面的成果相对散出。如袁荻涌《清末译界先锋周桂笙》《晚清文学翻译家徐念慈》《苏曼殊文学翻译思想初探》等文分别对周桂笙、徐念慈、苏曼殊等人的翻译理论和翻译实践给予了较为深入的评析；而倪进《苏曼殊的文学翻译与英国浪漫主义》、李莉《文学翻译中译者的目的性——苏曼殊翻译〈悲惨世界〉的个案研究》和《文学翻译中译者的读者意识——苏曼殊翻译的个案研究》等论文，从不同的角度切入，深入分析苏曼殊的文学翻译活动及成就；廖七一《论马君武译〈哀希腊歌〉中的“讹”》、胡冬林和张德让《论马君武对〈缝衣歌〉的改写》等则对马君武的文学翻译策略给予了细微的分析。此外，针对包天笑、伍光建、周氏兄弟等早期翻译家的翻译成就的研究也有不少成果。传教士在西学翻译中的作用也受到学术界的关注，尤其从文化交融的角度切入，有一定的启发性。可以说，这些成果可以大体展现晚清民国翻译家研究的整体走向和成就。

通过对上述文献的分析，可以发现，目前对晚清民国西学翻译家的研究，学术界主要从以下几个方面着手：（一）以评传形式梳理翻译家的翻译年表和翻译书目，并对他们的翻译成就进行评介；（二）对翻译家进行综合研究或对其重要译作（或代表作）进行评析；（三）对翻译家的翻译目的和动机进行评述；（四）对翻译家的翻译理念和翻译思想进行研究；（五）援用外来理论评价翻译家的翻译实践及其译文。尽管学界对晚清西学翻译家的研究较为全面，成果也较多，但也存在一些问题，譬如现有研究成果偏重对翻译文献的梳理、对翻译成就的评价和对翻译理论的分析，且主要从现代翻译学和语言学角度进行文本比对，且常诟病翻译家的译文质量和技术水准，很少有人关注传统文化对翻译家译风、文字、篇章布局等的影响，也未从近代特殊的社会背景出发去评价当时译文的合理性，未以客观视域考察晚清民国西学翻译的文化语境。

三　对翻译文本与中国历史、文化和文学交叉关系的阐释

晚清民国西学翻译与社会文化的交叉关系也是学界研究比较深入的领域。研究者探讨晚清民国西学翻译对中国社会文化发展的积极作用和影响，诸如对近代社会变革产生的影响、对近代教育形成的启迪、对语言变革的作用等。这些成果在继承传统的基础上有所推进和创新，有利于晚清民国西学翻译研究的全面展开。在文学文化方面，主要聚焦于外来文学翻译对中国传统文学现代转型的推动作用、对晚清文学观念更新的价值、对中国小说创作的影响等；也探讨外来文学翻译对中国文学类型产生的影响，如对中国现代话剧、白话诗等的影响；或探讨翻译与创作的互动性，阐释西学翻译对我国现代文体的形成及其对翻译规范的影响，关注翻译与文化之间的交叉性等。如高玉《论中国近代翻译文学的“古代性”》对近代翻译文学在文化和语言方面的属性问题作了深入探讨；赵稀方《翻译与文化协商——从〈毒蛇圈〉看晚清侦探小说翻译》分析了周桂笙在翻译《毒蛇圈》时的文化处理方式；韩永芝《从文化排斥与文化认同看清末外国小说翻译》则提出清末颇为兴盛的外国小说翻译一方面介绍了西方的文化思想，另一方面又明显有着汉民族文化特征的观点。管新福《文化心态对晚清西学翻译的抉择及影响》《从文学到文化：晚清西学翻译的策略及风貌》、罗爱华《晚清文人文化的转向与文学翻译活动》、乔幪《晚清翻译小说之文化视角分析》、肖琦《从文化背景看晚清翻译高潮》、陆国飞《近代外国小说译介中的功利主义思想》《试论晚清社会文化语境下的翻译小说》、崔琦《晚清白话翻译文体与文化身份的建构——以吴梼汉译〈侠黑奴〉为中心》、葛志薇《环境中的译者——从清末民初的翻译现象看社会文化因素对翻译的干扰》、蒋天平和段静《文化霸权下的近代中国翻译》等文，从翻译与文化交叉的大背景切入，从不同的研究对象入手，分析晚清民国西学翻译的文化动机、文化策略以及对现实文化语境的考量等，全面而又有一定深度。肖勇和阮红梅《翻译对晚清文学观念的重构》、王晓凤《晚清科幻作品译介与中国近代科学文化构建》、甘露《近代戏剧文学翻译与现代戏剧的演变》、王炜杰《晚清翻译文学对中国近代小说的影响》等文重点论述西学翻译对中国现代文学观念和各体文学产生的作用。需要指出的是，西学翻译对中国文学现代转型的影响一直是学者们深挖的领域，他们把研究焦点放在对代表翻译家及代表译作的考察上，并以之凸显晚清民国西学翻译对中国现代文学生成的意义。杨联芬《林纾与中国文学现代性的发

生》、王宁《现代性、翻译文学与中国现代文学经典重构》、高玉《“异化”与“归化”——论翻译文学对中国现代文学发生的影响及其限度》、张德明《翻译文学与中国现代文学现代性》、周羽《清末民初汉译小说名著与中国文学现代转型》、郝岚《林译小说与中国文学的现代性》、高志强《翻译、期刊与文学现代性》、任淑坤《五四时期外国文学翻译的现代性》等文就是这方面的代表成果，它们全面阐释了中国文学现代转型的外来文化、文学渊源，值得我们重视。李华田《试论文化与翻译的三种关系》、王晓元《意识形态与文学翻译的互动关系》、章磊《从误译看文化与翻译的互动关系》、杨仕章《略论翻译与文化的关系》、钟俊昆《近代翻译文学与20世纪初中西文艺交流的影响》、李琴《中国翻译文学与本土文学的互动关系研究》等，则将考察重点放在翻译文学与文化交流的互动关系上，研究视野比较开阔，资料翔实可信，是研究西学翻译与文化关系的重要成果。

可以说，上述成果在翻译史和翻译家研究的基础上更加细腻全面，也使晚清民国西学翻译研究更加深入和多元，尤其关注到西学翻译与中国传统文化的相互关系问题，拓展明显。但毋庸讳言，关于中国文化与晚清民国西学翻译之间相互关系的研究成果还不够多，翻译史与文学史、文化史之间的相互关系还需进一步掘进。杨义指出：“历百余年而不衰的翻译文学的流脉，对于现代中国文化的转型重建，是不可或缺的。20世纪中国文学的开放性和现代性，以翻译为其重要标志，又以翻译为其由外而内的启发性动力。翻译借助于异域文化的外因，又内渗而转化为自身文化的内因，它作为一个标志，拓展了人们的世界视野，激发了人们的精神活力，从而形成了别具一格的文化精神启示资源。”① 这些研究进路，继承了阿英在《晚清小说史》中将近代外国翻译文学置于中国文学史的大框架中进行阐释的样例，倡导文化交叉研究和跨学科整合，都是很有先见和启发意义的研究视点。

四　援用西方译论阐释晚清民国西学翻译成为新动向

20世纪以来，西方形形色色的理论流派和话语观念席卷全球，现代译介学理论也因此生成并影响到翻译研究的方方面面。近年来，援用西方翻译理论，尤其是交叉学科的翻译理论，研究晚清民国西学翻译的现象在学界比较常见。谢天振指出：“当代西方翻译研究的一个最本质的进展是越来越注重

① 杨义主编《二十世纪中国翻译文学史》（近代卷），百花文艺出版社，2009，总序第2页。

文化层面上对翻译进行整体性的思考，诸如共同的规则、读者的期待、时代的语码，探讨翻译与译入语社会的政治、文化、意识形态等的关系，运用新的文化理论对翻译进行新的阐述，等等，这是当前西方翻译研究中最重要、最突出的一个发展趋势。”① 外来译论的引入，对研究晚清民国的西学翻译有着深刻启发。文军主编的《中国翻译史研究百年回眸：1880—2005 中国翻译史研究论文、论著索引》收录了 2500 条左右关于翻译研究的论文条目，其中就有 500 余条涉及西方翻译理论的使用，说明翻译研究受西方文论和译论的影响是非常明显的，而近 10 年援用西方翻译理论产出的研究成果更是不少。目前来看，研究者主要援用福柯的权力话语理论、图里的翻译规范理论、德国功能学派的目的论、勒菲弗尔的操控理论、埃文·佐哈尔的多元系统理论，以及叙事学、创造性叛逆、归化/异化等各种新兴理论来研究晚清民国西学翻译的成就及其相关现象，令人耳目一新，也归导出一些有启发的研究结论。如崔波《在权力与知识之间——晚清翻译的内在逻辑》《流动的权力　变动的翻译——晚清翻译出版的另一种视野》《晚清翻译与“翻译的政治”》《晚清意见领袖的变迁——从翻译出版的角度试论》等论文以福柯的权力话语理论为视角，观照晚清西学翻译及翻译家对译本的处理，以揭示权力和话语在翻译活动中或显或隐的作用；刘立和张德让《权力话语理论和晚清外国诗歌翻译》、李霞《权力话语、意识形态与翻译》、马嫣《从晚清“权利”话语的构建看翻译与权力的关系》、廖迅乔《国书与表文背后的话语权力——马戛尔尼使团国书翻译的批评话语分析》等文则在权力话语理论基础上，探讨意识形态因素对翻译家选择翻译对象、使用翻译策略和翻译方法的影响；谢世坚《从翻译规范论看清末民初小说翻译》、廖蓓辉《规范操控下的中国近代小说翻译》、章艳《清末民初小说翻译规范及译者的应对》等论文，主要使用图里的翻译规范理论分析晚清民国文学翻译的程序性和规范性；王湛《晚清翻译的赞助问题》、李奇志《初探晚清翻译中译入语语言形式的选择》、王巍《操控论三要素对晚清小说翻译政治功利性的阐释》、吴莎和屠国元《论中国近代翻译选材与意识形态的关系（1840—1919）》等，援用勒菲弗尔的操控理论对晚清民国西学翻译进行分析，阐释了晚清民国西学翻译活动的政治功利性，说明了西学翻译与意识形态的相互关系。而运用埃文·佐哈尔的多元系统理论来研究晚清西学翻译的论述也不少。如查明建《多元系统理论的整合与翻译文学史研究的拓展》借用多元系统翻译理论来说明翻译文学

① 谢天振：《翻译研究新视野》，青岛出版社，2003，前言第 12 页。

史研究的边界拓展问题，较有启发性；娄颖芬《多元系统理论视角下的翻译文学对清末民初文学的重塑》、王飞《清末民初翻译小说在文学多元系统中的地位》、李利敏《多元系统理论角度下的“五四”前后中国翻译文学》、都庭芳《再观多元系统对文学翻译的解释——〈福尔摩斯探案〉在晚清中国的翻译》、乔幪《多元系统论的适用性分析——以晚清翻译文学为例》、李家元《从多元系统理论看清末小说翻译活动及其影响》、张志《从多元系统理论看中国翻译文学的变迁》等著述，也是运用这一理论观照清末民初文学翻译的研究成果。谢天振《翻译研究“文化转向”之后——翻译研究文化转向的比较文学意义》、滕威《翻译研究与文化研究的相遇——也谈翻译中的“文化转向”》、王宁《比较文学与翻译研究的文化转向》则探讨了翻译研究文化转向的意义及其局限性。此外，谢天振《论文学翻译的创造性叛逆》、许钧《“创造性叛逆”和翻译主体性的确立》、裘禾敏《晚清翻译小说的误读、误译与创造性误译考辨》、石晓岩《从〈娇妻〉到〈娜拉〉：民初与五四时期文学翻译的创造性误读》等文则肯定了文学翻译中创造性叛逆的意义和价值。

由对上述成果的梳理可见，西方理论的引入和使用，在很大程度上扩展了晚清民国西学翻译的阐释空间，尤其是增加了研究成果的文化深度和思辨性，也得出一些新颖而有价值的结论。研究者们以文化对翻译的制约及翻译对文化的影响为主体，用西方理论研究晚清民国西学翻译家的翻译实践和思想，分析解释翻译文献，其研究深度远远超过就事论事的现象爬梳。尤其需要强调的是，研究者在进行理论互释的同时，也关注背后的一些文化问题，如研究翻译背后的文化操控、文化过滤和文化误读等现象，拓宽并深化了晚清民国西学翻译的研究，成为今后该领域研究的学术增长点。

总之，经过学者们的努力，晚清民国西学翻译研究取得了诸多成果，既有一定的深度也有相对的广度；既有宏观角度的综合评述，也有微观角度的细致阐释；既从语言本身分析，也从语言外部进行探索；有的描述翻译史实，有的研究翻译的制约因素；有的探讨翻译带来的影响，有的进行对比研究；有的研究翻译家的独特贡献，有的研究翻译人才的培养等，但从中国传统文化角度对晚清民国西学翻译进行的研究还不是很多，亟须扩展。因为不管在早期的科学翻译，还是中后期的社会科学和文学翻译中，传统文化对晚清民国西学翻译的影响都是不容忽视的，故目前的研究还需要进一步深化和拓宽。我们认为，以下几点应该受到重视。

首先，现有研究成果从宏观角度论述晚清民国西学翻译的居多，微观角度（如针对具体的翻译现象）的研究成果较少，而晚清民国西学翻译者大都受到传统文化的熏陶和影响，他们在翻译过程中就会有意或无意地借助传统文化对西学文献进行取舍，甚至过滤，往往结合时代背景选取适合本民族政治制度、道德伦理、审美习惯的西学文献进行翻译，或对西学文献进行改译改写。因此，强化晚清民国西学翻译和文化之间的关系研究，可以更好透视晚清民国复杂多变的社会历史风貌，可以丰富中国近代史、思想史、文学史的研究。因为翻译不仅仅是简单的语言转化，“它既可指翻译活动的主体，即翻译者，也可指翻译的活动过程，还可以指翻译活动的结果，即译文”①，需要给予全面、综合、深入的研究考量。

其次，应该对晚清民国具有代表性的西学翻译文献和翻译家进行细致的文化分析，尤其是翻译家。“他们的文学翻译活动丰富了中国文学翻译史的内容，使得外国文学的图景生动地展示在中国读者的面前。”② 通过细读译本和对照原文的方式进行研究，在比对分析中找出传统文化对翻译家及其译文的影响，以透视文化转型时期知识分子在面对时代巨变时的抉择焦虑和矛盾心态，这可以成为当前研究的突破口，尤其是在倡导中国传统文化现代价值的当下，有着显在的学术价值和应用价值。

最后，应将晚清民国西学翻译的文献和翻译家放入整个历史背景中去考察，对晚清民国西学翻译的动机和翻译家的心态等进行传统文化方面的整体透视和评价。“清末以来的翻译活动，包括文学翻译，大都具备政治性，因此，政治背景是很重要的元素，但也要视乎不同的个案而去追寻不同的背景。例如在研究文学翻译史个案时，我们所说的把个案放置回到历史的背景去，除了政治背景外，我们还要回到文学史背景去。”③ 我们尤其要注意晚清民国西学翻译是在中西文化碰撞和交会中产生的，对外来文化的被动接受使得晚清民国西学翻译出现了选择性，中国传统文化对外来文化的翻译具有潜移默化和强大的过滤作用等，将翻译与文化研究的关系进一步推向深入。

① 许钧：《翻译论》，湖北教育出版社，2003，第25页。

② 查明建、谢天振：《中国20世纪外国文学翻译史》（上卷），湖北教育出版社，2007，第11页。

③ 王宏志：《翻译与近代中国》，复旦大学出版社，2014，前言第9页。

近现代报刊翻译理论资料整理研究的路向及价值*

在近代传教士教会报的影响下，清末民初的报纸和杂志大量兴起，并逐渐改变国人的阅读习惯和审美认知，一时间“仿西人传单之法，排日译印，寄送各官署，兼听民间购买，以资阅历”① 几为时尚，报刊亦成为人们茶余饭后的必备品，甚至承担着开启民智、救亡启蒙的重任。在甲午战败和八国联军侵华之后，民族国家被逼入危机四伏的险境之中，诸多知识分子或为富民强国，或在引进西学，或为宣扬自己的思想观念而投身于近代出版业及报刊编纂，于是报刊如雨后春笋般涌现。对于近现代报刊的产生和刊发范围，亚裔美国学者李欧梵指出：“为了宣传自己的事业，这些报纸通常发表一些笔锋犀利的新闻条目，也包括娱乐性的诗歌和散文，后来这类诗文都登在专门的‘副刊’里。由于对这种副刊的需求日增，于是就扩充另出独立的杂志，文学刊物就是这样诞生的。这些文学刊物的编辑们，是一群记者——文学家，也懂得一些西方文学和外国语，中国传统文学的根基很深厚，这些出版物发表了大量伪称为翻译的译文、诗歌、散文以及连载小说，声称意在唤醒民众的社会觉悟与政治觉悟，也是为了大众的娱乐。”② 由于时代所需，近现代报刊刊载的内容可谓包罗万象，不但包括一些时评新闻、文学作品，还包括大量研究性的理论文章，而近代以来的西学翻译也由报刊大量刊发。在此基础上，研究翻译的理论文章也首选报刊发表，故我们今天去研究近现代翻译时，必须重视当时的报刊。

---

* 本文原载于《安顺学院学报》2019 年第 2 期，收入本书时有修改。

① 顾燮光：《增版东西学书录 · 叙例》，载熊月之编《晚清新学书目提要》，上海书店出版社，2007，第 4 页。

② 参见〔美〕费正清编《剑桥中华民国史》（上卷），中国社会科学出版社，2016，第 443—444 页。

一　近现代翻译理论整理研究的学术史回顾

在中国近现代文学研究领域，报刊文献史料的整理和研究占有重要地位。阿英、王瑶、贾植芳等学界前辈都相当重视。该研究从20世纪80年代开始受到关注并产生了一批重要成果，但随后在“理论热”“文化研究”等因素影响下陷入低谷。直至21世纪初，学术创新的困境与学科发展的需求再次凸显文献史料的价值，对近现代报刊文献史料的梳理和研究重新成为热点。研究者从近现代报刊与中国文学现代转型、近现代报刊的词话、近现代报刊刊载小说、近现代报刊与翻译文学、近现代报刊刊载广告、近现代报刊中的剧评等角度展开全方位研究，并取得了一些重要研究成果。但近现代报刊毕竟包罗万象，内容复杂，很多领域还有待开掘，譬如其刊载的翻译理论文献就还未引起学界的广泛重视。众所周知，近现代报刊兴起后，西学翻译出现高潮，很多翻译理论文章大多首发于报刊，其后才结集成专著，因此，我们有必要对近现代报刊刊载的翻译理论进行辑佚、钩沉，它们具有第一手资料价值、重要史料价值和文学文化价值。

就学术史而言，对近现代报刊刊载的翻译理论文献的整理和研究早在20世纪40年代就有学者给予关注。黄嘉德20世纪40年代编的《翻译论集》是代表和集大成之作，编者从报刊中收录近现代作家、翻译家的20余篇论述翻译的代表性文章；但这类资料编选在新中国成立后到“文革”期间一直沉寂，直到1981年刘靖之出版《翻译论集》（香港三联书店）才又开启这一研究，该书收录了近现代30名翻译家及研究者的38篇译论；1983年中国对外翻译出版公司选编的《翻译理论与翻译技巧论文集》收有31篇译论；1984年罗新璋出版《翻译论集》（商务印书馆），该书分为古代、近代、现代等几个部分，其中近现代部分收有37位翻译家及研究者的80篇译论，是这一时期的代表作，该书也成为学术界研究翻译的重要参考文献。同年中国译协《翻译通讯》编辑部编的《翻译研究论文集》（外语教育与研究出版社）第一集面世，辑录了1894—1948年37位著名翻译家和研究者的48篇译论。以上几本资料汇编成为很多翻译研究的基本文献，并一直沿用，但编选篇目大部分重叠交叉，新出文献较少，很多报刊刊载的翻译理论文章没有收录。进入21世纪，文军主编的《翻译资料与翻译研究丛书》（北京航空航天大学出版社）出版，计有《中国翻译理论百年回眸》《中国翻译史研究百年回眸》《中国翻译技巧研究百年回眸》《中国翻译批评百年回眸》《中国翻译教学五十年回眸》五集，共收有10000余条翻译研究文献，但以1949年以后刊出的翻译研究论文为主。在这五本书中，《中国翻译理论百年回眸》收有近现代译论56篇，《中国翻译批评百年回眸》收有78篇，《中国翻译技巧研究百年回眸》收有19篇，《中国翻译史研究百年回眸》收有6篇。丛书共收有159条近现代翻译论述索引，而除去其中交叉重复的30多条，近现代翻译理论文献只有120多条，仅占总量的约1%。虽然相对于前述几部汇编有量的积累，但未有质的超越，且主要是文献目录索引，未展示原文，研究者无法窥其全貌。由以上梳理可知，目前学界关于近现代翻译理论资料的整理和研究，仅仅停留在收集一些名家篇目的阶段，编者对文献的爬梳不精，特别是对近现代报刊的检索不全，遗漏较多，当然这也与清末民初报刊多且杂，搜集难度大有关。故直到今天，晚清民国一些较为重要的翻译理论文献还没有辑录出版。当时刊出的翻译理论文献，《中国近代文学大系（1840—1919）》《中国新文学大系（1840—1919）》《民国丛书》等几部大型库书的资料索引也很少收录。《全国报刊索引篇名数据库》数据显示，从1868年报刊登载翻译研究文章开始，到1948年，在报刊上发表翻译理论文章者近百人，还有很多作者笔名待考，更有一些文章无署名，作者身份不明。笔者以“翻译”为关键词检索相关数据库，条目有500条左右，如果加上少数未录文献及一些交叉类型的论述，近现代报刊刊载的翻译理论文献资料应该在600条以上，这不是一个小数目。就当前的整理研究而言，现有成果仅仅完成1/4的搜集量，还有众多的珍贵资料未进入翻译研究者视野，因此很有必要进行全面的辑佚和梳理。

除了翻译理论资料汇编，还有一些研究翻译理论、翻译史、翻译文学史的论著零星涉及过一些报刊刊载的翻译理论文献。如陈福康《中国译学理论史稿》、马祖毅《中国翻译简史》、方华文《20世纪中国翻译史》、杨义主编《二十世纪中国翻译文学史》（近代卷）、郭延礼《中国近代翻译文学概论》、谢天振与查明建主编《中国现代翻译文学史（1898—1949）》等有一些引述；陈大康、陈平原、夏晓红、关爱和、熊月之、袁进、王宏志、高玉、胡全章、左鹏军、胡翠娥、刘永文、张天星等学者的论著也涉及一些报刊中的翻译理论文献。这些成果采取文学史和翻译史的视角，对翻译现象和翻译家进行总体研究，从而涉及对近现代报刊中翻译理论文献的述评和引用，但引述的文献都不全面。境外的研究涉及的文献就更少了，仅有日本樽本照雄在进行晚清小说编目整理时涉及一些报刊文献史料；欧美则仅有宇文所安《剑桥中国文学史》、费正清《剑桥中国晚清史》等著述有所涉及。旅美学者夏志清、李欧梵、王德威、刘禾等在研究中国近代文化和文学，特别是在论述晚清西学翻译与报刊的关系时，引用了一些作家、翻译家发表于报刊的译论，但也未形成系统。

由以上对学术史的回顾和梳理可知，经过学界长期努力，近现代报刊刊载的翻译理论文献资料，特别是重要翻译家和翻译研究者的著述已得到基本整理，但主要成果完成于20世纪八九十年代之前。由于客观上对原始文献检索不全，资料编选遗漏较多，近现代报刊刊载翻译理论的历史面貌未能完整、全面地呈现在我们面前。长期以来的翻译研究大都以上述资料汇编和翻译著述为文献史料，同时依据作家和翻译家的单行本著作、文集和全集进行，对报刊刊载翻译理论文献的梳读相对薄弱，这难免会影响研究结论的客观性和全面性。鉴于学术界对近代以来翻译文献的整理还不全面和翔实，研究亦不成系统的现状，很有必要对近现代报刊翻译理论的文献资料做一通观之扫描，并形成较为系统的研究，以便为翻译研究提供较为全面的第一手资料。

二　近现代报刊刊载翻译理论的研究路向

人文科学的研究需要理论的支撑，翻译活动也不例外。近代以来的西学翻译，不管在译介数量还是翻译家群体规模上都超过了历史上其他翻译活动，大量的西方文献和外国文学被翻译引进到国内来，对现代文学和文化的发展影响深远。随着翻译文献的增多，翻译中存在的问题也不断涌现，因此不同翻译家之间的论争也就不时出现。当然，不同翻译观点的交锋反过来指导了翻译实践，推动了翻译事业的不断进步。当时的“各报颇重译述、外电、外国新闻、外国小说，大半为译品，故各报必有一二译述专才司其事”①，足以见出各类报刊对翻译的重视。施蛰存指出，晚清到五四时期，“短短的三十年间，欧洲几个文学灿烂的大国，英、法、德、俄、西班牙、意大利，凡是十八世纪、十九世纪许多主要的作家，他们的作品，几乎都有了译本”②。在外来文学和文化翻译的大背景下，探讨翻译的理论文章也不断见诸报刊，其研讨的范围十分广泛，可谓包罗万象，基本涉及了当时翻译研究的方方面面。

但由于这些资料散见于很多报刊，收集比较困难，而且从事基础文献和

① 李抱一：《长沙报纸史略》，载《近代史资料》，中国社会科学出版社，1985，第222页。

② 施蛰存主编《中国近代文学大系（1840—1919）》（翻译文学集一），上海书店出版社，2012，导言第7页。

资料收集的工作耗费时间和人力，故目前仍未得到较好的搜罗和整理。就目前近现代报刊刊载的翻译理论资料的整理和研究而言，我们可以从几个方面切入，一方面对已有研究资料进行合理的分类，另一方面将未收录的文献进行辑录汇编，这对今后的翻译研究具有非常大的文献价值和史料价值。

（一）翻译史论

近代以来，西学翻译渐为国人所重。在此基础上，学者们对中国历史上的外来翻译进行回顾展望，形成翻译史研究。绝大多数翻译史论都是刊载于报刊上的，如梁启超、陈寅恪、胡适等都曾有翻译史研究的论述刊发，成果被后世翻译史、翻译文学史等研究著述广泛引用。那么，近现代报刊中翻译史论的资料还有哪些作者、哪些论述没有引起重视？系统归纳整理这方面的资料对翻译研究有哪些启示？从对近现代报刊文献的检索来看，目前还有很多文献资料没进入翻译史研究者的视野，如高风谦《翻译泰西有用书籍议》、谢人堡《中国翻译文学史料》、朱芳圃《佛经原本与翻译》等文章就少有人引述和涉及，而这些文献涉及很多史料，也有很多有见地的翻译见解和主张。我们通过系统整理报刊中关于翻译史论的文献资料，可以对当前翻译史研究史料进行补缺，丰富翻译史研究的资料库。

（二）翻译家论

中国对外翻译有过几次高潮，历史上有很多知名翻译家，遂成后世翻译研究的重镇。近现代报刊刊载了很多研究翻译家的文章，如对徐寿、李善兰、华蘅芳等科技翻译家的述评，对严复、林纾、梁启超、包天笑、周桂笙、徐念慈、马君武、伍光建、周氏兄弟等人文社科领域翻译家的研讨。但学界仅重视贺麟《严复的翻译》、郑振铎《林琴南先生》和《清末翻译小说对新文学的影响》、周作人《林琴南与罗振玉》等研究翻译家的文献，而对苏雪林《林琴南先生》、寒光《近代中国翻译家林琴南》、林榕《晚清的翻译》、林灿英《严复及其翻译》等载于近现代报刊之文鲜有涉及，这些文献或长或短，但都出自名家之手，很多观点即便在今天也是很有价值的。我们通过对近现代报刊中翻译家评述资料的辑佚和钩沉，可以为近现代翻译家研究提供更为丰富和多元的第一手材料，也能通过同时代人的研究，更为客观地呈现近现代翻译家的翻译情况。

（三）译者序跋

近现代报刊兴起后，关于西学翻译的很多介绍性文章或译文的序跋都通过报刊刊发，而近现代很多翻译家的翻译见解和主张就是以译文序跋的形式表达的。林纾、严复、梁启超、周氏兄弟等人的翻译见解就散见于译文的序跋中，而序跋是研究一个作家或翻译家观点的最为直接的材料。目前学界重视对严复《天演论·译例言》、梁启超《译印政治小说序》和《大同译书局·序例》、林纾《黑奴吁天录·例言》和《英孝子火山报仇录·译余剩语》等序跋的释读；而蠡勺居士《昕夕闲谈·小叙》、天虚我生《欧美名家短篇小说丛刻·序》、寅半生《读〈迦因小传〉两译本书后》等序跋就少有人引述。我们通过对近现代报刊译者序跋资料的整理和梳读，可以对近现代翻译家的翻译主张、翻译成就等进行更为全面的述评。

（四）翻译标准论

翻译标准是翻译界经常讨论的问题，但学术界长期主要集中在严复“信”“达”“雅”、林语堂“通顺”“忠实”“美”、陈西滢“三似”说“形似”“意似”“神似”、傅雷“化境”说等标准的研讨上。而对于像郭沫若《论翻译的标准》、陈独秀《西文译音私议》、陈石孚《论翻译之标准及其方法》、胡以鲁《论译名》、李子温《论翻译》、郑朝宗《翻译原理论》、董秋斯《论翻译原则》等载于近现代报刊上的重要文献还未进行整理和细读。可以说，这一部分遗漏的文献数目是十分庞大的，我们通过文献检索和钩沉，可以全面审视近现代以来关于翻译标准的论述，为翻译研究提供新的理论指导。

（五）翻译论争

论争是翻译史上的常见话题。晚清民国的翻译界有过几场激烈的论争，如围绕严复“信”“达”“雅”之争、“直译”与“意译”之争等。学界主要关注严复和梁启超、鲁迅和梁实秋、鲁迅和赵景深等人的翻译论争，但对陈西滢与曾虚白、郭沫若和吴稚晖等人之间的论争就未涉及。有关翻译论争的文献也遗漏不少，如对彭善彰《翻译学说略》、张友松《翻译研究》和《论直接翻译与转译》、维明《论翻译》、朱复钧《论意译与直译》等重要论文重视不够，后世研究论争的文章，因为以专著和论文为主要参考文献，未能对报刊进行检索，故很少引用上述文献，文献梳理不全，可能会影响研究结论的可靠性和客观性。我们可以通过报刊资料的文献归纳，全面分析近现代文坛关于翻译论争的观点和见解。

（六）翻译伦理

在近现代翻译活动中，很多翻译家还没有翻译的伦理意识。当时的翻译家们，一是对外来文学未有深厚的文化学知识积累，二是缺少翻译对象的语言学知识储备，三是旧学思维缺乏现代性视野，因此对原文进行机械、主观的改变很是常见。随着翻译实践和研究的深入，研究者开始重视翻译伦理问题，包括译者是否重视原文，是否对原文进行了改写、增删、移植等。学界经常引述严复、林纾、胡适、傅斯年、林语堂等人的主张，而对傅东华《翻译是艺术》、张谷若《翻译者的态度》、张梦麟《翻译论》、刘延陵《怎样翻译》等文献则未予开掘。我们通过文献检索归纳、理论提升，结合国际上新的翻译理论，可以系统整理近现代报刊中关于翻译伦理的论述，较好呈现当时的翻译理论研讨的深度。

（七）翻译技法论

翻译技法历来受人重视。如何翻译、翻译得如何一直是翻译家探讨的焦点，也是翻译研究最为重要的环节，它直接关涉译文的质量。近代以来，随着翻译范围的扩大、类型的增多、翻译家群体的增加，研究者及翻译家通过报刊发表研究翻译技巧和风格的文章，成为后世翻译研究的重要参考文献。就目前研究而言，学术界将重心置于严复、林纾、周氏兄弟、郑振铎、郭沫若、茅盾等名家的翻译观上，而对杨镇华《翻译的五步法》和《怎样才算好翻译》、邢鹏举《翻译的艺术》、李培恩《论翻译》、谌亚达《论外国地名译法》等大部头探讨翻译技法和风格的文献，则因著者不太出名而重视不够。其实他们的观点甚至比名家的更为合理和全面。我们通过文献检索，可以系统整理近现代报刊中关于翻译技法的文献，丰富翻译史、翻译家研究的文献库。

（八）各体文学翻译论

近现代的西学翻译，不但涵盖自然科学、社会科学知识，更有复杂的文学类型，如小说、诗歌、戏剧、散文等不同文体。对于文学翻译，研究者经常援引傅斯年《译书感言》、郑振铎《译文学书的三个问题》、茅盾《译文学书方法的讨论》、成仿吾《论译诗》、瞿秋白《关于翻译——给鲁迅的信》等重要报刊文献，但对朱湘《说译诗》、傅东华《关于〈失乐园〉的翻译：答梁实秋的批评》、曾朴《读张凤用各体诗译外国诗的实验》、郑振铎《现在的戏剧翻译界》、余上沅《翻译莎士比亚》等重要文献观点的引述很少。我们通过对近现代报刊文献的阅读提炼，系统整理其中关于各体文学翻译的陈述，可以给近现代翻译文学的研究和翻译理论的建构提供新的材料和佐证。

（九）外国译论

近代以来，西学东渐，西学翻译逐年增多。在自然科学、社会科学、文学翻译之外，很多研究者还刊发关于外国译论的介绍性文章，目的在于为翻译实践提供理论指导和外来参考。目前，近现代报刊刊载的外国译论几乎没有得到梳理和研究。如郑振铎《翻译事业之研究：俄国文学史中的翻译家》、陈宪和《对于翻译问题的意见》、邢鹏举《翻译的理论与实际》、希和《论翻译的文学书》、赵如琳《戏剧原理·译序》等代表文献，介绍了很多外国翻译家和翻译理论，值得重视。我们通过文献检索，全面审视近现代报刊中的外国译论，并将之与中国翻译理论进行对比分析，在凸显彼此特色的同时，也为研究外国翻译家提供一些早期的材料和视角。

以上几点是笔者对近现代报刊刊载翻译理论文献整理与研究路向的思考。我们知道，学术研究想要出新，一是要不断挖掘新材料，得出新结论；二是不断释读旧材料，提出新观点；三是反复了解旧观念，进行修正与提升。对于翻译研究而言，我们可以通过对报刊刊载翻译理论的梳理，从文献学角度出发，收集整理一些稀见文献，在为近现代翻译研究提供新资料的同时，在某种程度上也可以产生一些新的论断和结论。

三　近现代报刊刊载翻译理论的研究价值

报刊作为重要的研究史料，越来越受到研究者的重视。在学术研究中，第一手资料尤为重要，我们研究近现代翻译文学、翻译史，尤其要重视报刊中的文献资料。可喜的是，近年来国家重视对稀缺报刊文献的保护、保存和整理，很多稀缺版和善本得到较好的保存。尤其在互联网时代，建立了几个报刊数据库，对原始文献进行扫描、复制，很多不多见的文献资料得以与研究者见面。在这个便利条件下，报刊文献资料的整理研究正当其时，而我们对近现代报刊翻译理论文献资料进行搜集、整理也自有其重要意义和价值。

一是可以拓展近现代报刊研究的领域，丰富近现代文学文化研究的维度。

当前近现代报刊研究主要集中在以下几点上。第一，以新闻学、传播学为视角，分析近现代报刊与新文学发生和发展的关系，研究近现代报刊在民智开启、文学转型上的媒介效用。第二，研究近现代报刊与晚清小说和诗歌变革的关系、报刊与职业作家的出现、报刊与近代通俗文学的兴起、报刊与小说叙事模式的转变、报刊与白话文运动、报章文体演变等。如樽本照雄通过报刊编辑晚清小说目录，陈大康利用报刊对近代小说进行编年，左鹏军对报刊刊载戏曲的搜集考证，刘永文整理的晚清报载小说目录等，都是利用报刊整理晚清文学研究文献资料的典范。此外，学界对近现代报刊刊载诗歌、文学批评、诗话、词话、文艺新闻等都有所涉及，但近现代报刊的文献资料还有很大的发掘余地，仍有多维面的开拓空间。本文认为对近现代报刊刊载的翻译理论资料进行系统的整理和研究，可以拓展近现代报刊的研究领域、丰富近现代文学研究的维度，可将近现代报刊与近现代文学、文化关系的研究推向深入。

二是可以使文献资料的搜集整理更全面，研究的参考文献更加丰富。文献资料是推进文学研究的重要基础，近现代报刊是研究近现代文学的文献资料库。而目前近现代报刊研究成果虽然丰富，但除个别研究（以小说研究为代表）对报刊资料发掘较多外，很多研究领域并未直接收集近现代报刊史料，资料雷同现象非常普遍。近现代翻译理论也是如此，现有资料汇编和翻译著述都存在资料陈旧和雷同的问题。我们从古旧报刊中爬梳剔选出翻译理论资料，意在对其进行首次全面、系统的考察，以使资料的收集更加全面。此外，在充实近现代翻译理论资料的同时，分析近现代报刊翻译理论批评的形式、内容特征，整理、概括重要翻译理论家的观点，从中可以发现很多有价值的见解和主张，有助于促进翻译理论的建构。

报刊对清末民初小说创作及翻译文学的推动*

清末民初小说创作及翻译文学勃兴，其催生因素除救亡启蒙这一时代背景之外，还包括报刊的大量涌现。19 世纪上半叶，报刊这一近代传播媒介由西方传教士引入中国，之后在上海、武汉、广州、香港等重要的沿江沿海城市大量兴起，一改中国文学的流传形式，即由文人亲友之间的抄传赏玩，变为机构的排版印刷和大众阅览。这样，文学的流向面更广，传播速度更为迅捷，受众群体大大增加，小说创作及翻译文学也因此繁荣起来，并取代传统的诗词歌赋成为文学的书写重心。晚清报刊文学兴起的原因，一方面在于报刊有固定的读者群，有助于文人创作和翻译文学的规模性推广；另一方面在于报刊纷纷施行稿酬制，通过支付给著译者酬金，调动了作家和翻译家撰稿的积极性，从而保证了报刊的稿源和质量。二者相互促进，并形成良性循环，由此推动了中国文学的现代转型，并逐渐和世界文学的发展演进接轨。

一　近现代报刊为小说和翻译文学的传播搭建了平台

中国古代文学的传播途径非常单一，文人圈子十分狭小，大部分文学创作基本上是在师徒、亲族、朋辈之间传抄，流传的速度很慢，范围也比较窄。这种情形在晚清报刊兴起后逐渐发生改变。现代传播学意义上的报刊是西方的舶来品，据学界考证，近代以来第一份中文报刊是 1815 年在马六甲出版的《察世俗每月统记传》，属境外发行；而第一份在中国境内发行的报刊则是 1833 年在广州出版的《东西洋考每月统记传》，该刊为西方传教士所创，目的是传播基督教教义，发展教徒。初期对于如何经营报刊，国人几乎没有任何经验，也缺乏内在动力。故我国“近代化的报刊，是外国人首先创办起来

---

* 本文原载于《贵阳学院学报》（社会科学版）2021 年第 2 期，收入本书时有修改。

的”①。今天报刊合称，实为两类，即报纸与期刊，但在报刊的草创阶段，二者往往相混，诸多实为杂志者皆以“报”称之，给今天的资料归整带来一定困难。后来在教会报刊的影响下，尤其是清末救亡启蒙之需，加之办好报刊有赢利的可能，报刊大量涌现出来，并成为文学、文化传播的重要载体。为满足读者的多重需要，报刊不但登载一些时事要闻，也刊发一些诗词歌赋等文学作品，其中包括自创小说和翻译小说，报刊由此和文学结缘，并对中国文学和文化的发展产生深远影响。

对于报刊与小说之间的关系，近年来，随着文献资料辑录的便利，学界对这一问题的研究更为深入，陈大康、关爱和、左鹏军等在翻阅原始文献的基础上推导出一些较有见地的研究结论。在对报刊与文学之间关系的研究方面，阿英是重要的开拓者，他精确指出：“第一，当然是由于印刷事业的发达，没有此前那样刻书的困难；由于新闻事业的发达，在应用上需要多量产生。第二，是当时知识阶级受了西洋文化影响，从社会意义上，认识了小说的重要性。第三，就是清室屡挫于外敌，政治又极窳败，大家知道不足与有为，遂写作小说，以事抨击，并提倡维新与革命。”② 而当时的文人和知识精英为呼应救亡启蒙的民族需求，“仿西人传单之法，排日译印，寄送各官署，兼听民间购买，以资阅历”③，冀此引入域外新知，开启民智，而报刊的媒介效用和传播优势也较好地发挥了这一功能，诸多有着家国情怀的知识精英投身报刊行业，各类报刊亦如雨后春笋般出现，但成功维持者凤毛麟角。“我国近代新闻出版史上，出现过很多文人办报、办出版的，大半为文化进步事业而努力……从 1895 年到 1949 年，据不完全统计，全国有 3.4 万种杂志创刊，而能维持一年半载的竟然不足 1%，维持 10 年以上的仅十几种。”④ 虽然很多报刊仅是昙花一现，但存活下来的报刊影响都十分深远，这让身怀报国理想的知识分子有了展示才华、针砭时弊的平台，不但可以抒发爱国之志，而且也能获得一定的经济报酬，实为一举两得。报刊大量涌现后，小说等通俗文学开始勃兴，两者相互促进，形成一种正相关的共生关系：报刊需借小说和翻译文学引起读者注意，扩大销量；小说和翻译文学要靠报刊提高知名度和普及率。李欧梵精到地指出：“为了宣传自己的事业，这些报纸通常发

---

① 方汉奇：《中国新闻事业通史》（第 1 卷），中国人民大学出版社，1992，第 243 页。

② 阿英：《晚清小说史》，江苏文艺出版社，2009，第 1—2 页。

③ 顾燮光：《增版东西学书录 · 叙例》，载熊月之编《晚清新学书目提要》，上海书店出版社，2007，第 4 页。

④ 汪家熔：《近代出版人的文化追求》，广西教育出版社，2003，第 65 页。

表一些笔锋犀利的新闻条目，也包括娱乐性的诗歌和散文，后来这类诗文都登在专门的‘副刊’里。由于对这种副刊的需求日增，于是就扩充另出独立的杂志，文学刊物就是这样诞生的。这些文学刊物的编辑们，是一群记者——文学家，也懂得一些西方文学和外国语，对中国传统文学的根基很深厚，这些出版物发表了大量伪称为翻译的译文、诗歌、散文以及连载小说，声称意在唤醒民众的社会觉悟与政治觉悟，也是为了大众的娱乐。”① 可见，小说创作的繁荣、翻译文学的兴起，乃至职业作家和专业翻译家的出现，都与近代报刊的兴起密切相关。而且，报刊在刊载小说和翻译作品之外，还引进了许多外来文学新观念、文学流派和文艺思潮等，为中国古典文学的近代蜕变和转型提供了异域参照。报刊由此成为小说创作和翻译文学的有效传播平台，遂使小说这一通俗文体一跃成为文坛霸主，扮演着救亡启蒙的关键角色。“近代小说的兴盛是与近代中国新闻业的兴起几乎同步的文化现象，近代报刊的兴盛为近代文学特别是近代小说的兴盛不但提供了功能强大的现代传播方式，也推动了小说质的改变。”② 正是因为报刊媒介的兴盛，自创小说和翻译小说才被梁启超选为改良群治的第一文体。

晚清比较知名的报刊，不管是综合类还是纯文学类，都辟有专栏大量登载创作小说和翻译小说，一方面使报刊的文学版面更能吸引读者，另一方面也为作家和翻译家搭建了发表平台。譬如《时务报》《新民丛报》《新小说》《绣像小说》《小说林》《月月小说》《新新小说》《小说世界》《中外小说林》《新小说丛》《小说月报》《小说时报》《游戏杂志》《民权素》《小说丛报》《中华小说界》《礼拜六》《小说旬报》《女子世界》《小说海》《妇女杂志》《大中华》《小说大观》《新青年》等，或定期或分期刊发文人创作和翻译作品，成为中国文学现代转型的重要阵地。据郭浩帆统计，“在 1840—1919 年这 80 年，我国总共产生了创作、翻译小说 11505 种，其中包括创作小说 8840 种，翻译小说 2665 种，共有 8868 种在报刊上登载，占作品总数的 80%”③。数量委实惊人。而且，清末民初很多小说家和翻译家都主编或参与报刊的出版发行，更方便了自创小说和翻译文学的刊出。如梁启超、曾朴、李伯元、吴趼人等既是知名报人，又是影响很大的作家或翻译家，他们利用

① 〔美〕费正清编《剑桥中华民国史》（上卷），杨品泉等译，中国社会科学出版社，2016，第 443—444 页。

② 耿传明：《清末民初小说中“现代性”的起源、形态与文化特性》，《文学评论》2010 年第 5 期。

③ 郭浩帆：《清末民初小说与报刊业之关系探略》，《文史哲》2004 年第 3 期。

报刊流通性强的特点大量刊发小说等大众喜闻乐见的文学形式，遂使以小说为代表的通俗文学由边缘移向中心，登上了文学的大雅之堂。而当时很多创作小说和翻译小说几乎都先在报刊上刊发或连载，之后才集结为专书交由出版社推出，清末民初名噪一时的四大谴责小说即是如此。如《二十年目睹之怪现状》刊载在《新小说》上，《老残游记》在《绣像小说》上首刊，《孽海花》则发表于《小说林》。可以说，没有报刊的推动，清末民初的长篇小说是难以普及和流行的，小说的地位不可能突然提升，小说家的影响力也不会陡然变大。正是连载小说的吸引力使固定受众或新的读者订阅购买报刊，办报者也因此获取经济利益，进而扩大规模，于是，报刊和文学二者有效联姻，出现了共同繁荣的景象。小说连载又可以提高作家和翻译家的知名度，使他们一跃成为公众人物，并影响民众观念和社会走向。譬如，梁启超发动小说界革命正是建立在报刊繁荣的基础上，新文化运动也是依托报刊进行造势的。

二　报刊稿酬制带来小说创作和翻译文学的繁荣

清末民初创作小说和翻译文学的井喷，还有一个重要原因是报刊引进并施行了西方的稿酬制，文人可以通过创作和翻译来获取报酬，以维持日常的生活开销。在经济利益的驱动下，著译者的积极性被高度激发起来，创作小说和翻译文学也随之大量涌现，并出现了繁荣局面。

1872 年《申报》创刊，是中国报业史上最为重大的事件之一，它是英国人美查基于商业利益所办。为吸引注意，《申报》首先承诺不再收取著者创作发表的版面费，后来则直接支付给著译者酬金，以此吸引优质稿源，来保证报刊的销量。《申报》开其端，往后大部分报刊都效其行，稿酬制由此建立并形成业内惯例。而当时报刊的付酬形式包括实物和货币等，大多采用货币支付的方式。既然创作和翻译可以直接获得经济上的回报，作家和翻译家也就愿意投身于此。尤其 1905 年清廷废除科举后，传统文人，尤其是寒门子弟失去通过苦读儒家经典入仕的机会，传统价值观念也在外来文化的冲击下发生动摇和新变，他们必须寻找新的出路。诸多底层的文化精英，虽有济世安民的抱负和情怀，但在当时的时代语境中已难以实现，温饱倒是他们要解决的首要问题。于是，他们积极向报刊投稿，以换取稿酬维持基本生计。经过数十年的发展，报刊已成为时人了解外界情况、获取新知的重要载体，随着沿海城市和主要内陆中心城市的发展，现代市民阶层慢慢形成，因为有基本的文字阅读能力，阅报成为日常生活方式之一，他们关心世俗和时事，逐渐成为社会变革的重要推进力量。为吸引市民购买，报刊也就顺势而为，大量刊载和连载世情小说、翻译文学等以满足受众不同的阅读需求。而读者的购买又反促报刊销量的增加，实现办报者的赢利初衷，进而扩大经营规模。在实现经济效益的同时，又能担负起码的社会责任，文人也就乐此不疲。投身报刊后，很多作家和翻译家发现创作和翻译小说能赚到钱，解决生活上的后顾之忧，他们摇身一变成为独立撰稿人，从体制中剥离开来，不再依附权贵，有创作和翻译的自由，成为民众思想启蒙的引领者和中国新文学发展变革的先驱。当然，报刊是新来之物，早期很多人并不具备经营报刊的经验，但毫无疑问，成功的报刊都舍得用稿酬截留名家名稿，进而做大做强。而著译者也开始意识到稿件的经济价值，并根据自己对稿件质量的判断做出投稿决定，待价而沽。他们乐于向知名出版机构和报刊投稿，一方面能提高自己的知名度，另一方面又能保障经济收益。这样一来，著译者尝到给报刊投稿的甜头，一部分人将给报刊写稿视为自己的重要工作，并逐渐成为职业写手和翻译者。在某种程度上，清末民初报刊的兴起，为中国职业作家、职业翻译家的出现奠定了媒介和传播基础；而作家和翻译家职业化后，为报刊的发展提供了稳定的稿源，这种双赢局面，是新文化运动的逻辑起点，对中国现代文学的发展产生了深远影响。

报刊大量兴起后，创作小说尤其是翻译文学的数量剧增。特别是在西学东渐大潮的冲击下，报刊更为重视外来文献的刊发，这不但是时代所需，也是读者好奇心所在，是报刊有效吸引读者、增加发行量的重要策略。有学者粗略统计，“在近代 72 年里，共出通俗小说 1653 种，文言小说 99 种，翻译小说 1003 种，共计 2755 种，这是一个非常庞大的存在，若考虑到散佚及编者观览未能周洽等因素，那么当年的实际数量还应多的多”①。这些数据的增长虽有其他深刻的社会原因，但稿酬制是不容忽视的内在推动力量。稿酬制使翻译小说刊发量剧增，主要是它比自创小说出稿更快，很多统计资料证明了这一点。如阿英在《晚清小说史》中说：“晚清的小说，究竟是创作占多数，还是翻译占多数，大概只要约略了解当时情况的人，总会回答‘翻译多于创作。’就各方面统计，翻译书的数量，总有全数量的三分之二。”②《新新

① 陈大康：《中国近代小说编年》，华东师范大学出版社，2002，第 1 页。

② 阿英：《晚清小说史》，江苏文艺出版社，2009，第 184 页。

小说》的数据则是“译著参半”[①]。徐念慈的统计更为夸张：“著作者十不得一二，翻译者十常居八九。”[②] 吴组缃则指出，在清末民初，“短短的三十年，欧洲几个文学灿烂的大国，英、法、德、俄、西班牙、意大利，凡是十八世纪、十九世纪许多主要的作家，他们的作品，几乎都有了译本”[③]。以上统计和陈述说明翻译文学在当时出版界和报刊领域的比重是十分大的，且翻译文学的范围已经扩展到世界主要文化文学大国了。那为何清末民初翻译文学突然出现井喷之势呢？我们认为，除了救亡启蒙需引进域外新知，“吸取外国文学的养料，以疗救中国文学的沉疴”[④] 之外，最重要的因素应是报刊和出版机构的大量兴起，使得稿件需求量陡然增大，报刊为保证按时刊印，登载翻译文学无疑是比较有保障的；同时很多报刊给著译者支付稿酬，激发了作家创作和译者翻译的积极性，使作品大量涌现出来。一开始固然也有部分作家和翻译家不是冲着经济报酬去的，但通过向报刊投稿实现著译的初衷，亦能获得经济上的回报，这当然不会有人反对。我们通过清末民初报刊上的征稿启事或支付稿费的相关记述，可推知当时报刊支付给著译者的酬金不菲。如梁启超的稿费是每千字 20 元、林纾的译稿每千字 6 元，都超过当时普通工人一个月的薪金；而包天笑则通过持股获得分成，实现经济境况的好转，他说：“我当时共有商务股份三千多元，完全够得上一个董事资格。”[⑤] 由以上数据可知，报刊引入西方的稿酬制度，使著译者的经济回报大为增加，激发了他们的著译积极性。这样一来，为获取经济报酬，作家和翻译家们不断创作和翻译书稿，在这个过程中，原创性作品毕竟耗时过长，且不见得就能成功，于是“翻译小说的数量竟高出于创作小说两倍”[⑥]，一下子成为报刊的第一稿源保障。大部分有一定外语基础的作家改做翻译，一是因为国家和民族走出泥淖需要引进域外文坛新宗，二是因为报刊支付稿酬使翻译成为有利可图的行当。“在 1917 年‘文学革命’之前，至少有 20 年，都市文学刊物——半现代化的‘民众文学’，已经为日后从事新文学的作家们建立了市场读者。

---

① 侠民：《新新小说·叙例》，《大陆报》1904 年第 5 期。

② 觉我：《余之小说观》，《小说林》1908 年第 9 期。

③ 施蛰存主编《中国近代文学大系（1840—1919）》（翻译文学集一），上海书店出版社，2012，导言第 7 页。

④ 徐中玉主编《中国近代文学大系（1840—1919）》（文学理论集一），上海书店出版社，2012，第 7—8 页。

⑤ 包天笑：《钏影楼回忆录》，中国大百科全书出版社，2009，第 497 页。

⑥ 徐中玉主编《中国近代文学大系（1840—1919）》（文学理论集一），上海书店出版社，2012，总序第 19 页。

这些杂志的编辑和作者赶着写作预定时限的作品，以写作大量赚钱；其勤奋努力的结果，创造了一种新的职业，作品所获得的商业成功，证明文学能够成为独立且能赚钱的职业。”① 正是稿酬制的经济激励，使清末民初的自创小说和翻译文学的数量出现井喷式增长。“传统文人发现在报刊上发表作品不但有名可扬，还有钱可赚，于是踊跃撰稿，稿酬制由此建立并形成业内惯例。”② 当然，晚清报刊为保证按时刊出和提高销售量，刊发了许多质量低劣的自创小说和翻译文学，为后世所诟病，但瑕不掩瑜，也有不少优秀作品经时代的淘洗流传下来，成为经典。

三 近现代报刊小说创作和翻译文学的文学史意义

清末民初报刊的勃兴、发展、繁荣，与时代发展的需求紧密相连，对中国现代文学的生成影响深远。“晚清报刊是20世纪中国文学走向现代的最初的摇篮。晚清维新思想家、文学家对文学空间的打造，其用力之勤、寄托之厚，是前所未有的。晚清报刊所建构的文学空间，成为中国文学从古典走向现代的重要桥梁。”③

一是使文学的传播模式和推广频率发生重大改变，培养了全新的读者群和作者群，为中国现代文学的生成提供了外部条件。首先，报刊的兴起改变了中国文学在亲族和师友之间传播的传统形式，由人际传播向介质传播转变，构建了新型的传播平台，“形成了以传媒为轴心的运行机制，脱离了旧时代的士大夫间唱和的运行机制。这一变易，不仅仅是传播学上的，也彻底地改变了中国文学的性质与功能”④。而且，文学的传播更为迅捷，信息的流传速度频率加快，“传播加速陡然间扩大了文学的空间和受众群，周转频率加快，使报刊文学能在短期内影响到不同的群体。尤其作者、报刊、受众各自独立，并通过报刊在市场中的信息反馈，使报刊主办者调整刊发内容，作者调整自己的写作方向和主旨，以符合报刊的受众需求。正是著者、报刊、受众新三

① 〔美〕费正清编《剑桥中华民国史》（上卷），杨品泉等译，中国社会科学出版社，2016，第444页。

② 管新福：《中国近现代报刊刊载辞赋的特质及新变》，《复旦学报》（社会科学版）2020年第6期。

③ 关爱和：《晚清：以报刊为中心的文学时代的开启》，《复旦学报》（社会科学版）2020年第3期。

④ 李洁非：《现代性城市与文学的现代性转型》，载陈晓明主编《现代性与中国当代文学的转型》，云南人民出版社，2003，第36页。

角关系的特征，决定了文学生产和传播的转型”①。其次，报刊以社会普通大众为服务对象，拓展了文学的接受群体，培养了大众的阅读习惯和现代思想意识，有利于形成社会公众话语，打破知识精英对文学和文化的垄断，使读者有了世界性的视野和想象，这不仅是现代社会形成的标志，也为后来推翻帝制奠定了群众基础，更是新文化运动成功的关键所在。最后，报刊对作者的影响也极为深远，它使作者的人际空间大为拓展，著译者的体验也得到大幅拓展，他们对现实的判断和思考更为全面，翻译和写作的选择范畴更为多元，文学理念、文体形式、书写话语方式等逐渐与世界接轨，正如梁启超所言，“自报章兴，吾国之文体，为之一变”②，新的文体进入他们的知识视野，酝酿了新的文学类属。而且很多报刊的主办者或向报刊积极投稿的文人，一方面有着丰富的域外知识，对外国文学有着较为清晰的梳理和认知，另一方面亦对本国的传统有着深刻的体认，他们对自我劣势和外来优势心知肚明，并积极使用现代白话进行创作和翻译，成长为新一代的作者和新文化运动的先驱；他们在报刊上积累的读者群，成为其忠实的拥趸，这为新文化运动的开展奠定了群众基础。

二是推动域外新知的进入，实现中国文学由古典形态向现代形态的转型，并对近现代中国知识界的救亡启蒙运动产生了重要的宣传作用。鸦片战争失败之后，为强国保种，开明士大夫掀起洋务运动，“师夷长技以制夷”，文人们虽然对西方科学技术、天文历法等知识的优越性有了基本认知，但在文化上却相对保守，仍秉持着华夏文化的千年自信，固守传统孔见，不主动接纳西方的人文科学。在他们眼里，“中国历代的学者是文人，都是哲学家，都是文学作家，同时也都是诗人，所以各自都在怀抱一种强力的传统观念，便是：中国五千年曾积蓄的文化，由文学与哲理论之，却不是西洋所有民族可能相比”③。但报刊兴起后，大量西方的社会科学、人文科学和文学作品被翻译到国内来，逐渐打破了传统文人对外来文化的定见和陈见，使文人们认识到在中国文学之外，世界上还有很多优秀民族也创作了脍炙人口的经典作品，值得民众去学习和欣赏。这对国人提高眼界、客观认识外部世界至关重要，尤其使人们认识到文学和文化交流的价值和意义。当然，报刊的发展壮大和民众的喜闻乐见这些现实，还使晚清文人的精英意识逐渐消解，公众意识逐

① 管新福：《中国近现代报刊刊载辞赋的特质及新变》，《复旦学报》（社会科学版）2020 年第 6 期。

② 梁启超：《中国各报存佚表》，《清议报》1901 年第 100 期。

③ 谢人堡：《中国翻译文学史料（三）》，《中国公论》1941 年第 4 期。

渐萌生，他们认识到文学的世俗化、读者的大众化已成时代趋势，并积极改变以顺势而为。再一点是，与中国传统印刷模式相比，现代报刊的印刷技术大大降低了成本，增大了文学的普及力度；加之报刊与生俱来的传播属性使新观念、新思想传播加快，读者接触书籍的机会增大，这为中国新文学的生成和向纵深发展奠定了坚实基础。

三是推动中国文学书写由文言向白话的转向，更新了文学书写的语言体式，使中国近现代文学逐渐和世界文学接轨。晚清以降，文言书面语的坚固堡垒逐渐瓦解，文学由雅转俗的趋向已不可阻挡，为适应阅读对象的市民转向，报刊的语言书写形式也做出相应调整。清末一些报刊开始尝试用白话书写，报章文体也因之兴起，并孕育了语言革命。即便保守如林纾者，也参与了林白水《杭州白话报》的运营，并用白话创作了《闽中新乐府》刊行，在当时传为佳话，这说明白话在文人群体中也有基础，只要有适当的机遇就会产生语言的变革。可以说，报刊的兴起，改变了中国文学语言的长久定式，白话逐渐取代文言成为文学的书写正宗，文学的形式和体例也发生了转向和新变。“中国文学史上，从来未尝出现过象本世纪这样激烈的‘形式大换班’，以前那种‘递增并存’式的兴衰变化被不妥协的‘形式革命’所代替。古典诗、词、曲、文一下子失去了文学的正宗地位，文言小说基本消亡，话剧、报告文学、散文诗、现代短篇小说这样一些全新的文体则是前所未见。”① 不但文人的自创文学开始使用白话和俗语，翻译文学也大量采用白话，开始了语言形式上的变革。正如周作人所言，“新小说与旧小说的区别，思想固然重要，形式也甚重要”②。此外，为有效翻译外来文学、文化，译者还引入很多西洋和日本的新名词，大量音译词演变为约定俗成的词语，成为语用习惯并为民众所接受。在丰富汉语词汇语料库的同时，亦扩大、增强了汉语的表达范围和现代效果，使作家和翻译家的思想逐渐摆脱传统束缚，文字表达更为自由、灵活，也因此产生了现代意义上的作者、读者、语言和文本，使中国文学开始了现代转型的同时，也实现了和世界文学的真正接轨。

综上所述，晚清报刊兴起后，对中国文学产生了深远影响，主要体现为如下几点。一是使中国文学的传播模式发生改变，由传统师友、亲朋之间相互传播的熟人模式向现代媒介模式过渡，加快了文学传播的速度，拓宽了传

---

① 黄子平、陈平原、钱理群：《论“二十世纪中国文学”》，《文学评论》1985 年第 5 期。

② 周作人：《日本近三十年小说之发达》，载陈平原、夏晓虹编《二十世纪中国小说理论资料》（第一卷），北京大学出版社，1997，第 57 页。

播渠道。二是利用报刊的传播平台，文人们不但可以表达自己对国家、社会的看法，还可以发表创作小说和翻译文学，积极探讨社会热点，助力救亡启蒙。三是报刊引进并施行西方的稿酬制，调动了作家和翻译家的积极性，在保障报刊用稿量的同时，也有很多优质稿件刊发出来，报刊获得发展，著译者名利双收，形成双赢之局。四是清末废除科举，很多靠阅读四书五经寻找出路的传统士人开始向报刊投稿，扩大了报刊的作者群，为中国现代文学培养了第一代新型作者，专业作家和职业翻译家开始独立出来，并大量撰作稿件，为报刊可持续发展奠定了基础。五是报刊的兴起还促进了专业印刷出版机构的建立，如商务印书馆、中华书局、文明书局等，为新文化的进一步传播打下坚实基础。六是报刊还承担了教育媒介的功能，它一方面能有效传播资讯，另一方面又能扩大受众的知识视野，培养了中国近代第一批专业读者、职业批评家。可以说，清末民初报刊媒介由西方引入中国并勃兴，带来了多方面的改变，尤其对中国现代作家群、读者群、文学文本形式的形成产生了深远影响，是中国文学现代性发生的重要因素，也是中国文学由古典形态向世界现代模式转型的重要中介和桥梁。

文化心态对晚清西学翻译的抉择及影响*

中西文化交流在明清之际就已零星展开。利玛窦、里雅各、汤若望、南怀仁等西方传教士东来，使部分知识精英对西方基督教文化有了一些初步认知。但中国文化与西方文化具有明显的异质性，因此明末清初的基督教传播效果并不明显。为此，西方传教士采取上层路线，主动结识中国士大夫和知识精英，以期实现自上而下的渗透。如利玛窦积极学习汉文、着儒服，主动接受中国文化以拉近与中国士大夫之间的心理距离，此举虽取得一定效果，但只有少数士人对利玛窦的基督福音产生兴趣，国人对西方天文历法的好奇远远大于基督教的救世理念和来世信仰，因此中西文化之间的深层碰撞和交流还未真正开启，中国对西方文化的优秀部分也未给予足够重视。国人仍固守着华夷之辩的华夏中心观，秉持“中国戎夷五方之民，皆有性也，不可推移。东方曰夷，被发文身，有不火食者矣；南方曰蛮，雕题交趾，有不火食者矣；西方曰戎，被发衣皮，有不粒食者矣；北方曰狄，衣羽毛穴居，有不粒食者矣”，“居天地之中者曰中国，居天地之偏者曰四夷，四夷外也，中国内也”① 之论。数千年来，我为中心，四方皆是蛮夷成为中国历代封建统治阶级的思维定式，并自上而下传导到民间社会，天朝上国的国家意识和儒家文化的自信长期影响着民众对世界的判断，甚至到18世纪中后期，西方世界已经发生了翻天覆地的变化，但清政府的封闭还是一如既往。如乾隆在18世纪末召见马戛尔尼使团时云：“朕不认为外来的或精巧的物品有任何价值，尔等国家制造的东西对朕没有任何用益。”② 作为使团成员之一的安德森后来回忆说：“我们如同乞丐一般地进入北京，如同囚犯一般地居住在那里，如同贼寇一般地离开那里。”③ 上层统治者的自大心态由此可见一斑。鸦片战争

---

* 本文原载于《中华文化论坛》2019年第2期，收入本书时有修改。

① （清）孙希旦：《礼记集解》，中华书局，1989，第359页。

② 〔法〕雅克·布罗斯：《发现中国》，耿昇译，山东画报出版社，2002，第94页。

③ 〔法〕雅克·布罗斯：《发现中国》，耿昇译，山东画报出版社，2002，第94页。

爆发后，长期积淀的天朝大国之华夏中心意识及其心理定式，使中国上层贵族和知识精英对世界地理和历史知识缺乏起码的认知，他们主观判别这一次国门被破只不过是又一次外族入侵，它终将被中国强大的文化所同化。但甲午战败及八国联军侵华，终于使国人警醒，并“感受到外力的压迫，觉悟内政的腐败，思想上起了一个绝大变化，一般比较明白事理的人，开始认识到西洋各国的重要”①，有识之士因之开始正视西方文化，并外派留学生进行学习，西学东渐，由此掀开了清末民初西学翻译的大幕。

一　华夏文明的千年自信：早期西方格致之学译介的体用之维

数千年来，自成一体的中国文化和相对封闭的空间地理，使得国家和民族在文化断裂和急剧重组的近代时段难以跟随时代步伐从而落伍于世界，鸦片战争失败的结果使中国把学习西方文化正式提上了议事日程。当西方列强用坚船利炮打破东方古国的沉寂夜空，一系列丧权辱国条约的签订带来的是失落与不安、急躁与焦虑，但只有少数有识之士开眼看世界，探讨问题之症结，并赋予疗救之思考。晚清开眼看世界的第一批知识分子，有感于时代变迁和自强需求，开始研究和学习西方科技和军事等知识，想方设法认知并介绍西方科技文化，当然也兼及一些社会科学，主要以林则徐、魏源、徐继畬等人为早期代表。他们向国人普及世界历史和地理知识，以引导国家富强和崛起。如林则徐组织翻译的《四洲志》、魏源编纂的《海国图志》等书中的地理知识，徐继畬在《瀛寰志略》中对欧洲各国的介绍等。徐继畬在评价西欧商业时说，“欧罗巴诸国皆善权子母，以商贾为本计，关有税而田无赋。航海贸迁，不辞险远，四海之内遍设埔头，固因其善于操舟，亦因其国计全在于此，不得不尽心力而为之也”②，以显示西方社会与中国之不同。但由于晚清保守思潮的盛行，知识分子和上层权贵对西方文化还未从心理上给予认同，因此短时间内不可能改变国人的认知和时代走向。

华夏文化的千年自信，从晚清描述外邦的词汇中就可见一斑，它们大都充满贬义，以“夷”述之。如夷商、夷酋、夷船、夷炮、夷技、夷语、夷言、夷情、夷事等，皆属鄙视之称，这难免会影响国人对西学的正确判断。这种自我中心主义思维使翻译家在译介西学时呈现比较复杂的心态，一方面

① 邢鹏举：《翻译的艺术》，《光华附中半月刊》1934 年第 9—10 期。

② （清）徐继畬：《瀛寰志略》（第 4 卷），上海书店出版社，2001，第 115 页。

是对中华文化的高度自信和自恋，另一方面是对外来强势文化特别是西方科技文化的忧虑和恐惧，这种复杂的心态，无形中影响着晚清翻译家的翻译选择和译文的整体路向。面对数千年未有之变局，很多士大夫不愿从四书五经和渔樵耕读的生活方式中走出来，对外来文化的冲撞缺少包容胸怀和理性辨别，在心理上一时难以接受。有论者指出："中央大国、文化霸主的意识在当时的君臣民的思想中已经根深蒂固。对西方列强的崛起，他们没有思想准备。他们在心理上无法接受在鸦片战争中战败的事实。当时的译者们正是带着这种心理上的文化优越感和现实中的挫折感开始翻译西方的科学和人文作品的。在这样一个社会心理条件下，虽然中国当时的文化地位在客观上是处于劣势，但封建士大夫们在心理上并不承认这个差距。"① 这样，当他们面对林林总总的西学文献时，并不去结合时代和民族国家的需要积极学习，认真研究其中的合理部分，而是进行比附和改写，以期适应中国文化之根，"晚清学人以传统的知识为基础，从而解释西方事物，主观的理念常在不知不觉中支配着他们的观点"②，广受中体西用观念之影响，因此，在翻译时便会打上传统中国文化的烙印，并影响着早期西学翻译的抉择和传播效果。

由于对世界新知识谱系缺乏起码的认识，加之传统的思维定式，国人完全没有做好心理上的准备，很难高效地、有选择地去接受西学。面对完全不同的西方世界，晚清知识分子既有对西方科技的惊羡和对坚船利炮的恐惧，亦有对传统文化失落的遗憾和悲哀，更夹杂有鄙夷异域文化的华夏文化中心情结。"师夷长技以制夷"就是鸦片战争失败之后，一代知识分子看到了国家的惨败，而积极进行思考得出的结论。朝野上下都将失败归因于技不如人，而非中国传统文化本身出了问题，他们认为只要研习夷人之技即可扭转颓势。故魏源《海国图志》云："夷之长技三：一、战舰，二、火器，三、养兵、练兵之法。"③ 根本未涉及更深层次的社会文化、政治体制等，不承认在体制和文化上的落伍。几千年的封建专制文化传统，使中华文化以强势和同化性强而自居，在他们看来，外国人"不仅不孝敬父母，还开矿山、修铁路和架电线来破坏祖坟，总而言之，因为西方人禽兽不如"④，故在文化上不值一

① 王东风：《翻译文学的文化地位与译者的文化态度》，《中国翻译》2000 年第 4 期。

② 王尔敏：《晚清政治思想史论》，广西师范大学出版社，2005，第 2 页。

③ （清）魏源：《海国图志》（第 2 卷），岳麓书社，1998，第 26 页。

④ 郝延平、王尔敏：《中国人对西方关系看法的变化（1840—1895 年）》，载费正清等编《剑桥中国晚清史》（下），中国社会科学院历史研究所编译室译，中国社会科学出版社，2016，第 215 页。

哂，因此学习西方文化就是本末倒置。可以说，林则徐和魏源等近代第一批开眼看世界的知识分子，由于时代所限，首先着眼于技术层面的考量而未明了文化与时代背景的落差；而后继者曾国藩、李鸿章、张之洞等晚清中坚开始尝试洋务运动，掀起了学习西方技术的热潮，也是和林、魏等人一脉相承，对社会制度和文化体制的学习还未引起应有的重视。“自古以来，中国始终保持独立发展，并且创造了灿烂的古代文化。中国传统文化这种早熟性及其所保持的延续性和稳定性，渐渐形成了一种文化上的自我中心意识，即华夏中心主义观念。这种基于文化上的优越感而积淀下来的华夏中心主义的心理定势，在近代便成为向西方学习的严重心理障碍，而这又集中体现在作为传统文化主要载体的封建士大夫身上。”① 林、魏想通过对西学知识的介绍性阐释，找到国家和民族走出泥淖的方法，改变国人见识浅薄之现状。曾、李等人则想通过对西方技术层面的引进，实现国家富强和中兴。虽然“欧罗巴诸国皆尚文学，国王广设学校，一国一郡有大学、中学，一邑一乡有小学”②的现代教育体制值得引进和参照，但他们对中国传统文化的优势还是深信不疑。对于西方的政治体制、文化、宗教等上层建筑，更是十分瞧不起，故薛福成有基督教学说“假托附会，故神其说，虽中国之小说，若《封神演义》《西游记》等书，尚不至如此浅俚。其言之不确，虽三尺童子皆知”③ 之论。也就是说，当时最具先进性的士大夫对西方文化的价值判断偏差和偏见亦如此之大，则一般民众见识之低就可想而知了。

在林则徐、魏源等人的影响下，晚清有识之士认识到西方科技上的优势，掀起了关于西方科技的翻译高潮；同时也认识到晚清政府的腐败无能，他们开始思考失败的原因，但是推导出的结论还是中国在火器和船舰方面技术落后，如果在这些方面进行改革和提升，则中国就能崛起，重拾昔日荣光。与林、魏相同，洋务士人首务在于引进西方科学技术，文化上的学习和引进还未受到重视，洋务派很多人都是清廷的地方要员，出身科考，未有实际的域外观感和体验，缺少对世界知识谱系的整体认知，因此在翻译什么样的西学著述方面可谓摸着石头过河。故张之洞、王韬、郑观应等人主张西学为用，以维护中学之体，形成中外文化交流的“中体西用”文化观。王韬说“器则

---

① 宝成关：《略论近代中西文化冲突的根源》，《长白论丛》1994 年第 2 期。

② （清）魏源：《海国图志》（第 37 卷），岳麓书社，1998，第 1098 页。

③ 薛福成：《出使四国日记》，载郑逸梅等主编《中国近代文学大系（1840—1919）》（书信日记集二），上海书店出版社，2012，第 169 页。

取诸西国，道则备自当躬。盖万事而不变者，孔子之道也，儒道也，亦人道也”[①]，薛福成也主张“取西人器、数之学以卫吾尧、舜、禹、汤、文、武、周、孔之道”[②]，都在强调儒家文化之核心不能动摇。张之洞的《劝学篇》则是中体西用的定论之作，提到“新旧兼学。学《四书》、《五经》、中国史事、政书、地图为旧学；西政、西艺、西史为新学。旧学为体，新学为用，不使偏废”[③]，明确了“中体西用”之范围和内涵。学者们认为张之洞的“中体西用”观有很大的实践缺陷，“西用”的技术只能适用于西体，而放置于中国文化背景下不一定适用，故西学功底较强的严复批评说：“体用者，即一物而言之也。有牛之体，则有负重之用；有马之体，则有致远之用，未闻以牛为体则以马为用者。”[④] 洋务运动的根本目的是保持中国文化的核心地位，重在学习西方的科技，以之反制洋人，在洋务派看来，“富强之甚，与其政教精实严密，斐然可观，而文章礼乐，不逮中华远矣”[⑤]，故文化上没有任何必要向西方学习。他们秉持“盖中国之人，震于格致之难，共推为泰西绝学，而政事之书，则以为我中国所固有，无往于外求者”[⑥] 之定见，尽量和西方文化保持距离。

基于这种文化守成主义和文化自信心态，虽然洋务派创立的对外机构和翻译机构翻译西书400余种，但内容主要集中在对自然科学和应用科学的翻译引进上，而较少涉及西方人文社科方面的知识。后来的实践证明，洋务派的努力并未改变晚清落后于西方国家的处境，中国近代化的探索还任重道远。其实，“中体西用”主要还是对西方文化缺少全面的审视和判别，晚清士大夫从根底上认为中国传统文化有着不可替代的优越性，其核心不可更改，因此晚近翻译家在选择西方知识进行译介时，难免受到影响，而这样的翻译心态会使在学习外来文化的过程中失去客观的选择标准和精准的评价。在近代早期，何以重视科技翻译而轻社会科学、文学作品等的翻译呢？“文学作品何以没有翻译，只因中国学者重视西洋人的大枪大炮，而绝不肯有意观摩西洋的文学与哲理，因为中国历代的学者是文人，都是哲学家，都是文学家，

① 王韬：《弢园文新编》，生活·读书·新知三联书店，1998，第166—167页。

② 薛福成：《筹洋刍议·变法》，载丁凤麟等主编《薛福成选集》，上海人民出版社，1987，第556页。

③ 张之洞：《劝学篇》，载苑书义等主编《张之洞全集》，河北人民出版社，1998，第9740页。

④ 严复：《与外交报主人论教育书》，载中科院哲学研究所中国哲学史组编《中国历代哲学文选（清代近代编）》（下册），中华书局，1963，第355页。

⑤ 郭嵩焘：《伦敦与巴黎日记》，岳麓书社，1984，第119页。

⑥ 高风谦：《翻译泰西有用书籍议》，转引自林榕《晚清的翻译》，《文学集刊》1944年第1期。

同时也都是诗人，所以各自都在抱一种强力的传统观念，便是：中国五千年曾积蓄的文化，由文学和哲理论之，却不是西洋所有民族可能相比。”① 也就是说，晚清的翻译家深信中国传统文化和文学的成就是独一无二的，不需要再去学习和引进西方文化与文学，只要了解其先进的科学技术即可。正如钱穆先生所指出：“中国人经过几次挫折，也都知道自己的力量不如人了，但还敌不过他们心中的一股义愤与鄙夷。因此在中国人眼里，又不免要误会到西方只是些贪利与恃强的勾当，而却忽略了在他后面策动的西方文化的其力量与其性质。”② 正是这样的文化心态，使中国在学习西方时不像日本那样很快就能摆脱传统观念的束缚，走上世界化的道路，实现体制和文化的现代转型。

二　别求新声于异邦：后期西方文学文化翻译的时代抉择

洋务派数十年的经营，在学习西方工业、造船技术等方面取得一定的成就，但甲午战败和庚子重创，宣告洋务运动救国的失败，并“唤起吾国四千年之大梦”③。这说明，即便一个民族有异常先进的技术和装备，但是意识形态和文化观念上保守落后，则再次失败是早晚之事。“甲午战争之前，对西学的兴趣主要集中在科技知识的翻译，在中国耻辱性的战败以后，学者和政治改革家们，意识到更为严峻的危机，在科技的落后之后，他们开始关注精神的堕落。这个危急的阶段产生了大量新翻译家，他们的作品和各自的努力对新一代作者和学者产生了巨大影响。”④ 虽然第一代开眼看世界的知识分子通过对西方近现代技术的学习，初步引进了西方一些发展经济的理念，在传统的农耕社会里植入了工业革命的因子，开始了中国近代化的进程，并且经过几十年的发展，在造船、冶炼、现代交通等领域取得了一些成就，但数十年的心血，成为一场战争失败的注脚。故严复在《原强》中悲呼：“呜呼！中国至于今日，其积弱不振之势，不待智者而后明矣。深耻大辱，有无可讳焉者。日本以寥寥数舰之舟师，区区数万人之众，一战而翦我最亲之藩属，

① 谢人堡：《中国翻译文学史料（三）》，《中国公论》1941 年第 4 期。
② 钱穆：《中国文化史导论》，载钱宾四先生全集编辑委员会编《钱宾四先生全集》，台北联经出版事业公司，1998，第 219 页。
③ 梁启超：《戊戌政变记》，载《饮冰室合集》（专集 1），中华书局，1989，第 1 页。
④ 〔美〕孙康宜、宇文所安编《剑桥中国文学史》（下卷），刘倩等译，生活·读书·新知三联书店，2013，第 534 页。

再战而陪京戒严，三战而夺我最坚之海口，四战而覆我之海军。今者款议不成，而畿辅且有旦暮之警矣。”① 朝野上下不得不深究败因，并重新思考民族和国家的出路。“庚子重创而后，上下震动，于是朝廷下维新之诏，以图自强。士大夫惶恐奔走，欲副朝廷需才孔亟之意，莫不曰新学新学”②，于是开始吸收日本成功之经验，以图自强。经过数十年的摸索，国人终于认识到失败的原因不仅仅是技不如人，还包括文化体制上的落伍，故以日本为蓝本的戊戌变法开始实施。维新派在西学翻译的选择上和洋务派有较大差别，西方的意识形态和社会科学开始受到重视，如梁启超认为，引进外来文化应以“东文为主，而辅以西文，以政学为先，次辅以艺学。译学堂各种功课，以使诵读。译宪法书以明立国之本。译章程书以资办事之用。译商务书以兴中国商学，挽回利权”③。但戊戌变法最终被保守势力联合绞杀，说明中国在政治体制近代化上探索的失败，统治阶级的无能才是失败的罪魁祸首，国内顽固派和保守力量终究不是改革自救的依托力量。

到了晚清最后几年，随着对西方世界认识的进一步深化，开明知识分子认识到，即便有过人的硬件设备，而不去更新社会体制和国人的思想，不去进行民众文化的启蒙，还是难逃失败之命运。于是以严复等人为代表的有国外留学经历的知识分子，开始翻译西方的人文社会新知，开启文化近代化的历史进程。对西方社会科学和文学文化知识的翻译由此替代对科技文化的译述，成为译界主流。变法失败后，梁启超流亡海外继续探索救国救民的路径，经过一番考量，他终于发现，民众文化意识的近代化和世界化比政治改良更为急迫，政治改良的上层路径走不通了，只有通过文学艺术启迪民智才能促进底层民众的觉醒，因此他把文学艺术的革命上升到救国救民的高度。他在《论小说与群治之关系》中说：“欲新一国之民，不可不先新一国之小说。故欲新道德，必新小说；欲新宗教，必新小说；欲新政治，必新小说；欲新风俗，必新小说；欲新学艺，必新小说；乃至欲新人心，欲新人格，必新小说。何以故？小说有不可思议之力支配人道故。”④ 走了诸多弯路之后，以梁启超为代表的晚清知识分子终于认识到中国文化顶多是人类优秀文化的代表之一，中西文化并没有高下优劣之分，西方文化的优秀部分照样可以移用到中国来，成为有效的参照，对文学文化的翻译因此成为晚清翻译的重镇。林纾则直接

① 王栻编《严复集》（第1册），中华书局，1986，第5页。

② 冯自由：《政治学·前附》，广智书局，1902，第1页。

③ 梁启超：《大同译书局·序例》，转引自林榕《晚清的翻译》，《文学集刊》1944年第1期。

④ 梁启超：《论小说与群治之关系》，《新小说》1902年第1期。

开了西方小说中译的先河，成为国人直接认识西方文化的案头资料。“《巴黎茶花女遗事》付梓之后，一新国人耳目，中国一般学士知道西洋也有极优美高尚的文学作品，可以说始于此。”① 经过晚清翻译家的引进介绍，人们能够区分中西方文学之间的基本差异，也发现西方文学的独特审美价值，“就在那群封建士大夫摇头晃脑地欣赏那华丽的美文时，译著中所倡导的西方民主及适者生存的思想也开始在其头脑中弥散”②，文学与改良就这样被时代奇妙地结合在一起，晚清中国开始显示出文化近代化和世界性的因素了。

近代中国是被动进入世界现代性的时代潮流的，自给自足的传统农耕文化和相对封闭的体制和空间，使得中国在进入近代社会之前对自身以外的世界了解有限，对近代处于强势的西方文化了解极少，更缺乏对中西方文化的比较和审视。严复曾在《论世变之亟》中对中西方文化做过一个非常全面的比对：“中国最重三纲，而西人首明平等；中国亲亲，而西人尚贤；中国以孝治天下，而西人以公治天下；中国尊主，而西人隆民……中国多忌讳，而西人众讥评。其于财用也，中国重节流，而西人重开源；中国追淳朴，而西人求欢虞。其接物也，中国美谦屈，而西人务发舒；中国尚节文，而西人乐简易。其于为学也，中国夸多识，而西人尊新知。其于祸灾也，中国委天数，而西人恃人力。”③ 可惜没有引起国人的重视。需要指出的一点是，虽然晚清知识分子认识到西方社会科学和文学的重要启蒙意义和价值，但是他们在进行译介时，本质上和早期洋务派翻译西学时的观点并没有太大的不同，仍然有着明显的文化隔阂和民族排外心理。特别是对中国传统文化的自信心理还萦绕在翻译家的脑际，并对晚清以来的西学翻译产生较大影响，翻译仍在被动之中展开。“西方压力之下发生的知识与制度体系转型，如果只是全盘西化式地移植，问题也就相对简单。可是，中国的文化不仅历史悠久，而且活力十足，一以贯之，始终活跃，其巨大张力所产生的延续性，对于近代的知识与制度转型发生着重要的制约作用。”④ 这样一来，严复、林纾的翻译就有着传统士大夫的底色，他们将古文看作正统的语言，并以中国古代散文的句法翻译西书，很少运用民间俗语进行译述，俨然是先秦诸子和唐宋散文的晚近赓续。故近人王森然评价道：“严几道、林畏庐二先生同出吴汝纶门下，世称林、严，二公古文，可称桐城派之嫡传，尤以先生（林纾）自谓能谨守

① 谢人堡：《中国翻译文学史料（五）》，《中国公论》1941 年第 6 期。

② 王东风：《一只看不见的手——论意识形态对翻译实践的操纵》，《中国翻译》2003 年第 5 期。

③ 严复：《论世变之亟》，载王栻主编《严复集》（第 1 册），中华书局，1986，第 4 页。

④ 桑兵：《晚清民国的知识与制度体系转型》，《中山大学学报》（社会科学版）2004 年第 6 期。

桐城义法。但二公所以在中国三十年来古文界占重要之地位者，乃在其能用古文译书，将古文应用之范围推广，替古文开辟新世界，替古文争得最后之光荣也。”① 可见，以严、林等人为代表的晚清翻译家，潜意识里还是有着对传统文化的自恋和自信，这无形中影响着译文的风格和路向，不利于西方文化和文学的广泛传播，有着明显的时代局限性。

而在晚清的知识分子中，有很大一部分人意识到中国传统文化在世界进入近代以后是有很多弊端的，但是他们从小受到比较严苛的小学、经学教育，传统文化对他们的影响根深蒂固，不可能一朝反转。华夏文明数千年来都以强势文化自居，国人惯用自我中心主义的思维来想象周边的族群和世界，他们从内心深处不愿意承认也不甘承认中国在文化上会落后于世界上任何一个民族，因此对西方科学技术的学习要早于对文化的吸收，像严复等学贯中西、留学英美的知识分子，林纾等谙熟西方人文艺术之人，到了晚年基本上都又回到了中国传统理路上去了，并显示出一定的保守性。即便一生译述最多的林纾，对外来文学和文化也从未真心接纳，体现出对中国传统文学和文化的自信心。他仍然坚持“中国文学却是世界上最高最美丽的，绝没有什么西洋的作品，可以及得上我们的太史公、李白、杜甫”② 的观点。当时也有清醒之音，如以翻译法国文学著名的曾朴评论说：“大家都很兴奋的崇拜西洋人，但是只崇拜他们的声光化电，船坚炮利，我有时谈到外国诗，大家无不瞠目结舌，以为诗是中国的专有品，蟹行蚓书，如何能扶轮大雅，认为说神话罢了；有时讲到小说和戏剧的地位，大家另有一种见解，以为西洋人的程度低，没有别种文章好推崇，是为推崇小说戏剧；讲到圣西门和孚利爱的社会学，以为扰乱治安；讲到尼采的超人哲学，以为是离经叛道。”③ 时人眼光之狭，由此斑见。另如钱锺书先生曾经记载了一则和陈衍谈论林纾翻译外国文学的话，可谓当时知识分子文化自信的最好佐证：

> 那一天，他查问明白了，就慨叹说：“文学又何必向外国去学呢，咱们中国文学不就很好么?”我不敢和他理论，只抬出他的朋友来挡一下，就是读了林纾的翻译小说，以此对外国文学发生兴趣。陈先生说：“这事做颠倒了！琴南如果知道，未必高兴，你读了他的翻译，应该进

---

① 王森然：《近代二十家评传》，载《民国丛书》（第5编），上海书店，1996，第88页。

② 郑振铎：《林琴南先生》，《小说月报》1924年第11期。

③ 曾朴：《曾先生答书》，见黄嘉德编《翻译论集》，载《民国丛书》（第5编），上海书店，1996，第13页。

而学他的古文，怎么反而向往外国了？琴南岂不是‘为渊驱鱼’么？”[①]

对陈衍的文学自信和评述，钱锺书先生说：“很多老辈文人们都有这种看法。樊增祥的诗句足以代表：‘经史外添无限学，欧罗所读是何诗？’他们不得不承认中国在科学上不如西洋，就把文学作为民族优越感的工具。”[②] 可见，很多谙熟西方学说和文化的人都有这样的定见和固化心理，想在一般人的心中开启西方学说的路径可能性并不大，可见清末民初想要进行外来文化的普及是多么困难的工作。

可以说，中国学习西方走过了一个漫长的历程，文化传统和上层统治阶级的文化自信，使得这个学习过程一开始就方向不对。技术层面学习到一些表面的东西，政治层面的学习由于内部原因最终失败，找到正确的路径时已经走过了百年，中华民族为此付出了沉重的代价。新文化运动最终找到问题的症结所在，但历史已经错过了很多机会。而在晚清西学翻译大潮中，很多开明知识分子和士大夫已经看到西方文化的优势，特别是西方的制度文化和科技文化，也发现传统文化的不足和缺陷，但他们在具体的翻译操控上还是受到传统文化的制约，并形成一种心理暗示，由此影响着对西学翻译的选择。“翻译的选择问题，贯穿于翻译的全过程，无论是‘译什么’，还是‘怎么译’，都涉及到译者的选择，但这种选择是译者适应特定的翻译生态环境的选择活动。”[③] 晚清的时代语境决定了“译什么”，但中国传统文化的深刻影响决定了“怎么译”。

林语堂说：“其实翻译上的问题，仍不外乎译者的心理及所译的文字的两样关系，所以翻译的问题，就可以说是语言文字及心理的问题。”[④] 所以，译者的译介心理对翻译对象的选择和翻译路数的形成具有极大影响，而翻译家的翻译心理和翻译动机又决定着翻译的价值和意义。晚清翻译家们有“过于强烈的自我中心意识，中国文化势难将翻译提升到主体文化建构的高度来认识，而译者对中国文化的贡献及其文化创造者的身份，也就难以得到自觉而深刻的认同”[⑤]。由于受到中国传统文化的影响，晚清的翻译家们都没有从

---

① 钱锺书：《七缀集》，上海古籍出版社，1985，第 87 页。

② 钱锺书：《七缀集》，上海古籍出版社，1985，第 87 页。

③ 许钧：《论翻译之选择》，《外国语》2002 年第 1 期。

④ 林语堂：《论翻译》，黄嘉德编《翻译论集》，载《民国丛书》（第 5 编），上海书店，1996，第 23 页。

⑤ 查明建、田雨：《论译者主体性——从译者文化地位的边缘化谈起》，《中国翻译》2003 年第 1 期。

文化自信和文明优越的心理状态中走出来，不管是身怀救国保种的朝廷大员还是具有域外知识体系的文人，都没有意识到“要想‘救国’，首先和最重要的是‘救人’，即要恢复具有批判意识的人文主义精神”[①] 这一核心要点。只有启迪民智才会形成合力，结成坚实联盟抵御外辱或推翻旧体制和保守思想，才有社会变革的坚实根基。中国近代在学习西方的过程中因为文化传统的束缚、知识分子选择的失误，特别是对外来文学文化的矛盾心理，在学习西方的过程中走了百年弯路，今天仍可给后人在文化交流和学习外来文化方面提供一些教训和警示。

① 〔美〕微拉·施瓦支：《中国的启蒙运动——知识分子与五四遗产》，李国英等译，山西人民出版社，1989，第 7 页。

从文学到文化

——晚清西书翻译的策略及风貌*

纵观人类文明发展史，历次文化转型和复兴，都有外来文化翻译的推动。如欧洲文艺复兴时期对古希腊、罗马古典文化的翻译，中国汉唐时期的印度佛典翻译，鸦片战争至五四时代的西学翻译等。在译述外来文学文化时大都伴有文化碰撞、文化利用、文化过滤和文化趋同等现象。当异质文化交汇时，外来文化经常被正反两向利用，或用来反证本土文化落后，或以之彰显自我文化优越。并且，接受者由于自身文化传统、伦理道德、审美偏好等，往往对被接受文化进行改写、增删、移植、转化等处理，目的是使外来文化符合自身传统和习俗；或只接受与本民族相似的文化类型，将相对或相反的元素排拒在外。在晚清西书翻译大潮中，由于中西方在政治制度、道德伦理、审美传统等方面的异质性，译者的文化利用和文化过滤处理最为鲜明，中国传统文化或明或隐地左右着译者的价值抉择，并影响着外来文化的利用模式，译本也因此表现出文化趋同性，进而影响到译文的具体风貌。

一　文化利用：晚清西书翻译的社会功能

与历史上任何一次外来翻译高潮相比，晚清西书翻译都具有鲜明的时代性和功利性。鸦片战争以后，一系列失败和冲撞接踵而至，面对陌生的西方世界，晚清知识分子的心态异常复杂，既有对西方科技的惊羡和对坚船利炮的恐惧，亦有对传统文化失落的遗憾和悲哀，更夹杂着鄙夷异域文化的华夏中心情结。但当时的译介者们，特别是开明知识分子，由于立身社会转型和民族危亡之际，明了西书翻译对民族国家救亡的重要价值，他们在坚守传统文化的基础上亦放眼世界，并积极投身于对西方文化、文学的译介。即便保

---

* 本文原载于《江西社会科学》2019 年第 5 期，收入本书时有修改。

守如王国维者，也发出“若禁中国译西书，则生命已绝，将万世为奴矣”①之慨叹，深谙中国吸收西方先进文化的急迫性。翻译因此被认为是国人了解西方、挽救民族危亡的重要手段。而西学在开启民智、构建新学、兴办实业等方面确实居功至伟，早期华蘅芳、徐寿、李善兰等人翻译了大量科技书籍，在士大夫阶层普及西方算术、几何、理化、天文历法等知识，逐渐改变国人的知识结构；继之曾国藩等洋务人士兴办的京师同文馆、上海广方言馆等涉外机构，也以科技翻译为重，旨在引进西方科学技术，普及格致之学，师夷长技制敌强国。但洋务运动并未扭转时局，技术层面的进步并未改变国人饱受欺凌的现状，开明知识分子发现民族落后挨打的原因不仅仅是技术层面的，文化层面的更为致命，于是“以梁启超、严复为代表的晚清翻译家，在当时引进西方的社会政治学说，目的却是服务于政治改良，并以此实现救亡图存”②，翻译由此转向，西方社会科学和人文科学成为译介重心。但不管是社科翻译，还是文化文学翻译，都着眼于开启民智、强国保种，艺术标准或经典程度并不是译者考虑的首要因素，翻译的终极目标还是在于利用西方文化来引导民族国家走出积贫积弱的处境。

如果说鸦片战争使中国士大夫开始发现技不如人，甲午战败则使中国开明知识分子意识到中国文化也不先进，于是翻译域外文化和文学成为救亡启蒙的重要方式。随着外来文学文化的大量引进和传播，即便是未离国门半步的文人也开始意识到其重要性，都在或被动或主动地跟进译介西学。如林纾未有西游经历，却对西学翻译助力中国救亡启蒙和开启民智之功极具灼见。他在《译林·叙》中写道：

> 今欲与人斗游，将驯习水性而后试之耶？抑摄衣入水，谓波浪之险，可以不学而狎试之，冀有万一之胜耶？不善弹而求鸱灵，不设机而思熊白，其愚与此埒耳。亚之不足抗欧，正以欧人日励于学，亚则昏昏沉沉，转以欧之所学为淫奇而不之许，又漫与之角，自以为可胜，此所谓不习水而斗游者尔。吾谓欲开民智，必立学堂；学堂功缓，不如立会演说；演说又不易举，终之唯有译书。③

① 吴泽主编《王国维全集》（书信），中华书局，1984，第3页。

② 冯志杰：《中国近代翻译史》（晚清卷），九州出版社，2011，第125页。

③ 罗新璋编《翻译论集》，商务印书馆，1984，第161页。

林纾以斗游为喻，意在说明西书翻译对国家富强和知识更新的重要借鉴意义。又如他在翻译《鲁滨孙历险记续篇》时说："此书在一千七百六十五年时所言中国情事，历历如绘。余译至此，愤极，欲碎裂其书，掷去笔砚矣。乃又固告余曰：'先生勿怒，正不妨一一译之，令我同胞所丑耻，努力于自强，以雪此耻。'余闻言，气始少静，复续竟其书。"① 林纾虽对中国传统文化保有相当的自信和偏爱，但已理性认识到，民智之开，学识之进，自尊自强，西书的翻译引进已属当务之急。故他翻译了卷帙浩繁的外国小说，一新世人眼目，使小说成为开阔国人视野的重要介质，影响极大，乃至当时"士大夫言文章者，必以纾为师法"②，引领一代新风。

在晚清翻译家中，学界公推严复为首。严氏游学欧陆，对西方社会科学的启蒙作用体会最切，并能找准晚清最为急需的知识谱系进行译介。严氏译书的目的不是单纯地介绍西方的学术与思想，而是要唤醒国人追求国家的富强。其翻译极具时代特质和先见性，所译西书也对社会发展和民智开启最为切实有效。对译书之初衷，他说："复今者勤苦译书，羌无所为，不过闵同国之人于新理过于蒙昧，发愿立誓，勉而为之……极知力微道远，生事夺其时日；然使前数书得转汉文，仆死不朽矣。"③ 严复将翻译视为毕生事业，并将全部精力倾注其中。他"从事翻译有着明确的目的性。他是从爱国主义出发，系统地向国人介绍西方的哲学、社会学说，以启发人民的智慧，革新中国政治，从而达到救亡图存、国家富强的目的"④。可以说，严复是晚清最具世界视野的翻译家，不管在理论建构还是翻译实践上都属译界标杆。他将翻译主旨归纳为："一曰开瀹民智，不主故常；二曰敦崇朴学，以棣贫弱；三曰借鉴他山，力求进步；四曰正名定义，以杜庞杂。"⑤ 从理论上阐述了译述西书对民智启蒙的重要借鉴价值，其对翻译社会功能的认知置于当下语境仍不失为卓见。

除严、林外，人文社会科学翻译领域影响较大的当数梁启超。梁氏身怀改革救国的莫大抱负，对翻译的目的和功能更加清楚，他坚信对西书的翻译不但是开启民智、改良群治、救亡启蒙的重要中介，也是推动社会转型和反对传统文化中僵化部分的有力武器，更是强国富民的重要基础。"处今日之

① 陈受颐：《鲁滨孙的中国文化观》，《岭南学报》1930 年第 3 期。
② 钱基博：《现代中国文学史》，岳麓书社，1986，第 193 页。
③ 严复：《与张元济书》，载王栻主编《严复集》（第三册），中华书局，1986，第 527 页。
④ 郭延礼：《中国近代文学发展史》，高等教育出版社，2001，第 555 页。
⑤ 王栻主编《严复集》（第一册），中华书局，1986，第 130 页。

天下，则必以译书为强国第一义”①，翻译被他上升到前所未有的高度。

> 智愚之分，强弱之原也。今以西人声光化电、农矿工商诸学，与吾中国考据、词章、帖括、家言相较，其所知之简与繁，相去几何矣！《兵志》曰：“知彼知己，百战百胜。”人方日日营伺吾侧，纤悉曲折，虚实毕见。而我犹枵然自大，偃然高卧，非直不能知敌，亦且昧于自知，坐见侵陵，固其宜也！故国家欲自强，以多译西书为本；学者欲自立，以多读西书为功。②

尤其西书之小说，其功用更是不容小觑，欧洲社会变革即是以小说为先导的。“在昔欧洲各国变革之始，其魁儒硕学，仁人志士，往往以其身之所经历，及胸中所怀，政治之议论，一寄之于小说。于是彼中缀学之子，黉塾之暇，手之口之，下而兵丁、而市侩、而农氓、而工匠、而车夫马卒、而妇女、而童孺，靡不手之口之。往往每一书出，而全国之议论为之一变。”③ 梁氏通过比对，旨在说明译介西书特别是小说的关键作用，进而发动小说界革命，以小说为平台，推动国民的普遍启蒙。和严复一样，梁氏精准看到了外来文学文化对中国社会变革和民智开启的重要作用，并看得更深，已经开始了更为系统和深层次的翻译建构。在《论译书》一文中，他就翻译何种书籍，如何培养翻译人才等问题表达了自己的见解，并构成他整个翻译思想中最为重要的部分。他指出：“今日而言译书，当首立三义：一曰，择当译之本；二曰，定公译之例；三曰，养能译之才。”④ 同时结合当时的具体国情，深入探究中国翻译系统的配套建设，并提出具体的操作规程。他还设想筹建“大同译书局”，以“东文为主，而辅以西文。以政学为先，而次以艺学”。“译学堂各种功课，以使诵读。译宪法书以明立国之本。译章程书以资办事之用。译商务书以兴中国商学，挽回利权”⑤，可惜未能实施，但足以见出梁氏对翻译思考之深远超侪辈。

从梁启超等人的相关论述来看，晚清开明知识分子对外来文学文化及翻

---

① 郭延礼：《中国近代翻译文学概论》，湖北教育出版社，1998，第28页。

② 梁启超：《西学书目表·序例》，载《饮冰室合集》（文集1），中华书局，1989，第122页。

③ 梁启超：《译印政治小说序》，《清议报》1898年第1册。

④ 梁启超：《论译书》，载中国翻译工作者协会《翻译通讯》编辑部编《翻译研究论文集（1894—1948）》，外语教学与研究出版社，1984，第11页。

⑤ 梁启超：《大同译书局·序例》，转引自林榕《晚清的翻译》，《文学集刊》1944年第1期。

译重要性的认识还是比较深透的，但毕竟只有少数人具备这种眼光，故晚清启蒙和救亡任务还任重道远，西方翻译成为当时最为紧迫的任务之一。当然，不仅是在积贫积弱的晚清，外来文学文化翻译在历史上的作用都十分巨大。文化交流碰撞、兼容吸收是中国文化几千年未断之重要原因，其中翻译之作用怎么强调也不为过："倘若拿河流来作比，中华文化这一条长河，有水满的时候，也有水少的时候，但却从未枯竭。原因就是有新水注入。注入的次数大大小小是颇多的。最大的有两次，一次是从印度来的水，一次是从西方来的水。而这两次的大注入依靠的都是翻译。中华文化之所以能长葆青春，万应灵药就是翻译。翻译之为用大矣哉！"[①] 晚清面对的世界局势更是复杂，翻译被赋予的时代使命和功能更加具体。可以说，以李善兰等人为代表的自然知识翻译、以洋务派为代表的技术翻译、以严复为代表的社会科学翻译、以林纾为代表的文学翻译、以梁启超为代表的政治翻译，其出发点都是救亡图存，开启民智。"从徐光启、马建忠、严复、梁启超、林纾开始，翻译就被视为'救民族于危难'的文化战略武器……翻译是中国发展国力之所需，是中华文化复兴、中华民族复兴之所系。"[②] 因此具有鲜明的时代特征和意识形态性。需要强调的是，由于时代环境复杂，翻译群体众多，晚清西书翻译也就显得复杂多样，虽然西学的引进为当时有识之士所重，但是在具体翻译过程中却表现出明显的文化过滤特征和社会功用意识，尤其在文学翻译方面最为明显。吴梼翻译俄国高尔基、契诃夫，日本的尾崎红叶等人作品，伍光健翻译法国文学经典，包天笑、周桂笙、徐念慈等人翻译科幻和侦探小说，曾朴等人翻译法国文学，鲁迅、周作人等早期留学生翻译日本文学，目的都在于引进域外文坛新宗，以唤醒国人。外来文化文学的翻译被视作救亡和启蒙的重要手段，翻译被赋予前所未有的使命，被上升到民族国家新生的高度。

二　文化自信：晚清西书翻译的文化操控

中国封建社会延续两千余年，形成高度集权且不易从内部改变的政治体制，并潜移默化地规约着中国传统士人的价值抉择，他们虽有经世致用的人生抱负，更有着忠于君王、崇拜威权、服从等级的怯弱人格。这一方面有利于维护皇权和社会的稳定，另一方面却限制了士人的逆向思维和批判性，使

---

① 季羡林：《中国翻译词典·序》，《中国翻译》1995 年第 6 期。

② 刘宓庆：《中西翻译思想比较研究》，中国对外翻译出版公司，2005，代序。

其缺少文化反省意识，特别是近代以后弊端立显。虽然近代早期西学的传入对中国传统文化的冲击和撼动并不带有颠覆性和普遍性，但域外文化（西方文化）进入华夏大地，便和中国恒久的传统体制产生了异质性的矛盾，对传统知识分子的价值观和外界认知带来猛烈冲击，如何处理中西文化之间的对立和兼容问题成为时代课题，故对外来文学文化的了解和译介成为知识分子的首要考量。但不管当时译者处于何种立场和政治语境，“社会政治因素始终占据着译介选择的主要地位”①。在晚清知识分子中，特别是首批开眼看世界者，如林则徐、魏源、徐继畬、姚莹等，不可能形成改变当时中国文化体制的超前思想，均持守传统体制文化的立场，并有着高度的文化自信。“中国的文化不仅历史悠久，而且活力十足，一以贯之，始终活跃，其巨大张力所产生的延续性，对于近代的知识与制度转型发生着重要的制约作用。”② 制度惯性左右着他们对外来文学文化的引进和吸收。只有符合中国传统或能提供互补的才进入译者的视野，反之则被舍弃或改写，这难免会影响国人对西方文化的整体感受和综合认知。“自古以来，中国始终保持独立发展，并且创造了灿烂的古代文化。中国传统文化这种早熟性及其所保持的延续性和稳定性，渐渐形成了一种文化上的自我中心意识，即华夏中心主义观念。这种基于文化上的优越感而积淀下来的华夏中心主义的心理定势，在近代便成为向西方学习的严重心理障碍，而这又集中体现在作为传统文化主要载体的封建士大夫身上。”③ 晚清开明知识分子虽有着反思传统的进步性，但亦未能摆脱传统文化的潜在规约，不可能完全涤除传统文化的影响。“表面上，如何翻译似乎是翻译者的自由，但在深层上，翻译者所持语言其实早已规定了如何翻译、翻译的类型及样式。”④ 晚清西书翻译所呈现的独特样貌，背后其实有着深层次的文化动因，传统文化对当时的翻译抉择有着潜在的影响，具有明显的功利主义取向。

“盖中国之人，震于格致之难，共推为泰西绝学，而政事之书，则以为我中国所固有，无待于外求者。”⑤ 虽然晚清政府在鸦片战争中一败涂地，但当权者和传统士大夫在文化上的自我中心主义和盲目乐观并未更改。在应对

---

① 谢天振、查明建主编《中国现代翻译文学史（1898—1949）》，上海外语教育出版社，2004，第23页。

② 桑兵：《晚清民国的知识与制度体系转型》，《中山大学学报》（社会科学版）2004年第6期。

③ 宝成关：《略论近代中西文化冲突的根源》，《长白论丛》1994年第2期。

④ 高玉：《论中国近代翻译文学的“古代性”》，《华中师范大学学报》（人文社会科学版）2000年第4期。

⑤ 高凤谦：《翻译泰西有用书籍议》，转引自林榕《晚清的翻译》，《文学集刊》1944年第1期。

西学东渐的现实冲击时，他们仍然坚持西方“富强之基，与其政教精实严密，斐然可观，而文章礼乐，不逮中华远矣”[①] 之陈腐判断。故在异质文化的交汇中真正能透过历史看清文化危机的人并不多。这样一来，“晚清学人以传统知识为基础，从而解释西方事物，主观的理念常在不知不觉中支配着他们的观点”[②]。这从当时对西人和西学的鄙夷称呼就可见一斑，如夷商、夷酋、夷船、夷炮、夷技、夷语、夷言、夷情、夷事等，经常出现于时人对域外的描述中。即便如林则徐等和洋人接触较早的中国精英，华夷之辩的思想仍然根深蒂固。1839 年他到广州查禁鸦片时，将东印度公司驻广州“大班”德庇时的《中国人》（1836 年在伦敦出版，书中涉及英国人对中国问题的看法）译为《华事夷言》，从书名改译即可看出晚清士人对西人的不屑。“当日的中国学者总想西洋的枪炮固然利害，但文艺哲理自然还不如我们这五千年的文明古国了”[③]，未能看透传统文化近代适应性的欠缺。因此钱穆先生评价说：“中国人经过几次挫折，也都知道自己的力量不如人了，但还敌不过他们内心中的一股义愤与鄙夷。因此在中国人眼光里，又不免要误会到西方只是些贪利与恃强的勾当，而忽略了在他后面策动的西方文化的真力量与真性质。”[④] 这种复杂的心理正是植根于中国文人对中华文明的千年自信，并在与异质文化交汇中形成强大的文化过滤机制。这样的自信心态和文化过滤情形在黎庶昌、徐继畬、魏源等人的制度文献著作、严复的社会文献翻译以及林纾的小说翻译中都有所表现。譬如，严复在译《天演论》等西方社会学名著时，使用秦汉诸子风格行文，并根据需要对原书作了删改增添，并加了许多按语和注释，以抒发己见，有的按语字数远远超过原文字数。严复的翻译操作，在于自信古文能较好传达出原文意义，其实本质上还是对翻译文献的文化过滤处理。他没有注意到，在具体阅读过程中，读者很可能先看按语，由此影响到对原文的第一认知，但由于严复有过人的才学，对于原著理解较为深透，故经过文化过滤及处理的译文，仍能基本传达原文意旨，时人好评多见。王国维有“侯官严氏所译之赫胥黎《天演论》出，一新世人之耳目”[⑤] 之言，梁启超《清代学术概论》中有“然西洋留学与本国思想界发生关系

① 钟叔河主编《郭嵩焘：伦敦与巴黎日记》，岳麓书社，1984，第 119 页。

② 王尔敏：《晚清政治思想史论》，广西师范大学出版社，2005，第 2 页。

③ 胡适：《五十年来中国之文学》，载姜义华主编《胡适学术文集·新文学运动》，中华书局，1993，第 106 页。

④ 钱穆：《中国文化史导论》，载钱宾四先生全集编辑委员会编《钱宾四先生全集》，台北联经出版事业公司，1998，第 219 页。

⑤ 《王国维文集》，北京燕山出版社，1997，第 329 页。

者，复其首也"① 之论。虽然严复西游英国，精研西书，但自幼受到传统文化的浸润和影响，故在译介西方社会科学之时，还是深信中国传统文化具有一定的优势。

除译文风貌外，严复的翻译理论也明显受传统文化的影响。他在《天演论·译例言》中说："译事三难：信、达、雅。……《易》曰，修辞立诚。子曰：辞达而已。又曰：言之无文，行之不远。三者乃文章正轨，亦即为译事楷模。故信、达而外，求其尔雅，此不仅期以远行已耳。"② 而行文求"雅"是中国传统文人的永恒追求之一，严复"雅"之理论，就深刻地表现出传统文化对其翻译活动的影响。严复的翻译理论影响深远，深得时人认同。胡先骕认为："严复、林纾之翻译，与夫章士钊之政论之所以有价值者，正能运用古文之方法以为他种著述之用耳。严氏之文之佳处，在其殚思竭虑，一字不苟，'一名之立，旬月踟蹰'，故其译笔，信达雅三善俱备。吾尝取《群己权界论》、《社会通诠》与原文对观，见其意无不达，句无剩义，其用心之苦，惟昔日六朝与唐译经诸大师为能及之。"③ 胡氏将严译西方社会名著与六朝、唐代佛经翻译大师进行对比，突出了严复翻译的传统文化维度。

晚清译界严、林并举，二者都援用文言翻译西书，服膺桐城古文之义法。"严几道、林畏庐二先生同出吴汝纶门下，世称林、严，二公古文，可称桐城派之嫡传，尤以先生（林纾）自谓能谨守桐城义法。但二公所以在中国三十年来古文界占重要之地位者，乃在其能用古文译书，将古文应用之范围推广，替古文开辟新世界，替古文争得最后之光荣也。"④ 如果说传统文化对严复翻译的影响主要体现在形式上的话，那么对林纾翻译的影响则是内容上的。林纾"以古文辞译欧美小说，风动一时"⑤，时人竞相告读，"译笔或哀感顽艳沁人心脾，或质朴古健，逼似史汉"⑥，以古文翻译西方小说，并化于无形之中。他在《洪罕女郎传·跋语》中云："予颇自恨不知西文，恃朋友口述，而于西人文章妙处，尤不能曲绘其状。故于讲舍中敦喻诸生，极力策勉其恣肆于西学，以彼新理，助我行文，则异日学界中定更有光明之一日。或谓西学一昌，则古文之光焰熠矣。余殊不谓然。学堂中果能将洋、汉两门，分道

---

① 梁启超：《清代学术概论》，载《饮冰室合集》（专集 34），中华书局，1989，第 72 页。

② 严复：《天演论·译例言》，载罗新璋编《翻译论集》，商务印书馆，1984，第 137 页。

③ 胡先骕：《评胡适〈五十年来中国之文学〉》，《学衡》1923 年第 18 期。

④ 王森然：《近代二十家评传》，载《民国丛书》（第 5 编），上海书店，1996，第 88 页。

⑤ 钱基博：《现代中国文学史》，岳麓书社，1986，第 199 页。

⑥ 苏雪林：《今人志：林琴南先生》，《人间世》1934 年第 14 期。

扬镳而指授，旧者既精，新者复熟，合中西二文镕为一片，彼严几道先生不如是耶？”① 在林纾看来，严复的翻译是中西互融、相得益彰的典范，特别是译文中的中国文化，灌注得非常恰切，即能有效传播西学，又能较好地体现中国优秀文化传统。但一生译述最多的林纾，却对外来文学和文化从未真心接纳，对中国传统文学文化怀有高度自信。“中国文学却是世界上最高最美丽的，绝没有什么西洋的作品，可以及得上我们的太史公、李白、杜甫。”② 虽然他移译了近200种欧美小说，但仍然坚持外国文学绝对不可能达到中国古代文学的水准。钱锺书先生评价说，以林纾为代表的“很多老辈文人都有这种看法。樊增祥的诗句足以代表：‘经史外添无限学，欧罗所读是何诗？’他们不得不承认中国在科学上不如西洋，就把文学作为民族优越感的根据”③。

作为维新派殿军，梁启超的西书翻译没有严、林的纯粹性，其翻译目的在于为其政治改良主张提供异域参照，故其译文的美学性和客观性远不及严、林。他在翻译中采用比较粗暴的方式——豪杰译，这是特定历史阶段出现的译法，是翻译实践中文化过滤最典型的代表。以此为出发点，梁启超翻译的域外文献都加入他自己的主观发挥，明显受到中国历史文化背景和现实的影响。为思想启蒙和政治宣传之需，不时将作品中的主题、结构、人物等进行一番改造，这样的译作虽不能说面目全非，但肯定大异其貌。他在翻译《十五小豪杰》时说，该书“英译自序云：用英人体裁，译意不译词，惟自信于原文无毫厘之误。日本森田氏自序亦云：易以日本格调，然丝毫不失原意。今吾此译，又纯以中国说部体段代之，然自信不负森田。果尔，则此编令焦士威尔奴复读之，当不谓其唐突西子耶！”④ 在梁启超看来，即便译意不译词，也照样能达原作大意，此翻译信心无疑源于对传统文化兼容性的自信。

由上述可知，在晚清西书翻译大潮中，虽然很多有识之士已注意到西方文化的优点，特别是科技文化的强势，也已觉察到自身文化的时代弊端，但在具体的翻译操控上还是受到传统文化的制约，并形成强大的过滤机制，进而影响着西书翻译的样貌。“中央大国、文化霸主的意识在当时的君臣民的思想中已经根深蒂固。对西方列强的崛起，他们没有思想准备。他们在心理

① 张正吾、陈铭选注《中国近代文学作品系列》（文论卷），海峡文艺出版社，1992，第138页。
② 郑振铎：《林琴南先生》，《小说月报》1924年第11期。
③ 钱锺书：《七缀集》，上海古籍出版社，1985，第87页。
④ 梁启超：《〈十五小豪杰〉译后语》，载罗新璋编《翻译论集》，商务印书馆，1984，第131—132页。

上无法接受在鸦片战争中战败的事实。当时的译者们正是带着这种心理上的文化优越感和现实中的挫折感开始翻译西方的科学和人文作品的。在这样一个社会心理条件下，虽然中国当时的文化地位在客观上是处于劣势，但封建士大夫们在心理上并不承认这个差距。"①

三　文化过滤：晚清西书翻译的道德伦理移植

中国传统文化，尤其是儒家文化最重道德伦理。忠孝节义、父慈子孝、兄悌弟敬、三从四德等构成道德伦理的价值核心，并贯穿两千多年历史。晚清从事西书翻译的知识分子从小受其熏染，无形中影响了其对翻译文本的选择，这在人文社科领域最为明显。在具体翻译过程中，只将与中国道德伦理文化相符或近似者翻译进来，对于不符或相左者就进行中国式道德伦理的改动或替换，故晚清诸多西方文化和文学的翻译，多披上中国伦理道德文化的外衣；且当时的知识分子在引进外来文化和文学时，习惯站在自身想当然的道德制高点上进行审视，这给翻译对象的选择和译文的最终呈现带来深刻影响。蔡元培在《中国伦理学史》中指出：

> 我国以儒家为伦理学之大宗。而儒家，则一切精神界科学，悉以伦理为范围。哲学、心理学，本与伦理有密切之关系。我国学者仅以是为伦理学之前提。其他曰为政以德，曰孝治天下，是政治学范围于伦理也；曰国民修其孝弟忠信，可使制梃以挞坚甲利兵，是军学范围于伦理也；攻击异教，恒以无父无君为辞，是宗教学范围于伦理也；评定诗古文辞，恒以载道述德眷怀君父为优点，是美学亦范围于伦理也。我国伦理学之范围，其广如此，则伦理学宜若为我国唯一发达之学术矣。②

在儒家伦理文化的长期浸润下，历代知识分子具有伦理道德的高度自觉，并构成限制自身负面欲望的约束力，当然也限制了自身知识谱系的更新和对外部世界的正确判断。如前文论及晚清描述外族、外邦的词语，诸如夷商、夷酋、夷船、夷炮、夷技、夷语、夷言、夷情、夷事等，就是站在儒家道德文化的制高点上给予审视的，尽属鄙视之称，凸显的是我为中央，四方皆是

① 王东风：《翻译文学的文化地位与译者的文化态度》，《中国翻译》2000 年第 4 期。
② 蔡元培：《中国伦理学史》，东方出版社，1996，第 2 页。

蛮夷的华夏中心主义观念。在他们看来，外来文学文化并不足以和华夏文化平等对话，这在近代早、中期深刻影响着知识分子的翻译选择。而翻译不单单是“一种简单的语言转换行为”，更是“一种独特的政治行为和文化行为”，[①] 译者在译述外来文化和文学时，就会有意或无意地用儒家道德文化对之进行过滤和甄别。

晚清翻译领域的道德伦理文化过滤和取舍现象，在文学翻译中最为普遍。近代以来开眼看世界的知识分子，在看待西学时虽具有超越一般士人的先进性，但道德文化上的自我优越感始终存在。因此在引进外来文化时，伦理道德的过滤特征就十分明显。如近代第一部外国翻译小说《昕夕闲谈》（蠡勺居士译），翻译目的就在于“使富者不得沽名，善者不必钓誉，真君子神采如生，伪君子神情毕露”[②]，伦理价值取向非常鲜明。再如蟠溪子等人最初翻译的《迦因小传》，“几费踟蹰，几费斟酌，始将有妊一节为迦因隐去”[③]，即把其中未婚先孕的情节给予删除，因在译者看来，这不符合中国的儒家道德伦理和妇女的行为规范。鲁迅先生将这段翻译公案进行了详细描摹并加以评述道：

> 然而才子＋佳人的书，却又出了一本当时震动一时的小说，那就是从英文翻译过来的《迦茵小传》（H. R. Haggard：Joan Haste）。但只有上半本，据译者说，原来从旧书摊上得来，非常之好，可惜觅不到下册，无可奈何了。果然，这很打动了才子佳人们的芳心，流行得很广很广。后来还至于打动了林琴南先生，将全部译出。仍旧名为《迦茵小传》。而同时受了先译者的大骂，说他不该全译，使迦茵的价值降低，给读者以不快的。于是才知道先前之所以只有半部，实非原本残缺，乃是因为记着迦茵生了一个私生子，译者故意不译的。其实这样一部并不很长的书，外国也不至于分印成两本，但是，即此一端，也可以看出当时中国对于婚姻的见解了。[④]

蟠溪子的译本，将迦茵塑造成“为人清洁娟好，不染污浊，甘牺牲生命

---

① 谢天振：《译介学》，上海外语教育出版社，1999，第12页。

② 蠡勺居士：《昕夕闲谈小叙》，《瀛寰琐记》第3卷，1873。

③ 寅半生：《读〈迦因小传〉两译本书后》，《游戏世界》1907年第11期。

④ 鲁迅：《上海文艺之一瞥》，载《鲁迅全集》（第4卷），人民文学出版社，2005，第301页。

以成人之美，实情界中之天仙”① 的清纯形象，译文只有前半截，和原文相比则显得失真，但是舆论一片叫好；而林纾全译本则招致读者发难，原因在于迦茵的原始形象不符合中国的婚嫁传统，更有悖于儒家之妇德和贞烈观。为使小说向儒家伦理与女性的道德规范靠拢，译者对原文进行增删和替换，这可以说是翻译中文化过滤和伦理选择最为明显的例证。

虽然林纾翻译的《迦茵小传》将未婚先孕等情节译出，是林译小说真实呈现原作的案例，但中国传统伦理道德文化的过滤在林译小说中却是十分常见的，甚至成为翻译中道德文化过滤的重要代表。林纾“卫道心热，虽译西书，亦必‘因文见道’绳之以古文义法”②，如《巴黎茶花女遗事》《黑奴吁天录》《钟楼怪人》《鲁滨孙漂流记》等译文中，他都将情节进行中国式伦理道德改写，并通过文化过滤植入丰富的中国文化、文学元素。如《巴黎茶花女遗事》中女主人公出场的一段译文即为代表。

> 马克常好为园游，油壁车驾二骡，华妆照眼，遇所欢于道，虽目送之而容甚庄，行客不知其为夜度娘也。既至园，偶涉即返，不为妖态以惑游子。余犹能忆之，颇惜其死。马克长身玉立，御长裙，仙仙然描画不能肖，虽欲故状其丑，亦莫知为辞。修眉媚眼，脸犹朝霞，发黑如漆覆额，而仰盘于顶上，结为巨髻。耳上饰二钻，光明射目。余念马克操业如此，宜有沉忧之色，乃观马克之容，若甚整暇。余于其死后，得乌丹所绘像，长日辄出展玩；余作书困时，亦恒取观之。马克性嗜剧，场中人恒见有丽人拈茶花一丛，即马克至矣。而茶花之色不一，一月之中，拈白者二十五日，红者五日，不知其何所取。然马克每至巴逊取花，花媪称之曰“茶花女”，时人遂亦称之曰“茶花女”。③

在这段经典译文中，林纾将西方戏院描述成中式梨园，“遇所欢于道，虽目送之而容甚庄……不为妖态以惑游子”，把妓女描述成中国青楼式佳人；而“一月之中，拈白者二十五日，红者五日，不知其何所取”，则特别模糊了对女性生理周期的直接表述，因在林纾看来，这不符合儒家伦理美德和避讳文化。另外他把《美洲童子万里寻亲记》和《英孝子火山报仇录》的“千

① 寅半生：《读〈迦因小传〉两译本书后》，《游戏世界》1907 年第 11 期。
② 林灿英：《严复及其翻译》，《海滨》1934 年第 5 期。
③ 〔法〕小仲马：《巴黎茶花女遗事》，林纾等译，商务印书馆，1981，第 5 页。

里寻亲”和“为母报仇”置换为中国式“孝道”的力量，认为“《英孝子火山报仇录》一烈一节，在吾国烈女传中，犹铮铮然”[①]，这样就和中国伦理道德文化中的忠孝节义联系起来了。

再有，林译小说的儒家伦理文化过滤特征，还表现在对西方文学中宗教因素的改变和批判上。在《黑奴吁天录·例言》里，他说：“是书为美人著。美人信教至笃，语多以教为宗。顾译者非教中人，特不能不为传述，识者谅之……是书言教门事孔多，悉经魏君节去其原文稍烦琐者，本以取便观者，幸勿以割裂为责。”[②] 故宇文所安等评价说，林纾“有时也改变原文的叙事技巧以适应更为传统的中国读者的口味和期待。他尤其认为宗教的启示或片段在男女关系上对正统儒家观念大为不敬，必须进行改写，《黑奴吁天录》中‘世界得太平，人间持善意’被译成‘道气’；‘上帝创立的国度’则被译成‘世界大同’，以回应康有为具有广泛影响的作品《大同书》”[③]。受儒家文化积极入世传统的影响，在西方文学的翻译中，林纾与宗教保持距离甚至对之进行改写和比附。

和林纾类似，晚清其他几位小说翻译家也对译文作伦理道德文化的过滤处理。如包天笑在翻译亚米契斯《爱的教育》时也植入了中国伦理文化，原书共100节，他只译一半，并将书名改为《馨儿就学记》。他在卷首语中感叹：“嗟夫！余今者两鬓霜矣。回忆儿时，负革囊，挟石版，随邻儿入学时，光景宛然在目。自惋百事无成，马齿骎骎加长，虽欲求如髫龄挟书就学之一日，宁可得耶？顾事虽平淡无奇，然握管记之，亦足见少年兴趣。况尔时重闱具庆，绕膝问字，天伦之乐油然；灯影书声，此味尚津津焉。嗟夫！今日欲见我父我母者，其在梦中乎。我书此泫然者久之，我甚望世之少年，勿轻掷此好光阴也。”[④] 包氏于文中大段抒发感慨，加进很多原文所无内容，还把外国人的名字、习俗、文物、起居等中国化，并另作一节，名曰“扫墓”，是其根据中国清明祭祖扫墓的文化习俗主观添置，将之进行归化改写，以中国传统的忠孝节义附会原书，与原文相比已是大异其趣，这样的归化翻译是近代西学翻译的主流。

---

① 林纾：《英孝子火山报仇录·译余剩语》，载阿英编《晚清文学丛钞》（小说戏曲研究卷），中华书局，1960，第214页。

② 林纾：《黑奴吁天录·例言》，载罗新璋编《翻译论集》，商务印书馆，1984，第162—163页。

③ 〔美〕孙康宜、宇文所安主编《剑桥中国文学史》（下卷），刘倩等译，生活·读书·新知三联书店，2013，第589页。

④ 天笑生：《馨儿就学记》，《教育杂志》1909年第1期。

周桂笙译法国鲍福《毒蛇圈》亦可作如是观。译文以“看官”“列位”等说书模式开头，并以“欲知后事如何，且听下文分解”等章回体例收尾，特别以中国文化语境给予引领，很难看出原文的法国文化痕迹。如第九回关于福瑞外出赴宴深夜未归，女儿在家思念父亲的一段描写：

> 我这位父亲百般的疼我，爱我，就当我是掌上明珠一般，我非但不能尽点孝道，并且不能设个法儿劝我父亲少喝点酒。这也是我的不孝呢。但愿他老人家虽然是喝醉了，只要有一个妥当的地方叫他睡了，我就是等到天亮，也是情愿的。①

本段为原著所无，是《新小说》主编吴趼人根据中国的家庭伦理建议译者加上去的。吴趼人认为，福瑞和女儿之间关系“如此之殷且挚，此处若不略写妙儿之思念父亲，则以慈孝两字相衡，未免似有缺点。且近时专主破坏秩序、讲家庭革命者，日见其众。此等伦常之蟊贼，不可以不有以纠正之。特商于译者，插入此段。虽然，原著虽缺此点，而在妙儿当夜，吾知其断不缺此思想也。故虽杜撰，亦非蛇足”②。译者在译文中主观植入中国“父慈子孝”的传统家庭观念，使之与中国伦理文化相符，也暗合读者的阅读期待。这样的翻译处理，无疑基于译者自身文学文化传统中的固有视角。为此，有评论家指出：“晚清翻译外国小说，受到翻译者主体的认识限制，由此也可以见出当时社会环境给翻译者带来的认识限制。一般说来，这时的翻译者不大可能翻译与自己的价值观念距离甚远的小说。例如，当时译法国文学的人首先看中的是雨果，而不是福楼拜，尽管后者在法国小说界的名气并不亚于雨果。因为雨果的《悲惨世界》更切近中国当时的价值观念，而《包法利夫人》与中国传统的价值观就有一些距离。”③

对外国文学翻译进行伦理文化过滤和改写的还有苏曼殊。他在翻译雨果的《惨世界》时，将冉阿让偷窃面包的情节翻译为：“那金华贱自从那大雪的时候，眼巴巴地坐在家里忍不住饥寒，就偷窃面包犯案。衙门里定了罪后，就把一条铁链子锁住他的手脚，就用一辆罪人的马车，解到道伦地方的监里。

---

① 〔法〕鲍福：《毒蛇圈》（第九回），周桂笙译，《新小说》1904 年第 12 期。

② 吴趼人：《趼廛主人评点》，鲍福：《毒蛇圈》（第九回），周桂笙译，《新小说》1904 年第 12 期。

③ 袁进：《试论近代翻译小说对言情小说的影响》，载王宏志编《翻译与创作——中国近代翻译小说论》，北京大学出版社，2000，第 208 页。

走了二十七天，才到了道伦，便把华贱换上一件蓝布的罪犯衣服。那衣襟上面有个号头，没有什么金华贱的姓名，那华贱的号头，乃是第二万四千六百零一号。”① 译者将主人公之名贯以“贱”字，意在说明偷窃之耻辱，“饿死事小，失节事大”；将西方的“法庭”译为中式“衙门”，不经意间，进行了中国伦理文化语境的置换，读者在阅读这些文字时，就像在读《水浒传》等明清侠义小说和公案小说，丝毫没有文化的隔阂，这就是翻译过程中文化过滤对原文的作用。虽然由于使用跟原著不同的语言，面对完全不同的读者群，在不同的文化范畴下运作，受到各种各样不同的掣肘，在翻译时会有很多各种各样不同的考虑，根本不可能翻译出跟原文一模一样的译文来②，但是，基于文化过滤的翻译对原文信息的传达很难到位，读者看到的仅仅是译文的概貌，难以实现知识文化的增加和积累。这样一来，在传统伦理道德文化的影响下，晚清的翻译家们“在内容上不敢违背中国读者的口味及伦理观，甚至修改原作以和中国旧势力妥协；在形式上也把它译成文言及章回体等”③，“除所谓的‘新意境’（新内容）外，从形式上实在看不出与中国古典小说有什么不同”④。重要的一点是，当时未有规范的翻译理论作为引导，也没有翻译伦理进行规约，“译者以豪杰自命，不受原文束缚，任意添削，改动原文”⑤，译文和原文之间的相符度颇低。当时翻译出现上述现象的原因有三：一是翻译的知识与思想被国人特别是很多封建卫道士接受需要一个长期过程；二是译者的翻译规范意识和自觉意识还未得到培养；三是译者受传统文化的潜在影响和制约。故瞿秋白评价说：“用历史观点来看，严复、林琴南、梁启超等等的文章，的确有陈列在历史博物馆的价值。这是一种标本，可以使后来的人看一看：中国的中世纪的末代士大夫是多么可怜，他们是怎么样被新的社会力量强迫着，一步一步离开自己的阵地，逐渐地离开中世纪的文言的正统，可是，又死死的抓住了文言的残余，企图造成一种新式的文言统治。”⑥ 林语堂甚至将之贬为“胡译”：“胡译的极端成绩，无论如何，不能超过林琴南、严几道二位先生之上：一位把赫胥黎十九世纪文字译成柳子厚封建论之小影（引张君劢先生批语）；一位把西洋的长短篇小说变成七侠五义

① 〔法〕维克多·雨果：《惨世界》，苏曼殊译，见柳无忌编《曼殊大师纪念集》，载《民国丛书》（第5编），上海书店，1996，第352页。

② 王宏志：《重释“信达雅”：二十世纪中国翻译研究》，东方出版中心，1999，第9页。

③ 陈福康：《中国译学理论史稿》，上海外语教育出版社，1992，第237页。

④ 郭延礼：《中国近代翻译文学概论》，湖北教育出版社，1998，第39页。

⑤ 王向远：《二十世纪中国的日本翻译文学史》，北京师范大学出版社，2001，第24—25页。

⑥ J. K.（瞿秋白）：《再论翻译——答鲁迅》，《文学月报》1932年第2期。

阅微草堂笔记等的化身。”[①] 五四作家和翻译家们对晚清翻译的批判，是在文言被白话取代的语境中展开的，虽然切中要害，但亦有言过其实的一面，不过也从另一个维度证实传统文化对晚清翻译的过滤和选择。当然，任何翻译都会受到时代的限制，特别是“当两种文化开初接触时，翻译，哪怕是难免错讹的翻译，都是促进了解的必要步骤，是跨越语言和文化鸿沟的桥梁”[②]，译者必须考虑到翻译的方方面面，如译文的传播、读者群体、译文的社会功能等，故我们不能用后世的评判标准去匡正前人，应该给予综合而客观的考量。

四　文化趋同：晚清西书翻译的审美文化替换

中国文学深受传统审美文化的影响，文道合一、风雅中和、文质彬彬、意象自然等是最重要的审美特征，由此形成独特的言说方式和文学创评系统，这对翻译家的译文风貌产生重大影响。特别是汉语的特征决定了中国审美文化的与众不同，因此翻译家在语言甄别上的功夫尤其重要。而语言的洁净和典雅更是中国古代文化的特色之一，这就使得晚清翻译者在成功传达表层信息的基础上，还必须满足典雅精致的美学特征。此外，翻译文本还要符合国人的阅读习惯和接受心理，故翻译家在处理译文时，具有明显的文化趋同性，晚清侦探小说翻译、林译外国名著即为代表，译文大量运用了中国式的典雅改动，力求与中国传统文化趋向类同或一致。如林纾将《威尼斯商人》译为《肉券》、《罗密欧与朱丽叶》译为《铸情》、《哈姆雷特》译为《鬼诏》、《堂吉诃德》译为《魔侠传》、《巴黎圣母院》译为《钟楼怪人》、《奥立弗·退斯特》译为《贼史》、《董贝父子》译为《冰雪因缘》、《老古玩店》译为《孝女耐儿传》、《汤姆叔叔的小屋》译为《黑奴吁天录》、《波斯人信札》译为《鱼雁抉微》、《艾凡赫》译为《撒克逊劫后英雄略》、《九三年》译为《双雄义死录》等。这样的改动使旧瓶装进了新酒，基本符合中国传统文学的命名习惯和文体特征。虽然林纾客观上“使中国知识阶级，接近了外国文学，从而认识了不少的第一流的作家，使他们从外国文学里学习，以促进本国文学的发展”[③]，但经过主观上的文化过滤和趋同处理，其翻译的外国文

① 林语堂：《论翻译》，黄嘉德编《翻译论集》，载《民国丛书》（第3编），上海书店，1991，第12页。

② 张隆溪：《比较文学研究入门》，复旦大学出版社，2009，第137页。

③ 阿英：《晚清小说史》，人民文学出版社，1980，第182页。

学，仍然和真实的外国文学具有较大差距。再如伍光建将《呼啸山庄》译为《狭路冤家》、《简·爱》译为《孤女飘零记》、《三个火枪手》译为《侠隐记》，以及包天笑、陈小青和周桂笙等翻译的欧美侦探小说，也大量存在着中国式的命名和文化趋同改写。从这些改写可见出文学文化审美传统，特别是中国古代章回体小说、公案小说和明清世情小说对翻译家的深刻影响。“一个时代的艺术风尚制约着翻译家的审美趣味，并最终在译作中打上深刻的烙印”①，这一时段翻译家的时代印记再明显不过了。

清末民初，西学进入中国已有数十年，国人特别是知识精英对外来文化和文学已不再陌生，但还是未能进行客观评价和接纳。一生翻译了近200部域外小说的林纾，应该说对外国文学的认识已是比较全面，但他仍然坚持中国古典文学乃世界之巅，非外国文学所能及的观点。特别是他一生从事的古文创作，不但外国文学不能与之相比，即便现代白话文学作品，也万万不能与之相提并论。林纾用“他心目中认为较通俗、较随便、富于弹性的文言”②来翻译外国小说，被同时代人曾朴讥为“拿古文笔法来译欧美小说的古装新剧”③。但一生坚守古文传统的林纾，对中国近现代文学生成的作用却是不小。新文化运动的先驱胡适虽然倡导白话文，但对林译文言小说仍赞赏有加：“平心而论，林纾用古文做翻译小说的试验，总算是很有成绩的了。古文不曾做过长篇的小说，林纾居然用古文译了一百多种长篇小说，还使学他的人也用古文译了许多长篇小说，古文很少滑稽的风味，林纾居然用古文译了欧文与狄更司的作品。古文不长于写情，林纾居然用古文译了《茶花女》与《迦茵小传》等书。古文的应用，自司马迁以来，从没有这种大的成绩。”④林译小说的成就，是晚清翻译中文化趋同处理的典型代表。

除林纾之外，苏曼殊、徐念慈等人也有对外国文化、文学的否定言辞，对中国的传统文化和文学充满自信，这是翻译中做文化趋同处理的第一逻辑。苏曼殊认为：“吾祖国之政治法律，虽多不如人，至于文学与理想，吾雅不欲以彼族加吾华胄也。”⑤ 徐念慈在1907年发表《小说林缘起：小说林之成立》一文，对中西小说进行比对以凸显中国文学之先进：“西国小说，多述

① 陈平原：《中国现代小说的起点：清末民初小说研究》，北京大学出版社，2005，第41页。

② 钱钟书：《林纾的翻译》，《中国翻译》1985年第11期。

③ 见曾朴《曾先生答胡适之书》，黄嘉德编《翻译论集》，载《民国丛书》（第3编），上海书店，1991，第45页。

④ 胡适：《五十年来中国之文学》，载《胡适文存二集》，亚东图书馆，1924，第121—122页。

⑤ 昭琴：《小说丛话》，《新小说》1904年第11期。

一人一事；中国小说，多述数人数事：论者谓为文野之别，余独不谓然。事迹繁，格局变，人物则忠奸贤愚并列，事迹则巧细奇正杂陈，其首尾联络，映带起伏，非有大手笔、大结构、雄于文者，不能为此，盖深明乎具象理想之道，能使人一读再读即十读百读亦不厌也，而西籍中富此兴味者实鲜，孰优孰绌，不言可解。"[①] 那么，为何晚清知识分子对外国文学和文化持鄙视态度呢？当时的译者一方面缺少对外国文学文化的整体认知和客观判断，另一方面对本国文学文化拥有高度自信，因而在具体翻译中形成文化过滤机制，进而形成文化趋同处理倾向，并由此影响到译文的整体风貌。在他们看来，"中国五千年曾积蓄的文化，由文学和哲理论之，却不是西洋所有民族可能相比"[②]，故对西方文学文化的翻译引进，应坚守中本西末之原则，中国文化和文学的根怎么也不能丢舍。

与林纾相比，严复西游多年，对西方的各种学说有比较理性的认识和评价，因此在翻译的文化趋同处理上也就较为客观。他在《论世变之亟》中对中西方文化做过一个非常全面的比对，境界和见识高出同辈甚多。

> 中国最重三纲，而西人首明平等；中国亲亲，而西人尚贤；中国以孝治天下，而西人以公治天下；中国尊主，而西人隆民……中国多忌讳，而西人众讥评。其于财用也，中国重节流，而西人重开源；中国追淳朴，而西人求欢虞。其接物也，中国美谦屈，而西人务发舒；中国尚节文，而西人乐简易。其于为学也，中国夸多识，而西人尊新知。其于祸灾也，中国委天数，而西人恃人力。[③]

但严复毕竟是旧派文人，不可能完全排除传统的影响和制约，因此在翻译中做出文化趋同的处理比较常见。严复的翻译文富辞美，可当成文学作品来读，这无疑是中国传统审美文化对其长期影响的结果。"在翻译实践上，严复不斤斤于求得与原文的形似，而着意使译文合乎中国古文传统的体式。例如他翻译赫胥黎的《天演论》，往往以单句译复句，以平列代主从，改第一人称为第三人称，化平实的叙述为生动的敷演，用意在于以传统的史学笔

---

① 觉我（徐念慈）：《小说林缘起：小说林之成立》，《小说林》1907 年第 1 期。

② 谢人堡：《中国翻译文学史料（三）》，《中国公论》1941 年第 4 期。

③ 严复：《论世变之亟》，载王栻主编《严复集》（第一册），中华书局，1986，第 4 页。

法移译这部论人类进化的名著，以增强读者的历史感。”[①] 严复的翻译，特别是语言和文体的选用直接化用桐城派的古文笔法，译文雅致，文采斐然，虽是社会科学，读来俨然为先秦诸子说理散文的近代再现。“严氏以其深厚的国学根底和学者传统的评注惯例，以中国古典哲学词汇的丰富资源，解释译原文，文采绚丽典雅，吸取了深厚的本国文化资源。”[②] 严复作为一个在中国传统文化母体中成长起来的知识分子，在处理译文时，传统审美文化对他的影响是潜移默化的。他的《天演论》中开篇广为人知的译文，文采斐然，丝毫没有社会科学的枯燥和乏味。

> 赫胥黎独处一室之中，在英伦之南，背山而面野。槛外诸境，历历如在几下。乃悬想二千年前，当罗马大将恺彻未到时，此间有何景物。计惟有天造草昧，人功未施，其借征人境者，不过几处荒坟，散见坡陀起伏间。而灌木丛林，蒙茸山麓，未经删治如今日者，则无疑也。怒生之草，交加之藤，势如争长相雄，各据一抔壤土，夏与畏日争，冬与严霜争，四时之内，飘风怒吹，或西发西洋，或东起北海，旁午交扇，无时而息。上有鸟兽之践啄，下有蚁蝝之啮伤，憔悴孤虚，旋生旋灭，菀枯顷刻，莫可究详。是离离者亦各尽天能，以自存种族而已。数亩之内，战事炽然，强者后亡，弱者先绝，年年岁岁，偏有留遗，未知始自何年，更不知止于何代。苟人事不施于其间，则莽莽榛榛，长此互相吞并，混逐蔓延而已，而诘之者谁耶！[③]

该段译文经典耐读，历来备受评论家称道，“俨有读先秦子书的风味”[④]，甚至比诸多纯文学作品更有韵味。其实，这段译文与原文有着不小的出入，但经严复文化过滤和趋同处理后，更符合中国文学文化的审美范式，也更能吸引读者的眼球。再如《社会通诠》中对“图腾”这一术语的翻译也是如此。

---

① 王佐良：《严复的用心》，载商务印书馆编辑部编《论严复与严译名著》，商务印书馆，1982，第 22 页。

② 〔美〕费正清编《剑桥中华民国史》（上卷），杨品泉等译，中国社会科学出版社，2016，第 321 页。

③ 〔英〕赫胥黎：《天演论》，严复译，商务印书馆，1981。

④ 贺麟：《严复的翻译》，《东方杂志》1925 年第 11 期。

> 图腾，蛮夷之所以自别也，不以族姓，不以国种，亦不以部落，而以图腾。图腾之称，不始于澳洲，而始于北美之红种。顾他洲蛮制，乃与不谋而合，此其所以足异也。聚数十数百之众，谓之曰——图腾，建虫鱼鸟兽百物之形，揭橥之为徽帜。凡同图腾，法不得为牝牡之合，所生子女，皆从母以奠厥居，以莫知谁父故也。澳洲蛮俗，图腾有祭师长老，所生者，听祭师为分属，以定图腾焉。其法相沿最古，至今莫敢废。盖蛮夷之性，有成俗古礼，则不敢不循，至于礼意，非所及矣。①

严复翻译时，充分调动了其自身的传统文化修养，特别是对先秦诸子文风的化用和桐城古文的引述，使得西方逻辑严密、科学性强的社科知识成为散文的典范。深层而言，是严复利用传统文化对西书进行过滤的结果，这符合中国传统的行文习惯和语言习惯，更符合中国人的文章学模式，容易得到读者的认可，因此广受好评。综合来看，严复的翻译，在“十九世纪晚期实践过四种主要文体：骈体文、白话文、八股文和桐城派古文。他选择了最后一种，坚持以中国古典思想作为吸收外国文本的方式。与其他译者不同，他并不使用便捷的日本汉字或者传教士使用过的现成术语。相反，他不辞辛苦地从古代经典文本中发掘古老术语，其中部分术语连学识渊博的同代人都不太熟悉，难以理解。”② 实践证明，严复的策略是正确的，“译文之所以采取这样渊雅、古朴的文笔，也有译者的苦心在，即希望他所翻译的西方资产阶级的学说能为妄自尊大的中国士大夫所接受”③，如果不符合读者的阅读习惯，特别是不符合封建卫道者们的审美胃口，则翻译出版的书籍就会遭受冷遇，这也不利于新思想和新观念的传播。当然，严复的这种翻译处理也招致一些驳难，如傅斯年就认为“严几道先生译的书中，《天演论》和《法意》最糟。假使赫胥黎和孟德斯鸠晚死几年，学会了中文，看看他原书的译文，定要在法庭起诉，不然，也要登报辩明。这都因为严先生不曾对于作者负责”④。傅是民初新文化运动及白话文的倡导者，且在外来翻译上坚信直译最为科学严谨，因此对严复的翻译实践颇加苛责，但也不失为一家之言。

晚清翻译家对西书翻译的文化过滤和文化趋同处理，受后世苛评甚多，

---

① 〔英〕甄克思：《社会通诠》，严复译，商务印书馆，1981，第9页。

② 〔美〕孙康宜、宇文所安主编《剑桥中国文学史》（下卷），刘倩等译，生活·读书·新知三联书店，2013，第588页。

③ 郭延礼：《中国近代文学发展史》，高等教育出版社，2001，第561页。

④ 傅斯年：《译书感言》，《新潮》1919年第3期。

但在当时也有合理之处。一是当时翻译还未成为一门独立学问，翻译家基本不具备专业素养，缺少翻译的自觉意识；二是没有翻译伦理的制约和翻译理论的指引，很多翻译家缺乏对翻译对象的基本文化判断；三是要顾及接受对象的阅读期待和传播效果，因此在译文中植入传统文化和文学因素就十分常见。正如王德威指出："晚清文人对于何谓翻译工作，并没有一个严谨定义。当时的翻译其实包括了改述、重写、缩译、转译和重整文字风格等做法。严复（1854—1921）、梁启超（1873—1929）和林纾（1852—1924）皆是个中高手。多年以前，史华慈（Ben-Jamin Schwartz）、夏志清和李欧梵就曾分别以上述三人为例证，指出晚清的译者通过其译作所欲达到的目标，不论是在感情或意识形态方面，都不是原著作者所能想像得到的。"[①] 此外，当时译者主观性较强，缺少文本细读，以"译意"为主，在具体翻译操作中，将文中人名、地名、称谓乃至典故均改译成中国化的称谓；选择的翻译对象，不管是社会科学，还是文学作品，如果"不合中国人好尚的，不必翻译"[②]；且"原书人名地名，皆系以和文谐西音，经译者一律改过。凡人名皆改为中国习见之人名字眼，地名皆借用中国地名"[③]。文学翻译家还充分考虑到接受者的欣赏习惯和审美情趣，有意将外国小说译为传统的章回体，加入诸多中国元素。如上文提及的苏曼殊翻译的《悲惨世界》、周桂笙翻译的《毒蛇圈》等即是如此。苏曼殊将《悲惨世界》以中国传统的章回体进行改译，拟回目十四。第一回云"太尼城行人落魄，苦巴馆店主无情"，和明清章回小说的开场非常相似；第八回云"为世不平侠士题壁，恩将仇报恶汉挥刀"，是为明清侠义小说的翻版。《毒蛇圈》第一回云"逞娇痴佳人选快婿，赴盛会老父别闺娃"；第九回云"擒罪人遍搜陋屋，睹盲父惊碎芳魂"，明显披着明清世情小说、公案小说的外衣。陈平原认为，晚清翻译家对小说翻译的文化过滤和趋同处理，主要体现在以下四个方面：

> 一、改用中国人名、地名，便于阅读记忆，这一点评论界似乎大都赞成。二、改变小说体例、割裂回数，甚至重拟回目，以适应章回小说读者口味。这一点相当普遍，梁启超、徐念慈都自认为经他们这么一改造，不但不负于作者，且"似更优于原文也"。三、删去"无关紧要"

---

① 王德威：《翻译"现代性"：论晚清小说的翻译》，载王德威《想象中国的方法——历史·小说·叙事》，生活·读书·新知三联书店，1998，第102页。

② 中原浪子：《京华艳史序例》，《新新小说》1905年第5期。

③ 吴趼人：《电术奇谈·篇末附记》，《新小说》1905年第18期。

> 的闲文和“不合国情”的情节，前者表现了译者的艺术趣味，后者则受制于译者的政治理想。节译、选译不算，即使标为全译的小说，往往也有删节的章节和段落。四、译者大加增补，译出好多原作中没有的情节和议论来。最典型的是由方庆周译述、吴趼人衍义的《电术奇谈》，原译仅得六回，居然衍成二十四回。[①]

这些翻译现象，看似简单粗暴，其实背后有着中西文化的异质性和兼容性等复杂问题。由于时代所限，晚清翻译家们在选择翻译对象、形成译文的过程中，大都“用中国传统的文学标准来观照西方小说，由中及西，异中求同”[②]，而这些在后世看来不够严谨的翻译行为，其深刻原因就在于中国传统文化对翻译家的制约和影响，它是翻译中的一种自我文化保护策略，也是中西两种异质文化交流碰撞的必然结果。

“对于真正成功的翻译而言，熟悉两种文化甚至比掌握两种语言更为重要，因为词语只有在其作用的文化背景中才有意义。”[③] 但晚清翻译家对西方文化和语言的熟悉程度普遍较低，因此，翻译也就不可能顾及原文和译文的高度一致性，在译文的处理上只能靠近自身的文化体系和传统。“把作品从一国文字转变成另一国文字，既能不因语言习惯的差异而露出生硬牵强的痕迹，又能完全保存原有的风味”[④] 的翻译境界，晚清翻译家实难做到。故译者为了使译文更靠近中国文化传统，译作的删节、改译现象就十分常见。译者甚至为了适应国人的审美习性，把很多西方作品中的自然环境描写、人物心理描写去掉，只将作品的主要故事情节翻译出来。“人但知翻译之小说，为欧美名家所著，而不知其全书之中，除事实外，尽为中国小说家之文字也。”[⑤] 根据现代翻译理论，译作被视为原作生命的延续，对于不懂原文的读者来说，原作其实并不存在，译作就是原作，译作可以独立于原作而存在。在西学东渐大潮冲击下的晚清，读者只能接触译文，对于是否忠实于原文，它和原文的关系如何，读者既不在行，也不会去关心；译者也主要关注译文的社会功用和传播效果，对译者责任、翻译规范和翻译伦理等也就不去刻意

① 陈平原：《中国现代小说的起点：清末民初小说研究》，北京大学出版社，2005，第 39 页。

② 胡翠娥：《文学翻译与文化参与：晚清小说翻译的文化研究》，上海外语教育出版社，2007，第 59 页。

③ 〔美〕尤金·奈达：《语言、文化与翻译》，严玖生译，上海外语教育出版社，1993，第 110 页。

④ 钱钟书等：《林纾的翻译》，商务印书馆，1981，第 19—20 页。

⑤ 天虚我生：《欧美名家短篇小说丛刊·序》，载周瘦鹃译《欧美名家短篇小说丛刊》，中华书局，1917，第 5 页。

考虑。

“翻译既然是对源文的操纵，译作就不可能等同于原著，它经过了译语文化的过滤和改写。”[①] 晚清的西学翻译，不管是对科技著作的翻译，还是对社会著作和文学著作的翻译，都服膺于救亡和启蒙这一现代性背景。当时的翻译家大都肩负救国保种的时代责任，首先重视翻译的社会功用，次而顾及其他需求。列斐伏尔指出：“翻译过程的任何一个层面均清楚地显示：如果语言上的考虑与意识形态和诗学观点相冲突的话，后者往往胜出。”[②] 在晚清域外文学文化的翻译中，翻译家从现实需求出发，意识形态被置于首位。因此“严复惊羡西方的富强，震慑于强者哲学的进化思想；梁启超满怀雄心大志，心心念念是政治的改进、民智的开启，于是严复引进了《原富》引进了《天演论》，而梁启超引进了‘志士仁人’的‘政治小说’”[③]。再一点是，晚清翻译家的外语能力普遍较弱，缺少对原文本的细读，因而在具体翻译操作中直译较少，意译为多，对译文的文化改写、删减等现象也就十分普遍。“中国现代的思想传统就肇始于翻译、改写、挪用以及其他与西方相关的跨语际实践（translingual practice）。”[④] 此外，晚清译者的翻译自觉和规范意识较差，对译文的真实性重视不够，再加上翻译家深受中国传统文化的影响，都有较强的国学功底和传统文化自信情结，哪怕游学海外归来的翻译家也都具有守护传统文化的潜在心理，故翻译时首先进行文化过滤和文化趋同处理，译文也因此呈现特别的时代风貌。

---

① 查明建：《译介学：渊源、性质、内容与方法——兼评比较文学论著、教材中有关“译介学”的论述》，《中国比较文学》2005 年第 1 期。

② Ander Lefevere：《翻译、改写以及对文学名声的制控》，上海外语教育出版社，2004，第 58 页。

③ 康来新：《晚清小说理论研究》，日本大安出版社，1986，绪论第 17 页。

④ 〔美〕刘禾：《跨语际实践——文学，民族文化与被译介的现代性（中国，1900—1937）》，宋伟杰等译，生活 · 读书 · 新知三联书店，2002，第 35 页。

第二编　晚清民国西学翻译与译者争鸣

稿酬制对晚清民国作家创作及翻译的影响*

晚清民国时段掀起的小说创作和西学翻译高潮，被很多因素所推动。除富民强国、救亡启蒙这一宏大主线外，还与近代社会的形成、商品经济的发展、近代报刊的兴起和稿酬制度的推行等原因有关。近代报刊和稿酬制度对小说创作和西学翻译的推动最为直接。对于稿酬制度与小说创作和西学翻译之间的相互关系，目前尚缺少定论。一是很难找到报刊支付给小说家和翻译家稿酬的具体价目，即便存有零散记录也都语焉不详，我们只能通过小说家和翻译家的刊发概况进行大致推算；二是小说家和译者也极少在自传或其他表述中对稿酬的多寡进行如实记录。但毋庸置疑，支付稿酬是对小说家和翻译家劳动成果的尊重，由此激发了他们著译的积极性，满足了他们的经济诉求，保障并改善了他们的生活质量，也在一定程度上催生了作家和翻译家的职业化，致使作家和翻译队伍不断壮大，小说创作和翻译文献逐年增多，成为中国文化和文学近代转型的重要推力。

一　晚清民国报刊传媒的兴起及稿酬制的引进

作文受谢、收取“润笔”等文人取酬现象虽古已有之，但并未形成主流，因为传统中国文学之“诗词歌赋，恁你做得如何精妙，其稿终难卖钱”①，故古人卖文为生者较鲜见。给著者支付稿酬则是晚清民国以来的现象，著者如果想要获取经济上的回报，只能创作或译介篇幅较长、社会涵盖面更广、读者群体更多的小说。在近代传教士教会报的影响下，清末民初的报刊大量兴起，并很快摆脱教会模式及内容的影响，携现代传媒出版业之力，为近代小说的发表搭建了最好的平台。另外，鸦片战争以来一系列不平等条

---

* 本文原载于《山西大学学报》（哲学社会科学版）2017 年第 6 期，收入本书时有修改。

① 田若虹：《陆士谔小说考论》，上海三联书店，2005，第 186 页。

约的签订迫使中国打开国门，西学东渐，现代都市也渐次形成，进而产生了现代都市的主体——市民，他们有较强的公共意识和商品市场意识，也具有重物质享受和娱乐消费的世俗化倾向，而报刊特有的宣传功能及普及效应正好切合市民社会的需求，于是一时间“仿西人传单之法，排日译印，寄送各官署，兼听民间购买，以资阅历”[①] 成为时尚，社会上创办报刊的热潮随之兴起。报刊的兴盛反过来又扩大了读者群，增加了阅读需求量。如曾朴的《孽海花》付梓后，“不到二三年就再版 15 次，行销不下五万部”[②]，市场需求量之大由此可见一斑。对于晚清小说创作与传媒、报刊的相互关系，阿英精确指出：

> 第一，当然是由于印刷事业的发达，没有此前那样刻书的困难；由于新闻事业的发达，在应用上需要多量产生。第二，是当时知识阶级受了西洋文化影响，从社会意义上，认识了小说的重要性。第三，就是清室屡挫于外敌，政治又极窳败，大家知道不足与有为，遂写作小说，以事抨击，并提倡维新与革命。[③]

中国近代报刊除了一般功能，还被赋予特殊的历史使命，在某种程度上充当社会变革的先锋，甚至“比新式学堂和学会更重要”[④]，承担着开启民智、救亡启蒙的重任。在甲午战败和八国联军侵华之后，国家被逼入危机四伏的险境之中，诸多知识分子或为富民强国，或为引进西学，或为宣扬自己的思想观念而投身于近代出版业及报刊编纂，于是报刊如雨后春笋般涌现。“我国近代新闻出版史上，出现过很多文人办报、办出版的，大半为文化进步事业而努力。他们秉七寸之笔论衡时政，曾生发出无数光、热及影响，但罕见能长期维持或建立规模的，因为知识分子对经营大都一窍不通，生存维艰，更遑论发展了。从 1895 年到 1949 年，据不完全统计，全国有 3.4 万种杂志创刊，而能维持一年半载的竟然不足 1%，维持 10 年以上的仅十几

① 顾燮光：《增版东西学书录·叙例》，载熊月之编《晚清新学书目提要》，上海书店出版社，2007，第 4 页。

② 吴组缃、端木蕻良、时萌主编《中国近代文学大系（1840—1919）》（小说集一），上海书店出版社，2012，导言二第 23 页。

③ 阿英：《晚清小说史》，江苏文艺出版社，2009，第 1—2 页。

④ 〔美〕费正清等主编《剑桥中国晚清史》（下卷），中国社会科学院历史研究所编译室译，中国社会科学出版社，2011，第 327 页。

种。”① 虽然大部分报刊仅昙花一现，但毕竟使这种新型媒体开始进入国人的日常生活视野，并逐渐成为人们认知世界的最快捷方式。当时能在市场中生存下来的报刊可谓凤毛麟角，而延续时间较长的报刊都有相应的保障机制，除名家主笔、经营有方外，其中最重要的就是支付著者稿酬，以经济手段截留优质稿源并保证销量。

清末民初较为知名的报刊，如《申报》《大公报》《时务报》《新小说》《小说林》《绣像小说》《小说月报》《月月小说》《文学》等，都先后实行稿酬制度，并逐渐扩大影响。报刊的内容虽然大都以时效性的新闻和时政为主，但很多大报的副刊成为读者每天必看的内容，上面有很多连载的文艺作品，文学创作与西学翻译交叉糅合，读者可凭兴趣选阅。很多刊物，特别是文学刊物都以刊发新型小说和外国文学为主要运作方式，在它们的带动下，很多“非文学性质的期刊，也习惯在每期末后刊载一些翻译小说和创作小说”②，借以吸引读者眼球，增加知名度。其中《月月小说》发刊词最具代表性：“本志小说大体有二：一曰译，二曰撰，他山之玉，可以攻错，则译之不可缓者也。”③ 当时的知识分子大都身怀报国理想，时常发表评论文章，针砭时弊，一方面可以抒发自己的爱国热情，另一方面也可以获取一定的经济回报，可谓一举两得。为此李欧梵指出：

> 为了宣传自己的事业，这些报纸通常发表一些笔锋犀利的新闻条目，也包括娱乐性的诗歌和散文，后来这类诗文都登在专门的“副刊”里。由于对这种副刊的需求日增，于是就扩充另出独立的杂志，文学刊物就是这样诞生的。这些文学刊物的编辑们，是一群记者——文学家，也懂得一些西方文学和外国语，对中国传统文学的根基很深厚，这些出版物发表了大量伪称为翻译的译文、诗歌、散文以及连载小说，声称意在唤醒民众的社会觉悟与政治觉悟，也是为了大众的娱乐。④

从当时刊物的性质来说，大部分报刊属民间组织或个人经办，官营的较

---

① 汪家熔：《近代出版人的文化追求》，广西教育出版社，2003，第65页。

② 吴组缃、端木蕻良、时萌主编《中国近代文学大系（1840—1919）》（小说集一），上海书店出版社，2012，导言一第4页。

③ 陆绍明：《月月小说·发刊词》，载魏绍昌主编《中国近代文学大系（1840—1919）》（史料索引集一），上海书店出版社，2012，第345页。

④ 〔美〕费正清编《剑桥中华民国史》（上卷），杨品泉等译，中国社会科学出版社，2016，第443—444页。

少，即便官方报刊也没有充裕的资金，报刊获取资金的方式只能是以报养报，自给自足，依靠销售经费来维持报刊的日常运转，因此市场化和商业运营是报刊赖以生存的唯一途径。报刊能否在激烈的竞争中占领一定的市场份额，优质稿件的刊发就显得极为重要，特别是名家名作，能吸引读者阅读，成为保证报刊销量的重要元素。要保证优质稿源务必采取有效的激励机制，最好的方式无疑是给予著者经济上的回报，现成的最好模式就是引进西方的现代稿酬制度，支付酬金以稳定作者群，这是近代以来世界文化传播与发展的总体趋势，亦是晚清民国文化发展的必然要求。

二　晚清民国报刊稿酬支付方式及其沿革

中国近代稿酬制的雏形首见于1872年的《申报》，其创刊号之“本馆条例”云：“如有骚人韵士愿以短什长篇惠教者，如天下各名区竹枝词及长歌之类，概不取值。”[①] 宣告向著者收费模式的结束，向著者付酬时代的开始。向著者付费后，出版机构和报刊维持运转的经费需要找到新的来源，只能扩大销售量以增加收入，为此报刊必须增加卖点，首要的是保证稿源及质量以吸引读者阅读并购买。保证稿源最重要的有两个方面：一是杂志和报纸的主编或主笔须具备一定的知名度和影响力，如严复、梁启超、包天笑、徐枕亚、曾朴等人，凭借自己的知名度和人脉确保报刊的销售量；二是推行稿酬制度以留住好的稿件，毕竟出于友情的稿件不多，因此稿酬是保证稿源的一个最重要的长效机制。即使熟人之间也明码标价，以契约形式明确彼此的责任和义务。如出版家汪康年委托好友陈寿彭翻译《江海图志》，在讨论出版事宜时，陈寿彭与之约法三章：“一、须收回译费一千五百元正；二、此书刊印行世，须留译者之名；三、书印成后，须送我五十部。”[②] 朋友之间尚且如此，则一般出版机构和报刊与著者的关系就更是商业合作了。知名作家的稿子非常抢手，如张恨水，其“所著的稿子每千字要卖八元，而一般出版者还在大抢特抢”[③]。虽然刊物和出版机构为留住优质稿件付出了一定代价，但稿酬制度毕竟使刊物和出版机构有更大的选择弹性和处理权限，能保证他们“组到更多更好的稿件，加强自身的市场竞争能力，从而赢得更大的受众队

① 申报社：《本馆条例》，《申报》1872年创刊号。
② 《汪康年师友书札》（二），上海古籍出版社，1986，第2040—2041页。
③ 《张恨水的稿酬》，《摄影画报》1933年第36期。

伍，获取可观的经济效益”①，实现双赢。

自《申报》引进稿酬制之后，很多刊物都以不同的付酬形式进行效仿。1901 年 3 月益智书局在启事中注明以销售提成的形式付酬：“译稿之作，当送润笔之资或提取每部售价两成酬谢。”② 1902 年梁启超为《新小说》发布的《征文启事》，详细规定了文学创作和翻译的计酬量：“谨布酬润格如下：第一类，章回体小说在十数回以上者及传奇曲本在十数出以上者，自著本甲等每千字酬金四元，同乙等同三元，同丙等同二元，同丁等同一元五角；译本甲等每千字酬金二元五角，同乙等同一元六角，同丙等同一元二角。”③ 启事明码标价，以翔实的数据确定支付给作家和翻译家的酬金。《月月小说》则声明：“本报除同人译著外，仍广搜海内外名家。如有思想新奇之短篇说部，愿交本社刊行者，本社当报以相当之利益。……一经入选，润资从丰。”④《小说月报》根据稿件的等级支付著者酬金：“甲等每千字五元，乙等每千字四元，丙等每千字三元，丁等每千字二元，戊等每千字一元。”⑤ 1914 年《文艺杂志》云：“海内文学大家如承，惠赠佳著，借联文字之缘，无论诗文杂著及笔记等，均甚欢迎，寄稿登录者，当赠以本杂志或扫叶山房书券，借酬雅意。”⑥ 20 世纪二三十年代，报刊支付稿酬价格与五四前差别不大，1923 年《爱国报》登载稿酬布告云：“（一）、超等酬二十元或二十元以上；（二）、特等酬十元正；（三）、甲等酬五元正；（四）、乙等酬叁元正。酬金等级不按字数计算，由本报同人定之。”⑦ 1934 年《宪兵杂志》的稿酬标准为，“甲等每千字酬洋五元，乙等每千字酬洋四元，丙等每千字酬洋三元，丁等每千字酬洋二元”⑧。同时期林语堂主持的《宇宙风》每千字五元，《论语》每千字四元；《申报》《新闻报》《大公报》等大报的副刊，千字三元左右；《立报》之副刊《言林》在三元到一元不等。⑨ 到 20 世纪 40 年代后期，战争导致恶性通货膨胀，货币急速贬值，稿费也随之猛增，《平汉路刊》登载征文启事云：“短篇甲种每篇六万元，乙种每篇四万元，长篇甲种每千字

---

① 郭浩帆：《近代稿酬制度的形成及其意义》，《山东大学学报》（社会科学版）1999 年第 3 期。
② 《同文沪报·启事》，《同文沪报》1901 年 3 月 1 日。
③ 梁启超：《本社征文启》，《新民丛报》1902 年 2 月 19 日。
④ 《月月小说·征文启》，《月月小说》1906 年第 2 期。
⑤ 《小说月报·本社通告》，《小说月报》1911 年第 6 期。
⑥ 《文艺杂志·本社启事》，《文艺杂志》1914 年第 2 期。
⑦ 《爱国报·本报征文酬金等级及办法》，《爱国报》1923 年 8 月 15 日。
⑧ 《宪兵杂志·稿件酬金办法》，《宪兵杂志》1934 年第 1 期。
⑨ 《闲话稿费：郭沫若一篇诗三百五十元》，《电声》1937 年第 6 期。

十万元，乙种每千字八万元。”[①] 由以上爬梳可知，晚清民国支付稿酬有实物回报和货币计价等不同形式，其中以货币计酬为主，目的是给予作家和翻译家切实的经济回报，维持报刊和出版社的正常运转并有所赢利。

晚清民国时期较为成功的刊物都非常重视优质稿件的截留，而稿件也由买方市场向卖方市场转变，著者根据自己知名度的大小和著作的质量待价而沽，他们可以主动和高稿酬的报刊与出版机构合作，而不去选择稿酬偏低或是没有稿酬的报刊和出版机构。并且随着时代的发展，著者也逐渐有了版权意识和专利意识，开始呼吁政府取法“泰西专利之条，日本版权之例”[②] 来保护著译者权利，防范“割裂成书，改名牟利”[③] 的不良现象，这样一来，报刊和出版社必须花血本才能留住名家及其稿件。如1899年严复致信南洋公学译书院的院长张元济，要求其拨付学校购印《原富》的版税，后来张元济同意付给严复20%，这是目前中国近代文献资料里最早的版税案例。此外，严复也是中国出版史上最早签订出版合同和版税合同的翻译家，1903年他翻译了甄克思《社会通诠》交由商务印书馆出版，并订立十条合同条款，其中版税占三分之一强。除严复外，上海世界书局每月发给平江不肖生固定报酬，以达成“只许他给世界书局写作，而不许给别家书局写”[④]之协议。出版机构此举的目的还是以稿酬吸引名家名作，截留优质稿件来保证发行量，以实现经济效益最大化。这样，报刊和出版机构通过作家小说和翻译小说来吸引大城市的读者购买阅读，可保证作家和翻译家的稿酬发放。很多作家和翻译家大都在北京和上海等大城市活动，而中国近代报刊和知名出版社也主要集中在这两个地方。大城市有较为丰富的文化资源，直接或间接的读者群体也最为庞大，阅读小说已经成为他们的日常习惯之一。“读小说则以小银元一枚，换得新奇小说数十篇，游倦归斋，挑灯展卷，或与良友抵掌评论，或伴爱妻并肩互读，意兴稍阑，则以其余留于明日读之，晴曦照窗，花香入坐，一编在手，万虑都忘，劳瘁一周，安闲此日，不亦快哉！”[⑤] 可以说，不管是基于民族救亡启蒙的宏大目标，还是出于养家糊口的细碎理由，报刊和出版

---

① 《平汉路刊·本刊稿酬调整》，《平汉路刊》1948年第61期。

② 顾燮光：《增版东西学书录·叙例》，载熊月之编《晚清新学书目提要》，上海书店出版社，2007，第7页。

③ 顾燮光：《增版东西学书录·叙例》，载熊月之编《晚清新学书目提要》，上海书店出版社，2007，第7页。

④ 包天笑：《钏影楼回忆录》，中国大百科全书出版社，2009，第491页。

⑤ 王纯根：《〈礼拜六〉出版赘言》，载魏绍昌主编《中国近代文学大系（1840—1919）》（史料索引集一），上海书店出版社，2012，第1168页。

社在商业相对发达、市民阶层数量比较庞大的大中城市立足是其首选，当然宣传效果也是最佳的。而且知名撰稿人、大学教授们也必须在大城市才有施展才华的空间和机会。这样，城市造就了报刊的繁荣，市民的需求增加了报刊的发行量，报刊有了经济效益后，就能给优质稿件的作者支付稿酬，由此形成良性循环；另外，晚清时期报刊和出版业的兴盛还大大加速了作家职业化和文学大众化的进程，尤其是报刊的主笔和编辑成为职业作家的基础，"其勤奋努力的结果，创造了一种新的职业，作品所获得的商业成功，证明文学能够成为独立且能赚钱的职业"①。

三　稿酬制对作家和译者积极性的激发

稿酬制度在保障稿源的基础上，还能激发作家的创作热情和翻译家的翻译积极性。甲午战后，在梁启超倡导的"三界革命"，特别是"小说界革命"的影响下，晚清小说地位得到质的提高，创作小说和翻译小说十分兴盛，一改传统小说"俳优下技，难言经世文章；茶酒余闲，只供清谈资料"② 的低下地位，小说一跃成为"或为人群之积弊而下砭，或为国家之危险而立鉴"③的重要文体。在报刊的直接推动下，小说创作和翻译受到作家及翻译家的极大重视，以晚清四大谴责小说、新鸳鸯蝴蝶派小说、林译小说为代表的近代小说由此取代传统小说成为文坛的主流。"近代小说的兴盛是与近代中国新闻业的兴起几乎同步的文化现象，其起始年代大致可以 1872 年《申报》的创刊为标志，该报虽由英商美查创办，但他聘了中国举人蒋芷湘为总主笔，报纸以一般中国百姓为读者对象，所以成为近代中国报业的鼻祖。近代报刊的兴盛为近代文学特别是近代小说的兴盛不但提供了功能强大的现代传播方式，也推动了小说质的改变。"④

一个普遍现象是：报刊出现以后，小说创作和西学翻译的数量也随之增多，甚至可以说，小说创作和西学翻译的数量是和报刊的数量成正比的，报

① 〔美〕费正清编《剑桥中华民国史》（上卷），杨品泉等译，中国社会科学出版社，2016，第 444 页。

② 徐枕亚：《小说丛报·发刊词》，载魏绍昌主编《中国近代文学大系（1840—1919）》（史料索引集一），上海书店出版社，2012，第 1121 页。

③ 商务印书馆主人：《本馆编印绣像小说缘起》，载魏绍昌主编《中国近代文学大系（1840—1919）》（史料索引集一），上海书店出版社，2012，第 274 页。

④ 耿传明：《清末民初小说中"现代性"的起源、形态与文化特性》，《文学评论》2010 年第 5 期。

刊也十分重视翻译文献的刊发，借以扩大销量。为了吸引读者和扩大市场份额，当时“各报颇重译述，外电，外国新闻，外国小说，大半为译品，故名报必有一二译述专才司其事”①。小说创作和翻译文学因此出现爆炸式增长。据陈大康统计，“在近代72年里，共出通俗小说1653种，文言小说99种，翻译小说1003种，共计2755种，这是一个非常庞大的存在，若考虑到散佚及编者观览未能周洽等因素，那么当年的实际数量还应多的多”②。而在晚清最后20年间，翻译文学在文学出版物中占据了绝对的优势。阿英在《晚清小说史》中说：“晚清的小说，究竟是创作占多数，还是翻译占多数，大概只要约略了解当时情况的人，总会回答‘翻译多于创作。’就各方面统计，翻译书的数量，总有全数量的三分之二。”③ 1904年《新新小说》则统计称：“每期所刊，译著参半。”④ 徐念慈对1907年小说出版情况进行调查后得出的数目是：“著者十不得一二，翻译者十常居八九。”⑤ 以上数据说明当时翻译文学的量是十分巨大的。施蛰存指出，晚清到“五四”时期，“短短的三十年，欧洲几个文学灿烂的大国，英、法、德、俄、西班牙、意大利，凡是十八世纪、十九世纪许多主要的作家，他们的作品，几乎都有了译本”⑥。为什么翻译文学在这个时期全方位推进并呈现爆炸式增长态势？我们认为，除了清末民初救国保种和引进异域文化的大时代需求之外，亦有“吸取外国文学的养料，以疗救中国文学的沉疴”⑦ 之目的，而最重要的原因则是报刊开始给著者支付稿酬，改变文人与创作之间的传统关系，由此激发了作家的创作热情和翻译家的翻译积极性。我们今天难以获取当时每一份报刊支付给作者稿酬的具体统计数据，但根据当时主要翻译家和作家工作情况可以进行大致推算，他们所获取的稿酬还是相当可观的，虽然稿酬不是作家创作和译者翻译的绝对动机，即便分文不取，也有一些人去从事文学创作和域外文学的译介，但获取经济回报无疑是很多作家和翻译家从事文学活动的重要动力。包天笑在《钏影楼回忆录》里详细记载了自己在出版机构的持股数目皆由稿费

---

① 李抱一：《长沙报纸史略》，载中国社会科学院近代史研究所近代史资料编辑室编《近代史资料》（总59号），中国社会科学出版社，1985，第222页。

② 陈大康：《中国近代小说编年》，华东师范大学出版社，2002，第1页。

③ 阿英：《晚清小说史》，江苏文艺出版社，2009，第184页。

④ 侠民：《新新小说·叙例》，《大陆报》1904年第5期。

⑤ 觉我：《论说：余之小说观》，《小说林》1908年第9期。

⑥ 施蛰存主编《中国近代文学大系（1840—1919）》（翻译文学集一），上海书店出版社，2012，导言第7页。

⑦ 徐中玉主编《中国近代文学大系（1840—1919）》（文学理论集一），上海书店出版社，2012，总序第7—8页。

转化而成："到后来，有一位友人郑君，他有一部分商务股份，也让给了我。我当时共有商务股份三千多元，完全够得上一个董事资格。"① 报刊和出版机构较好地满足了作家和翻译家的经济诉求，激发了他们的创作和翻译热情，而创作和翻译比较，翻译来得更快，晚清最后几年，"翻译小说的数量竟高出于创作小说两倍"②，翻译家也为自己的生存找到一条较好的路径，实现互利共赢。

对于中国传统的士大夫来说，熟读四书五经参与科考是获取功名利禄的唯一途径，寒门一旦科考失败，只有选择依附权贵，或回归乡里渔樵耕读以获取生存资料。清末废除科举考试之后，传统文人被迫进入时代和文化转向的历史洪流之中，很多出身中底层的知识分子，虽有强国富民的济世情怀，但在物质匮乏、战乱频仍的时代难以施展，甚至生活保障都成问题，因此，稿酬成为文人和知识分子获取生存资料的重要途径。他们"一书出世，利市百倍，则斤斤自得曰文章有价焉"③。这样一来，"原先因仕途拥塞、谋生艰难，大量流入上海和江南一带的秀才童生乃至举人进士、候补官员，现在发现能够通过业余时间写作文字，赚取稿费，对自己的生活稍有补贴，往往为此喜出望外，为报刊和书局写稿的积极性特别高"④。获取经济回报和作家的社会责任感之间的鸿沟并非不可逾越，传统科场仕途梦破，一些士大夫和知识分子开始转变为依靠稿酬生存的职业作家，大部分人则转变为现代报刊和小说的读者群体，他们的需求反过来又增大了报刊的发行量，促进了报刊文学和翻译文学的繁荣。如林纾在千字五至六元稿酬的激励下，翻译西方小说180多部，如果以千字六元计，林纾通常是每天译书4个小时，一小时译1500字，每天计6000字，可得稿费36元。如按林纾一个月工作20天计算，月收入可达720元，除去分一部分给口译者，林纾的稿费月收入亦可相当于当时一般中学校长月收入的十倍。⑤ 在林纾20多年的翻译生涯中，约完成1300万字的译文，如按千字六元算，他译书的总收入在7.8万元左右。据此横比，在1917年前后，广东火柴厂工人"每月工资合计六元五角"⑥；天津

① 包天笑：《钏影楼回忆录》，中国大百科全书出版社，2009，第497页。

② 徐中玉主编《中国近代文学大系（1840—1919）》（文学理论集一），上海书店出版社，2012，总序第19页。

③ 苦海余生：《文学杂志·发刊词》，载魏绍昌主编《中国近代文学大系（1840—1919）》（史料索引集一），上海书店出版社，2012，第1510页。

④ 张敏：《从稿费制度的实行看晚清上海文化市场的发育》，《史林》2001年第2期。

⑤ 包天笑：《钏影楼回忆录》，中国大百科全书出版社，2009，第317页。

⑥ 效彭：《广东工业上之地位及工资比较》，《中华实业界》1914年第11期。

制币厂工人“每人每日可得工资大洋三角五分”[①]，月收入在10.5元左右；上海工资最高的为机器制造业工人，1919年日工资最高为1.65元，月收入在50元左右[②]。比较而言，林纾译书的收入是当时普通工人工资的几十倍乃至百倍。我们按照现在每年CPI涨幅估算，1917年的1银元大致相当于2017年的130元人民币，因此林纾的翻译稿酬约合今天的1014万元人民币，再加上他创作所得，其稿酬总量更高，故陈衍取笑其书房为造币厂。值得强调的是，林纾最初翻译时耻于取酬，但后来不仅取酬，而且待价而沽，照单全收。“每译成一书，即寄往商务印书馆，商务印书馆于接得原书之后，亦即照例致酬。”[③] 可以说，若没有稿酬的激励，林纾恐怕难有译书上百的海量成就。为此李欧梵指出：“林纾在商业上的成功，与其利用文学出版事业的兴盛，译著迎合了晚清流行小说类型的才能和运气有关。”[④] 包天笑译书稿酬是“千字四元”，其收入也是不菲，能保障日常开销，使自己脱离体制成为自由文人；即便以主办、主编报刊身份名世的大腕梁启超，也积极翻译《经国美谈》和《佳人奇遇》等小说，“因为他的待遇最优厚，为千字20元”[⑤]，足以见出报刊和出版社实行稿酬制对当时译者翻译积极性的影响。当时报刊已经成为人们获得外界知识和了解时事的最直接载体，随着传统士大夫向市民的转化，市民阶层也不断发展壮大，文学开始雅俗合流，报纸成为人们茶余饭后必看的资料，报刊为满足读者群体多元化要求，经常连载文学作品，在一定程度上吸引了读者的阅读兴趣，反过来又会促进报刊发行量的增长，实现双赢。“在1917年‘文学革命’之前，至少有20年，都市文学刊物——半现代化的‘民众文学’，已经为日后从事新文学的作家们建立了市场读者。这些杂志的编辑和作者赶着写作预定时限的作品，以写作大量赚钱。”[⑥] 解决了经济上的后顾之忧，作家和翻译家开始职业化，他们不用去依附体制和政府，因此能够保持创作和思想的自由，成为文学创新和文化转型的先锋。

---

① 杨赓陶：《天津造币总厂底工人状况》，《新青年》1920年第6期。

② 沧水：《杂纂：上海工业界之工资比较观》，《银行周报》1922年第37期。

③ 《五年前一二八林琴南损失一部分心血未印行原稿二十一部被毁》，《电声》1937年第6期。

④ 〔美〕费正清编《剑桥中华民国史》（上卷），杨品泉等译，中国社会科学出版社，2016，第479页。

⑤ 子冶：《梁启超和商务印书馆》，载《商务印书馆九十年：我和商务印书馆》，商务印书馆，1987，第502页。

⑥ 〔美〕费正清编《剑桥中华民国史》（上卷），杨品泉等译，中国社会科学出版社，2016，第479页。

四 稿酬制对作家和译者生活的保障

在晚清民国的小说家和翻译家群体中，有的家境相对较好，留学欧美或东洋获得了域外文学知识，经过一番奋力拼搏后站稳了脚跟；而更多出身寒微的知识分子，利用稿酬来养家糊口和提升自己的生活质量就十分常见了。清末民初物价相对低廉，货币购买力较强，很多人的稿费“千字已达二元至五元，在当时差不多可以买一石米”①，因此作家和翻译家能通过稿酬过上比较富足的生活。如包天笑把《迦茵小传》《铁世界》《三千里寻亲记》等小说的译稿交付上海文明书局出版，获取稿酬一百元，用于养家糊口，由此开始自己的文学生涯：“我于是把考书院博取膏火的观念，改为投稿译书的观念了。文明书局所得的一百余元，我当时的生活程度，除了到上海的旅费以外，我可以供几个月的家用……”② 小说家程小青也利用稿酬来养家立业，他自幼失怙，“家庭很清苦，只在私塾中读书，在补习学校学习英文，投稿杂志报纸，以稿费贴补家用，这样艰苦地成家立业”③；周瘦鹃更是依靠《欧美名家短篇小说丛刻》的稿费完成婚姻大事。他回忆说：“二十岁时，中华书局编辑部的英文组聘我去专做翻译工作，除译了几种长短篇的《福尔摩斯侦探案》外，还译些杂文和短篇小说，供给该局月刊《中华小说界》和《中华妇女界》等刊用。二十二岁时，为了筹措一笔结婚的费用，就把这些年来译成的西方各国名家短篇小说汇集拢来，又补充了好多篇，共得十四个国家的五十篇作品，定名为《欧美名家短篇小说丛刻》……编译完工之后，就由中局收买了去，得稿费四百元，供给了我的结婚费用。”④ 由以上例子可知，近代稿酬制度的推行，在某种程度上缓解了文人的经济压力，激励了他们创作和翻译。特别是那些“旧时文人，即使过去不搞这一行，但科举废止了，他们的文学造诣可以在小说上得到发挥，特别是稿费制度的建立，刺激了他们的写作欲望”⑤，一跃成为新型著译者。有了稿酬的保障，他们除去后顾之忧，甚至部分作家和翻译家“不假思索，下笔成文，十日呈功，半月成册，

① 西西：《近代最高的稿费》，《新上海》1947 年第 75 期。

② 包天笑：《钏影楼回忆录》，中国大百科全书出版社，2009，第 435 页。

③ 范烟桥：《民国旧派小说史略》，载魏绍昌编《鸳鸯蝴蝶派研究资料》（上册），上海文艺出版社，1984，第 334 页。

④ 郑逸梅：《书报话旧》，学林出版社，1983，第 52 页。

⑤ 范烟桥：《民国旧派小说史略》，载魏绍昌编《鸳鸯蝴蝶派研究资料》（上册），上海文艺出版社，1984，第 269 页。

货之书肆，囊金而归，从此醉眠市上，歌舞花丛”[1]，生活也随之发生了质的飞跃。当然，稿酬制度使晚清民国创作和翻译数量猛增的同时，也降低了创作和译文的质量，很多粗制滥造之作充盈市场，著译者“只求量多，不求质精”[2]的现象比较普遍，对此他们也是心中有数。“昔之为小说者，抱才不遇，无所表见，借小说以自娱，息心静气，穷十年或数十年之力，以成一巨册，几经锻炼，几经删削，藏之名山，不敢遽出以问世，如《水浒》、《红楼》等书是已。今则不然，朝脱稿而夕印行，一刹那间已无人顾问。盖操觚之始，视为利薮，苟成一书，售诸书贾，可博数十金，于愿已足，虽明知疵累百出，亦无暇修饰。”[3]这也从侧面说明了清末民初的创作和翻译经典不多的原因，乃至于出现“译书不广，学难日新，新书即多，又患冗杂”[4]之矛盾。

“五四”以后，作家和翻译家对稿酬的依赖度有所降低，但稿酬的作用和吸引力仍在持续。有些翻译家兼有作家和大学名教授的双重身份，薪水自是不低，稿酬并非支持自己的生活和家用的唯一资金来源；但还是有很多作家和翻译家经济比较拮据，如果能从报刊和出版社获取一定数量的报酬，自是最好不过。比如鲁迅、郭沫若、茅盾、郑振铎、郁达夫、林语堂等著名作家翻译了大量的外国文学，都可从报刊和出版社获取不菲的酬金，甚至可改变经济窘迫的状况，翻译和创作一起成为他们文学活动的有机组成部分。郑振铎仅凭《中国文学史大纲》就从商务印书馆“抽版税十万余元”[5]。林语堂为英文刊物《天下》翻译《浮生六记》，拿到千字20元的高额稿酬，“在国外虽然算不了什么，但在我国文坛上，已经算是空前高价了”[6]。郭沫若20世纪20年代从日本移家上海时，经济压力比较大，凭借稿费得以缓解。他回忆说：“开始向商务印书馆卖稿就是在这个时候，我的《喀尔美萝姑娘》《行路难》《落叶》便连续在《东方杂志》上出现了。在这些作品之外，也还陆

① 陈平原、夏晓虹编《二十世纪中国小说理论资料》（第一卷），北京大学出版社，1997，第2页。

② 王哲甫：《中国新文学运动史》，载《民国丛书》（第5编），上海书店，1996，第26页。

③ 寅半生：《小说闲评·序》，转引自袁进《中国文学的近代变革》，广西师范大学出版社，2006，第11页。

④ 顾燮光：《增版东西学书录·叙例》，载熊月之编《晚清新学书目提要》，上海书店出版社，2007，第7页。

⑤ 《郑振铎的版税》，《摄影画报》1933年第30期。

⑥ 《每千字二十元：林语堂翻译的稿费》，《娱乐》1936年第11期。

续地卖了不少的译文。屠格涅夫的《处女地》、河上肇的《社会组织与社会革命》、霍普特曼的《异端》、约翰·沁孤的《戏曲集》、高斯华绥的《争斗》，都是在这前后一二年间先先后后地化成了面包的。”[①] 20世纪30年代以后，随着知名度的提高，他成为国内稿费最高的作家之一：“郭沫若之稿费现仍有千字十六元之高价，国内殆无出其右者。”[②] 他为《文学》杂志翻译《赫尔曼与窦绿苔》一诗，“虽只有三十页，可是稿费达三百五十元之多，这在中国最近几年来的稿费情形，不能说是不高了”[③]。再如1927年茅盾从武汉移居上海后说：“我隐居下来后，马上面临一个实际问题，如何维持生活？找职业是不可能的，只好重新拿起笔来，卖文为生。”[④] 几年后生活发生了较大变化，有报道称“茅盾近来的生活颇安定，据说开明书店每月可送版税三百余元”[⑤]。鲁迅的稿酬也十分可观，有人统计推算出鲁迅在上海时期（1927年10月—1936年10月）的版税和稿费收入，共56073.85元，月均523.21元，占其上海时期总收入的75.02%。[⑥] 在作家和翻译家中，郁达夫一生贫困潦倒，他对稿酬依赖度最高。1927年的日记云：“一月十日，为维持生活计，今年又必须翻译一点东西。”[⑦] 有关于他先索要稿酬再写作偿还的记录[⑧]，也有关于他和夫人分稿费购买各自喜好物品的报道[⑨]。可以说，晚清民国文坛的作家和翻译家，依靠稳定的稿酬过上相对平稳的生活，而获取酬劳也是他们创作和翻译的重要激励因素，并在此基础上将创作和翻译向纵深推进。

总之，清末民国稿酬制度的引进和推行，为传统知识分子在科举废止的时代洪流中觅得了一个生存的缝隙，影响深远。一方面，稿酬制能保证报刊和出版机构的优质稿源，保障报刊的销售量，并获取不错的经济效益；另一方面，有偿酬劳也使作家和翻译家能够以货币的形式获得创作和翻译劳动的回报，支持日常家庭生活的开销，在某种程度上也使作家和翻译家开始脱离

---

① 郭沫若：《沫若文集》（第7卷），人民文学出版社，1958，第197页。

② 《文艺界：郭沫若之稿费》，《娱乐》1935年第19期。

③ 《闲话稿费：郭沫若一篇诗三百五十元》，《电声》1937年第6期。

④ 茅盾：《我走过的道路》，人民文学出版社，1981，第2页。

⑤ 云烟：《文坛新讯：茅盾的版税丰富》，《草野》1931年第4期。

⑥ 叶中强：《稿费、版税制度的建立与近现代文人的生成》，《上海大学学报》（社会科学版）2006年第5期。

⑦ 郁达夫：《村居日记》，《郁达夫文集》（第9卷），三联书店香港分店，1984，第43页。

⑧ 西稔：《郁达夫索稿费》，《橄榄月刊》1933年第31期。

⑨ 《文坛逸话：郁达夫夫妇分稿费》，《摄影画报》1934年第25期。

体制的束缚，有自由思考的空间和余地，使他们的文学文化活动能“酌新理而不泥于古，商旧学而有得于今”①，直接为中国近代思想文化和文学艺术的转型奠定了基础，也开启了中国现代文学的辉煌历程。

① 苦海余生：《文学杂志·发刊词》，载魏绍昌主编《中国近代文学大系（1840—1919）》（史料索引集一），上海书店出版社，2012，第1511页。

陈西滢与曾朴父子的翻译论争

——兼及20世纪30年代前后文坛的翻译大讨论*

一 翻译论争的相关背景及缘起

人类社会中，因不同文明和种族所操用的语言不同，故异质文化之间的交流必须依靠翻译才能进行。“欲求超胜，必须会通；会通之前，先须翻译。”[①] 在中国文化史上，对外翻译大潮有三次：一是东汉至唐宋的佛经翻译；二是明末清初的科技翻译；三是晚清民国时的西学翻译。其中尤以第三次翻译大潮影响最为深远，西方文化借以大规模进入中国，同时开启了中国现代性的历史进程。

与前两次翻译高潮相比，晚清民国的西学翻译是在被动中展开的。随着西方列强对华侵略的深入，有识之士开始正视并深入反思传统文化之弊，认识到西学翻译的急迫性，翻译因之成为国人学习域外先进文化的桥梁。王国维曾忧心忡忡地指出：“若禁中国译西书，则生命已绝，将万世为奴矣。”[②] 不啻代表了当时先进知识分子的现实判断和家国忧虑。特别是甲午惨败带给国人极大震撼，社会上陡然掀起了留学运动和翻译高潮，西方的政治学、社会学、文学等书籍被大量译介入中国，而“以梁启超、严复为代表的晚清翻译家，在当时翻译引进西方的社会政治学说，目的却是服务于政治改良，并以此实现救亡图存”[③]。面对三千年未有之变局，救亡和启蒙成为民族国家之刚需，译书之风盛极一时，成为翻译史上的奇特现象，尤其是晚清最后十余年，西学翻译数量不容小觑：“从 1900 到 1911 年，中国通过日文、英文、法

* 本文原载于《贵州大学学报》（社会科学版）2018 年第 4 期，收入本书时有修改。

① 李亚舒、黎难秋主编《中国科学翻译史》，湖南教育出版社，2000，第 117 页。

② 吴泽主编《王国维全集》（书信），中华书局，1984，第 3 页。

③ 冯志杰：《中国近代翻译史》（晚清卷），九州出版社，2011，第 125 页。

文共译各种西书至少有1599种，占晚清100年译书总数的69.8%，超过此前90年中国译书总数的两倍。其中，从1900至1904年5年，译书599种，比以往90年译书还多。”[①] 凭借翻译之东风，西方知识大量进入中国，并逐渐改变了中国近代知识分子的知识结构，更新了中国人的世界认知。就文学领域而言，晚清民国“短短的三十年，欧洲几个文学灿烂的大国，英、法、德、俄、西班牙、意大利，凡是十八世纪、十九世纪许多主要的作家，他们的作品，几乎都有了译本”[②]。而译介西方文学的意义和价值，在于对中国传统文学观念和形式的改变提供了他山之石，更对中国的社会改革、民众启蒙、思想转型等产生了难以估量的影响。

正因这一时代背景的驱动，晚清民国的西学翻译，不管译介数量还是翻译家规模都超过了以往，当时很多作家和翻译家都是学贯中西之士，并有着强烈的富民强国理想，他们深刻认识到翻译对民族国家近代意识形成的重要功用，都愿意投身到西学翻译大潮中去。而随着翻译文献的增多，翻译家群体的扩大，翻译经验的积累，对翻译的见解也就日渐深刻，不同洞见时常见诸杂志报章，翻译论争也一直不绝于耳。对于如何翻译得更好、更符合历史现实和读者需求就受到翻译家的重视和探讨。晚清民国时的重要翻译家，前期如严复、林纾、曾朴、周桂笙、王国维、周氏兄弟、胡适、傅斯年等人，后期如林语堂、梁实秋、郭沫若、茅盾、郑振铎、陈西滢、赵景深、贺麟、朱光潜等人都对翻译表达了自己的见解和主张，大家观点不尽相同，甚至论争激烈。这些论争，不管是因为主观还是出于敌对，对于建构中国近代以来的翻译理论，推动中国近代以来翻译的成熟，指导翻译实践都有着重要的理论意义，今天仍具有探讨的必要和价值。对当时热闹非凡的翻译争论，时人张梦麟评价说：“关于怎样去翻译，有主张要信达雅的，有主张要看去容易明白的，有主张要逐字译的，又有主张与其信而不顺莫如顺而不信的，此外还有‘意译’、‘硬译’、‘顺译’、‘歪译’等实际的译品和理论主张。”[③] 足以见出当时译界的关注度和参与热情，翻译家们各抒己见，甚至争得面红耳赤，即便是文坛诤友之间也不留情面，商榷激烈，但是论争的出发点都不是私人恩怨，最终目的还是在于寻找域外文化和文学翻译的最佳可能。

其中，鲁迅和梁实秋、郭沫若和文学研究协会、鲁迅和赵景深、陈西滢

---

① 熊月之：《西学东渐与晚清社会》，上海人民出版社，1994，第13页。

② 施蛰存主编《中国近代文学大系（1840—1919）》（翻译文学集一），上海书店出版社，2012，导言第7页。

③ 张梦麟：《翻译论》，《新中华》1934年第7期。

和曾朴父子之间的论争在当时比较具有代表性。学术界对于前几场论争的研讨已比较充分，但对陈西滢和曾朴父子之间的论争还不够重视，其实这场论争涉及当时译界关注的方方面面，包括译者论、标准论、译法论等不同的内容。论争双方的主角虽不是当时最著名的文人和翻译家，但也是具有一定知名度的人士。陈西滢因和鲁迅先生的笔战而为人们熟知，在很长一段时间内是反动文人的代表，他曾留学英国，并获文学博士学位，因此具有深厚的西学功底，他在《论翻译》（《新月》1929 年第 24 期）一文中系统阐述了自己的翻译观；而曾朴虽无留学经历，却有着过人的文学才华，对域外文学表现出浓厚的兴趣，更因受陈季同影响，立志将译介外国文学作为自己的毕生事业，对法国文学的译介贡献尤其突出，他从自己的译述经验出发，也发表了一些关于域外文学翻译的较有价值的见解和主张，其翻译观主要集中在与胡适的通信《曾先生答书》（《胡适文存》第 8 集第 8 卷）和《读张凤用各体诗译外国诗的实验》（《真美善》1928 年第 10—11 期）两文中。曾朴译论的主要观点在于解说译诗之困难，以及译诗的几个必需步骤。其子曾虚白也是翻译家，子承父业，也有着对翻译的精到见解和思考，主要在《翻译的困难》（《真美善》1928 年第 6 期）、《翻译中的神韵与达：西滢先生论翻译的补充》（《真美善》1929 年第 1 期）两文中有细致表述，同时也是对陈西滢观点的回应和商榷。他们之间的论争主要集中在对严复“信”“达”“雅”标准的支持与反对、直译与意译、诗歌翻译是否可能、翻译中的神韵问题等方面，可谓以点带面，在当时的翻译论争中还是具有一定代表性的，较好反映了当时译界的观点及困惑。

二　严复“信”“达”“雅”标准之争

对于中国近代以来的翻译理论，最有影响的无疑是严复“信”“达”“雅”的翻译标准。百年中国翻译史，严复成为名副其实的逻辑起点。严译西方社会学名著对晚清民国知识分子具有关键的启蒙意义，故他的翻译标准在当时广为人知，信奉者固然很多，反对者亦不少。其中陈西滢就是最强烈甚至极端的反对者之一。他在《论翻译》的开篇就对严复的“信”“达”“雅”标准给予严厉批评，他认为：“在翻译文学书时，雅字或其他相类的字，不但是多余，而且是译者的大忌。”① 如用先秦诸子和六朝古文来翻译《金瓶梅》，虽然雅了，但是却显得十分可笑；更甚的是，严复因“时时刻刻

① 西滢：《论翻译》，《新月》1929 年第 4 期。

忘不了秦汉诸子的古雅的文章，他便看不见穆勒的清晰简洁，赫胥黎的晓畅可诵，结果译文至难索解”①，不但不符原著风格，更使读者阅读困难。而“达”也存在很大的缺陷，特别是在文学翻译中根本就不可能“达”，如法国大文豪普鲁斯特和爱尔兰乔伊斯的意识流小说，无论译者怎么努力，也不可能实现“达”的目标，“译文学作品只有一个条件，那就是信”②，因而翻译域外文献或文学时，翻译家只要能做到“信”就算完成翻译任务了。他引述英国批评家德·昆西“智的文学”和“力的文学”的二分法，认为其就是文学和非文学的分类而已，并总结说：“在非文学的翻译，只要能信能达，便尽了译者的能事，一个人要翻译一本制造飞机的书，他的目的只是告诉人飞机是怎样的做法，所以他只需明白它的内容，并不用研究它的行文和方法。”③ 所以翻译家完全没有必要去求“达”、求“雅”。当然，陈西滢的主张有绝对化之嫌，所举例证也属文学翻译中的非常态现象，并不具备普遍性，但也不能说他的论述没有逻辑和毫无道理。

在批判严复“信”“达”“雅”标准时，陈西滢开篇引用了曾朴《读张凤用各体诗译外国诗的实验》中关于翻译的表述，并指出曾朴对翻译中诗和散文的分类标准有失精当，也不赞成曾朴恪守严复“信”“达”“雅”的翻译标准；同时援引曾虚白《翻译的困难》中的观点，反证翻译中只有“信”之可靠，由此和曾氏父子展开了论争。针对陈西滢对父亲和自己的批评，曾虚白发表文章进行反驳，主要批驳了陈西滢“达”的翻译意见及神韵解说。曾虚白认为陈西滢列举的象征派作品“看了不容易理解，就说它不达”是错误的，“它们之所以不易理解，并不是故弄玄虚，好奇使巧，只因它们的表现方式是我们所不习惯的，不易引起我们心灵的感动而已”。④ 故翻译家的译作未能实现“达”和“雅”之目标，是翻译家未能贯通翻译对象，特别是未能从原文中获取感动的缘故，但这不能成为难以实现“达”和“雅”的一种借口。“因为一个翻译家要完成这种表现感应的艺术，不独需要着‘信’的条件，而且也不可缺少那‘达’的手腕”⑤，译文的“达”和“雅”仍然是翻译家应追求的目标，严复的“信”“达”“雅”还是最为合理的翻译准则。

陈西滢和曾氏父子关于“信”“达”“雅”标准的论争，是20世纪前半

① 西滢：《论翻译》，《新月》1929年第4期。
② 西滢：《论翻译》，《新月》1929年第4期。
③ 西滢：《论翻译》，《新月》1929年第4期。
④ 虚白：《翻译中的神韵与达：西滢先生论翻译的补充》，《真美善》1929年第1期。
⑤ 虚白：《翻译中的神韵与达：西滢先生论翻译的补充》，《真美善》1929年第1期。

段翻译界经常争论的话题，曾氏父子认同并遵守严复的翻译标准，特别是曾朴，将之作为自己文学翻译的毕生指南，认为“译书只有信雅达三个任务，能信、能雅、能达，三件都做到了家，便算成功”①。而对严复的标准，早在1919年傅斯年就曾经对之进行不客气的批驳，他认为严复的译文操用文言，最为迂腐，实在不值得提倡，“严几道先生那种达旨的办法，实在不可为训，势必至于改旨而后已”②。相对于傅斯年的全盘否定，很多人还是给予认同或选择性接受。如林语堂在1933年出版的《语言学论丛》之《论翻译》一文中提出翻译的三个标准，与严复的“信”“达”“雅”相对应，他说：“翻译的标准问题，大概包括三个方面。我们可以依三方面的次序去讨论，第一是忠实标准，第二是通顺标准，第三是美的标准。这翻译的三层标准，与严氏的‘译事三难’大体上是正相比符的。忠实就是信，通顺就是达。”③ 可见林语堂对严复的翻译三原则基本上是认同的，当然也有和严复不一致之处，尤其认为严复翻译之“雅”是很难实现的，做到“信” “达”，可能就不“雅”；而力求“雅”，则会损害“信”和“达”。与林语堂观点相近，赵景深认为“翻译能做到信达雅三个条件俱全，并且都很好，是理想的翻译，但不得已而求其次，我总认为达而不信胜过信而不达”④，倡导翻译“达”之重要性。1934年邢鹏举的《翻译的艺术》一文则评述严复的译文“忠实而有神韵，替中国思想界开了一个新天地，总括起来说，信所以求真，达所以求力，雅所以求美，没有真力美三种要素，固然不成其文章，同时没有信达雅三种要素，也就不成其为翻译”⑤，对严复的标准表示极力信服。1935年李培恩在《论翻译》一文中说“严复所译《天演论》、《名学》、《原富》等书，在能不泥于原文，不拘于语法，独具匠心，以与原文相辉映，能臻其雅”⑥，陈述对“雅”之肯定。而20世纪40年代朱光潜根据自己长期的翻译经验总结说：“严又陵以为译书三难，信达雅，其实归根到底，信字最不易办到。原文达而雅，译文不达不雅，那还是不信，如果原文不达不雅，译文达而雅，过犹不及，那也还是不信。”⑦ 持论就较为客观深刻。以上便是当时比较具有代表

① 病夫（曾朴）：《读张凤用各体诗译外国诗的实验》，《真美善》1928年第10—11期。

② 傅斯年：《译书感言》，《新潮》1919年第1—5号。

③ 林语堂：《论翻译》，见黄嘉德编《翻译论集》，载《民国丛书》（第5编），上海书店，1996，第9页。

④ 赵景深：《论文：关于翻译论与牛乳河》，《书报评论》1931年第5期。

⑤ 邢鹏举：《翻译的艺术》，《光华附中半月刊》1934年第9—10期。

⑥ 李培恩：《论翻译》，《之江学报》1935年第4期。

⑦ 朱光潜：《谈翻译》，《华声》1944年第4期。

性的观点。可见，随着翻译文本的增加，对翻译理论的熟识和翻译经验的积累，译界对严复“信”“达”“雅”的标准有了更加深刻的认识和理解，也对如何翻译好外来文献有着更为到位的认知。

可以说，严复“信”“达”“雅”的翻译标准，自出炉之日起，便成为翻译家高度关注的话题。大体说来，部分新文化运动的知识分子出于对白话文的倡导给予批判，一些对古文有着深刻情结的翻译家则进行盛赞，他们各自的观点有时言之过甚，有时流于片面。但翻译论争的意义和价值在于，当域外文化和文学进入中国，采取一种什么样的态度去看待当时的外来文化，如何翻译阐释才能符合原文的意味，亦符合中国文化的内在要求和读者的阅读选择，是翻译家们必须面临和解决的问题。而20世纪30年代前后的这些翻译论争，译者各抒己见，表达的见解和观点虽然不尽合理，但都推动了中国近现代翻译的历史进程，并在中国思想和文学的近现代转型中做出了应有的贡献，也切切实实推动了中外文化交流的进展。

三　神韵问题与诗歌翻译之论

基于中国自身的文化传统和审美习惯，在文学创作上，形成了一套独特的文论范畴，这在文化和文学交流中难免会影响到具体的翻译实践。而任何人提出的翻译理论和主张，都是从自身翻译实践和经历中总结出来的，在很大程度上不具有普遍性，其合理性和延展性不可能涵盖所有翻译家的经历，因此不同的翻译家表达不一样的翻译见解也就再正常不过了。

陈西滢在对严复“信”“达”“雅”标准进行批评，同时对直译和意译进行论证后，以临摹画像为类比，提出了翻译的“形似”、“意似”和“神似”之“三似说”，而以“神似”为核心。他认为，要做到翻译上的“神似”，译者必须和原文合二为一，这样才能译出原文的“神韵”来，而这在诗的翻译中是不可能实现的，因为“诗的妙处在它的神韵，译诗是一件最难的事，散文得到了内容，没有得到风格，虽然不成极好的散文，却依然可说是散文，诗的内容脱离了风格，就简直不是诗了”①。陈西滢是根据曾朴《读张凤用各体诗译外国诗的实验》中阐述译诗的五个步骤进行引申而得出的结论，曾朴认为：

---

① 西滢：《论翻译》，《新月》1929年第4期。

> 大家都知道译书难，我说译书固然难，译诗更要比译书难到百倍呢。这什么讲究呢？译书只有信雅达三个任务，能信、能雅、能达，三件都做到了家，便算成功了，译诗却不然，译诗有五个任务哩，哪五个任务？（一）理解要确；（二）音节要合；（三）神韵要得；（四）体裁要称；（五）字眼要切。[①]

在曾朴看来，文学作品只有翻译出固有的神韵和美感，才算好的译本，但在译诗时做到这一点却不容易，诗歌虽难译，但做到上述五点，或可成功译诗。在某种程度上，曾朴译诗的五要素比严复的三标准更难，其中确、合、称强调对诗歌的直观理解；而切、得则强调诗歌翻译的文采和译文的准确性。从曾朴的观点出发，陈西滢总结说，诗歌是不可能翻译出神韵的，因为“神韵是个性的结晶，没有诗人原来的情感，便不能捉到他的神韵”[②]，译者不是作者本人，不可能有作者之情感，因此译诗和原诗相比就不可能实现神似的效果，任何翻译家都不可能将原诗的神韵翻译出来，故诗是不可翻译的。

但陈西滢对神韵问题确实未给予较好的定义和展开，这一点被曾虚白抓住了：“西滢先生只给我们一个极飘渺的目标，叫什么‘神韵’，又引着我父亲的话，说什么‘神韵是诗人内心里渗透出来的香味’，好像是三神山般可望而不可即的东西……说来说去，这‘神韵’二字，仿佛是能意会不可言传的一种神秘不可测的东西。”[③] 曾虚白对陈西滢神韵和神似观念的反驳，确实击中了陈西滢论述的漏洞，他对翻译神韵问题的阐述语焉不详，所举的例子也经不起推敲，但在当时不失为一家之言，对诗歌的翻译还是有一定的参考性。在批评陈西滢神韵论述有欠合理之后，曾虚白对神韵进行了限定说明：“所谓‘神韵’者，并不是怎样了不得的东西，只不过是作品给予读者的一种感应。换句话说，是读者心灵的共鸣作用所造成的一种感应。”[④] 故只要在翻译中能将这种感应和共鸣翻译出来，译文和原文的神韵或可解决。

翻译的标准，也是他们争论的焦点之一。在陈西滢看来，翻译应该随意而为，不应人为设置标准，“译者在译书之前，不应当自己先定下一个标准，不论是雅，是达，是高古，是通俗，是优美，是质朴，而得以原文的标准为

---

① 病夫（曾朴）：《读张凤用各体诗译外国诗的实验》，《真美善》1928 年第 10—11 期。
② 西滢：《论翻译》，《新月》1929 年第 4 期。
③ 虚白：《翻译中的神韵与达：西滢先生论翻译的补充》，《真美善》1929 年第 1 期。
④ 虚白：《翻译中的神韵与达：西滢先生论翻译的补充》，《真美善》1929 年第 1 期。

标准"[①]，因为设置标准就会影响到翻译的个性和效果，尤其影响译文的"信"。而对陈西滢翻译无标准的看法，曾虚白明确反对。他论证说，翻译不但要标准，而且必须坚持。"翻译的标准，应有两种：一在我自己，一在读者。为我自己方面，我要问：'这样的表现是不是我在原文里所得到的感应？'为读者方面，我要问：'这样的表现是不是能令读者得到同我一样的感应？'若说两个问句都有了满意的认可，我就得到了'神韵'，得到了'达'，可以对原文负责，可以对我负责，完成了我翻译的任务。"[②] 除了亮明翻译的标准外，曾虚白还提出了翻译家的责任意识，这已涉及译介学中的翻译伦理问题了，翻译家不但要对得起原文（对作者负责），更要注意翻译所带来的结果（对读者负责），那就是翻译作为文化信息传递的核心环节，应该最大限度地保持合理性和真实性，否则，就是文化交流的失真甚至是失败。

关于诗歌是否可译的问题，早在1921年郑振铎就主张"诗是能够翻译的，如果译者的艺术高，则不惟诗的本质能充分表现，就连诗的艺术美——除了韵律以外——也是能够重新再现于文章之中的"[③]。对于神韵问题，茅盾也早于陈西滢提出应该给予重视，"与其失神韵而留形貌，还不如形貌上有些差异而保留了神韵，文学的功用在感人（如使人同情使人慰乐），而感人的力量恐怕还是寓于神韵的多而寄在形貌的少"[④]。后来陈西滢重提这些问题，说明了它们是翻译中经常出现的现象。翻译中的神韵问题在20世纪30年代以后仍然被翻译家不时提及，可谓贯穿了中国现代翻译理论史。如50年代傅雷倡导的"以效果而论，翻译应当像临画一样，所求的不在形似而在神似"[⑤] 之神似论，和陈西滢的观点几近类同。80年代钱锺书提出"文字翻译的最高标准是'化'，把作品从一国文字转变成另一国文字，既能不因语文习惯的差异而露出生硬牵强的痕迹，又能完全保存原有的风味，那就算得入于'化境'"[⑥] 之化境论等观点都是对神韵问题的延续和探讨。可以说，对于翻译中的"韵"问题的探讨，陈西滢和傅雷的"神似"说、郭沫若的"气韵"说、钱锺书的"化境"说等，都强调翻译要顾及译文的美与韵，忌浅白，而韵和诗之关系最为紧密，故韵之问题和诗歌的翻译问题常被置于一起

---

① 西滢：《论翻译》，《新月》1929年第4期。

② 虚白：《翻译中的神韵与达：西滢先生论翻译的补充》，《真美善》1929年第1期。

③ 郑振铎：《译文学书的三个问题》，《小说月报》1921年第3期。

④ 沈雁冰：《译文学书方法的讨论》，《小说月报》1921年第4期。

⑤ 傅雷：《〈高老头〉重译本序》，载罗新璋编《翻译论集》，商务印书馆，1984，第558页。

⑥ 钱钟书：《林纾的翻译》，《中国翻译》1985年第11期。

讨论。在早期的翻译论争中，以陈西滢为代表的少数人认为诗歌是不能被翻译的；大多数人，如曾朴、曾虚白、傅斯年、郑振铎等人则认为诗歌虽是翻译中最难把控的文学类型，但还是可以翻译的，只不过对译者要求最高，不但要对诗歌的表层语言进行有效转换，更要对诗歌的精髓有深入的体悟，尤其要对诗韵有真切的感应，才能将韵译出来，也才能译好诗。

四　“直译”和“意译”之辩及扩大化

“直译”和“意译”之争自东汉佛经翻译开始，就广受译界讨论。“五四”前后的翻译研究，“直译”和“意译”之争也一直存在。其中，明确主张“直译”的是周氏兄弟，特别是周作人。他在《陀螺·序》中说：“我的翻译向来用直译法，我现在还是相信直译法，因为我觉得没有更好的方法。”[①] 提倡“直译”的还有对严复翻译三原则进行批评的傅斯年。他认为：“论到翻译的文词，最好的是直译的笔法，其次便是虽不直译，也还不大离字的笔法，又其次便是严译的子家八股合调，最下流的是林琴南和他的同调……我们想存留作者的思想，必须存留作者的语法，若果换另一幅腔调，定不是作者的思想，所以直译一种办法，是存真的必由之径。”[②] 而“意译”不是一般译者所能掌控的，他告诫说：“想用意译，必须和原作者有同等的知识才可，这难道是办得到的事情吗?”[③] “五四”以来，特别是严、林古文翻译的影响逐渐退潮以后，直译法得到大部分翻译家的认同。

在“直译”和“意译”问题上，曾朴父子大体上持意译之论，而陈西滢则二者皆反对之。

曾虚白在《翻译的困难》中说：“我们译书的人应该认清我们工作之主因，是为看不懂外国文的读者，并不是叫懂得外国文的先生们看的……这就不能一手拿着笔，一手翻着字典，一字一句依样画葫芦的描写下来就算了事的了，我们应该拿原文所构造成的影像做一个不可移易的目标，再用正确的眼光来分析他的组织，然后参照着译本读者的心理，拿他重新组合成我们的文字，换句话说，必须改变了方法，才可以得到同样的目的。”[④] 曾虚白认为翻译不是照葫芦画瓢，翻译家要进行重组和整合，不是直接翻译过来就了事，

① 周作人：《陀螺·序》，《语丝》1925 年第 32 期。

② 傅斯年：《译书感言》，《新潮》1919 年第 3 期。

③ 傅斯年：《译书感言》，《新潮》1919 年第 3 期。

④ 虚白：《翻译的困难》，《真美善》1928 年第 6 期。

故他的意见是：文学作品直译不见得行得通，应以意译为主。陈西滢对曾虚白的观点进行批评，他认为，翻译不但要考虑到不懂外国文的读者，还要顾及懂外国文的先生，因为能对外国文进行批评鉴赏的人只能是懂得外国文的先生们，如果译文一味考虑读者，则会“牺牲掉原文的许多精神，丧失了原文的神韵风格”①，这样的译文会更加糟糕。在批评曾虚白的基础上，陈西滢根据“三似说”展开“直译”和“意译”之论证。在他看来，直译“只是字比句次的翻译，原文所有，译文也有，原文所无，译文也无，最大的成功，便是把原文所有的意思都移译过来，一份不加，一毫不减”②，这样仅是形似的翻译而已，难得其神；而意译则是“意似”的翻译，“意似的翻译，便是要超过形似的直译，而要把轻灵的归还它的轻灵，活泼的归还它的活泼，滑稽的还它的滑稽，伟大的还它的伟大——要是这是可能的话”③。但是直译和意译都不能达到神似之效果，都有不可克服的缺点，好的翻译只能是“神似”之翻译，但要抓住翻译之神韵才行。为此，曾虚白反击说：

> 西滢先生又把翻译分成“形似”、“意似”、“神似”三格。他以为“形似”之翻译就是直译，它“注重内容，忽略文笔及风格……因为忽略了原文的风格，而连他的内容都不能真实的传达”；“意似”的翻译，不仅是注意“原文里面说的是什么，而是原作者怎样说出他的什么来”，而他的缺点却在得不到原文的“神韵”，唯有“神似”的译品独能抓住这不可捉摸的神韵。④

曾虚白总结陈西滢的翻译标准既不是直译，也不是意译，而是“神似”之译，但因对神韵问题表述不清，故说了也等于白说，因为“批评译本，若以意似为绳尺，还可以有绝对的标准，若以神似为绳尺，其标准即算有，最多也不过是相对的”⑤，曾虚白认同“意似”译法，其实也就是主张意译。需要指出的是，陈西滢的翻译标准确实有一些矛盾之处，他强调翻译只要能“信”即可，但如何将“信”和“神似”进行有机结合，他也未提出一个较好的方法。其实，从陈西滢对严复翻译标准的批驳来看，他的观点和直译更

---

① 西滢：《论翻译》，《新月》1929 年第 4 期。
② 西滢：《论翻译》，《新月》1929 年第 4 期。
③ 西滢：《论翻译》，《新月》1929 年第 4 期。
④ 虚白：《翻译中的神韵与达：西滢先生论翻译的补充》，《真美善》1929 年第 1 期。
⑤ 虚白：《翻译中的神韵与达：西滢先生论翻译的补充》，《真美善》1929 年第 1 期。

为接近。他说："严氏的第三个条件，雅，在非文学的作品里，根本就用不着，一切科学、一切普通的知识，是日新月异的，今年的新知识，明年成了陈腐了，今年的真理，十年后成了谬误了。知识的本身既然是时时变移，传达知识的工具，书籍，也刻刻的新陈代谢，要是以不朽的文字来传这变化不息的事物，最好也只可说是多事，只可说是白费心力……以诘屈聱牙，或古色斑斓的文字来传述新奇的事理，普通的常识，一般人即使不望而却走，也只能一知半解的囫囵吞枣。"[①] 在他眼里，翻译中"雅"绝对不可行，"达"也不可能做到，如乔伊斯等人的文学作品，根本无法达意，故翻译只能做到"信"。而严复的"信"，强调的是忠实于原文，这一点和陈西滢的形似论几近相合。此外，陈西滢还对当时译界缺乏严谨的现象深恶痛绝，建议"中国应成立一个译书审查会，由会审查后方可出版"[②]，以防止很多随意性删减原文的下流译本出现，这代表他是反对意译的。综合观之，陈西滢倡导的应是归于"神似"的直译。

陈西滢和曾朴父子之间关于直译和意译的论争，切合 20 世纪 30 年代前后文坛上的译法大讨论，它们一直是当时翻译家关注的主要问题之一。当时代表性的观点还有很多，如赵景深秉持"达而不信胜过信而不达，因为达而不信，未必是每一句都不信，尤其是小说的翻译，错了一两个字，与原文是没有多大关系的，信而不达，则是作者的国文程度根本不行，以致全书都等于白译"[③] 之论。赵景深主张意译之法，引来鲁迅的批判，导致另一场翻译大论争。再如林语堂主张翻译的"忠实""通顺""美"的三原则，忠实主要使用直译法。傅东华明确建议直译，但强调要和"硬"译、"死"译区别开来，它"不是一个字对另一个字的译，乃是一个意思对一个意思，一点不加多也一点不减少的译"[④]。张友松主张直译是翻译的首选，"凡是逐句翻译，完全保存原文的内容与笔调，无所增损，那便是直译……意译者企图产生超越原著的译品，而直译者则不然，他的最高理想就是译品与原文完全相同"[⑤]。李培恩认为"意译之弊每在脱去原文，不克忠实，其所述并非原文之所有，译者苟不经意难逃杜撰之讥"[⑥]，因此应该谨慎使用。由此观之，"五

---

① 西滢：《论翻译》，《新月》1929 年第 4 期。
② 西滢：《通信：创作的翻译》，《现代评论》1925 年第 43 期。
③ 赵景深：《论文：关于翻译论与牛乳河》，《书报评论》1931 年第 5 期。
④ 傅东华：《翻译是艺术》，《中学生》1934 年第 45 期。
⑤ 张友松：《翻译研究》，《青年界》1937 年第 1 期。
⑥ 李培恩：《论翻译》，《之江学报》1935 年第 4 期。

四”至20世纪30年代的文坛，大部分翻译家都倾向直译之法，间杂有少数人的意译主张。

对当时“直译”和“意译”的论争，还有人建议二者整合使用，是为直译意译的折中派。如茅盾虽然“原则上信仰‘字对字’直译的，翻译界的大路货还是忠实的直译”[①]，但他也认识到直译也不能一以贯之，译者“多加注意于原作之神韵，便往往不能有与原作一模一样之形貌，多注意了形貌的相似，便又往往减少了原作之神韵”[②]。故在具体翻译操作中，“直译”和“意译”并非水火不容，完全可以整合起来使用。维明的观点就是折中派的代表：“翻译一篇原文有时候用得到直译法，有时用得到意译法。那就是说，凡是能用组织大致相同的句法来译而能使一般人了解的地方，就用直译法；凡是用直译法造成的中文句子不能或不易使一般人了解的地方，就改用意译法，直译两字本身并不含有逐字翻译而不融合其意以致令人难懂的意思，意译两字本身也并不含有任意删改以迁就中文的意思。”[③] 明确倡导翻译中应将直译和意译整合使用，从翻译实践观之，这要比强调单一的译法更为合理。

对当时直译和意译之利弊的阐发，彭善彰的观点比较全面，可惜未引起重视，现有研究几乎忽略了这一重要文献。他说：

> 直译（The Evaluation of Literal Translation）之利弊，若言其利，约有数端：（a）不失原意，对于原本极为忠实，（b）可免混入己意之弊；盖译家之大患，莫过于羼杂主观的理想，潜异原著之精神。若言其弊，也有数端：（a）句法问题晦涩难明，（b）偶一不当真味尽失。
>
> 意译（The Evaluation of Free Translation）之利弊，意译之利，利在：（a）语体句法，容易理解，所谓望文生意，不必踟蹰推敲，（b）虽与原文不符，然也不失大意，至其弊则在：（a）增损改窜，参加己意，虽文从字顺，然嫌其失真。[④]

这可以说是“五四”以来对于“直译”和“意译”利弊最为客观、全面的论述。

当然，对于“直译”和“意译”之争，由于翻译时代、翻译主体、翻译

---

① 茅盾：《真亚耳的两个译本》，《译文》1937年第5期。

② 沈雁冰：《译文学书方法的讨论》，《小说月报》1921年第4期。

③ 维明：《短论：论翻译》，《读书顾问》1934年第3期。

④ 彭善彰：《翻译学说略》，《青年进步》1927年第99期。

对象的差异，不同的翻译主张都有其合理性和片面性，自然难以形成令大多数人信服的压倒性结论，这也是上千年来的老话题不断被人重提的原因。

我们认为，对于陈西滢和曾朴父子之间乃至20世纪30年代整个中国文坛的翻译论争，不管基于何种背景，论争主体出于何种理由，都有效地推动了中国近现代翻译事业的发展；最为重要的是，翻译论争反过来指导了翻译实践和创新，大量西方文献和外国文学被翻译引进到国内来，对中国近现代文学和文化的更新影响深远；同时，也有一些学者进行中国经典的外译尝试，如辜鸿铭将《论语》《中庸》《大学》等译成英文在海外刊载发行，为西方世界了解中国文化搭建了桥梁，助力中外文化的交流和互释，可惜范围较小。陈季同总结清末民初文学交流现状时说：

> 一是我们不太注意宣传，文学的作品，译出去的很少，译的又未必是好的，好的或译得不好，因此生出重重隔膜；二是我们文学注重的范围，和他们不同，我们只守定古诗文词的几种体格，做发抒思想情绪的正鹄，领域很狭，而他们重视的如小说戏曲，我们又鄙夷不屑，所以彼此易生误。我们现在要勉力的，第一不要局于一国的文学，嚣然自足，该推扩而参加世界的文学；既要参加世界的文学，入手方法，先要去隔膜，免误会，要去隔膜，非提倡大规模的翻译不可，不但他们的名作要多译进来，我们的重要作品，也要全译出去。①

故我们在吸收外来文化的同时，也要让自身优秀文化为外界熟知，既要拿来，也要送去，以改变近代中西文化交流的单向性特征，而这只能靠翻译的不断成熟来推进。

总之，在近代以来中西方异质文化冲突的大背景中，翻译对中国文学现代转型的推动是非常关键的，作家和翻译家对于翻译的看法和见解，尤其是深入的翻译论争使翻译文学不但完成了量的积累，更有了质的提高，在很大程度上“扩大了作家创作的参照系，为摧毁文学旧垒提供了取法途径，为促进中国近代文学的变革发展，起了推动和催化剂的作用”②。

---

① 曾朴：《曾先生答胡适之书》，见黄嘉德编《翻译论集》，载《民国丛书》（第5编），上海书店，1990，第42页。

② 徐中玉主编《中国近代文学大系（1840—1919）》（文学理论集一），上海书店出版社，2012，总序第20页。

郭沫若与吴稚晖的翻译笔战*

翻译是促进文化交流的重要媒介，更是人类知识实现共享的关键通道，因为各民族语言的差异无法消弭，必须依靠翻译贯通。就中国而言，域外文学文化的翻译是清末民初西学翻译的重镇之一，随着翻译体量的增加，涌现出诸多职业翻译家，加之作家也兼职翻译工作，遂形成了中国翻译史上最为波澜壮阔的翻译高潮。对于如何翻译，作家和翻译家都根据自己的翻译实践进行阐述，但由于师承的不一、文学观念的差异、所归依文学社团的不同等原因，翻译观点大异其趣，有关翻译的论争也就一直不绝于耳，翻译家们各抒己见，甚至争得面红耳赤，足以见出当时译界的热闹非凡。但大部分译者论争的出发点都非私人恩怨，目的还是在于寻找域外文学文化翻译的最佳可能。当时的很多作家和翻译家都是学贯中西之士，有坚定的强国富民理想追求，深刻认识到翻译对中国文化近代意识形成的重要价值，因此，如何译得更好，更符合历史样貌、现实需求、读者口味就受到重视和探讨。在清末民初的重要翻译家里，严复、林纾、梁启超、周氏兄弟、曾朴父子、林语堂、胡适、傅斯年、陈西滢、郭沫若等都对翻译表达了自己的见解和主张，观点不尽相同，甚至有着激烈的论争，这些论争都推动了中国近代以来翻译实践的成熟，助力了翻译理论的构建，今天仍然具有探讨的意义和价值。本文梳理了郭沫若和吴稚晖之间的翻译笔战，力争还原历史现场，并评价其翻译史和文学史意义。

一　二人翻译笔战的缘起

如果从年龄结构来看，吴稚晖（1865—1953）和郭沫若（1892—1978）二人相差近三十岁，人生经历似乎难有大的交集。郭沫若是新文化运动健将、

---

* 本文原载于《郭沫若学刊》2021 年第 1 期，收入本书时有修改。

重要的诗人和作家，成就在现代文化和文学方面；而吴稚晖则在史学、校勘学等方面学有专长，且学贯中西，爱国坚定，生活淡泊，臻力教育，赢得了时人的推崇。如蒋梦麟称赞吴氏是中国学术界一颗光芒四照的彗星，胡适誉之为中国近三百年来四大反理学的思想家之一，曹聚仁则评价他不忌村俗粗话，“替白话文学开出最宽阔的门庭”[①]。与郭沫若一样，吴稚晖也是激进的反传统主义者，其备受关注的主张是“必废中国文字”，可谓语惊四座。此外他还服膺科学主义，反对直觉思维，倡导西方理性观念和逻辑推演。作为清末民初的跨界知识精英，吴稚晖对文学也多有洞见，对如何翻译西书也提出了自己的一些主张。而郭沫若是现代最为著名的作家和翻译家之一，留日经历使他具有宽广的国际视野，对翻译也有自己独到的见解。郭、吴之间的翻译论争，在 20 世纪 30 年代翻译大论战中并不算突出，因此鲜有学者提及，只有马祖毅在《中国翻译通史》中有些片论，但也未详尽展开。我们通过查阅梳读当时的文献史料，发现郭、吴二人关于翻译的交锋其实有很大的信息量，值得深入解读。

二人的翻译笔战，缘于郁达夫 1922 年 8 月 25 日在《创造季刊》上发表《夕阳楼日记》一文。郁文针对余家菊翻译德国作家威铿《人生之意义与价值》的错误进行批判。郁达夫指出，因德文版难觅，余家菊通过英文转译了这部书，对原文进行了很多增删改动，这样的处理是一种相当不负责任的翻译行为，同时他还指出余译的诸多失当之处，并重译了部分语句以显示如何才是正确的译文。当然，如果仅是指出余译的错漏之处，并友好订正，估计也不会导致翻译论战的发生，但郁达夫的措辞十分不友好，将很多人含沙射影地骂了一通。

> 我们中国的新闻杂志界的人物，都同清水粪坑里的蛆虫一样，身体虽然肥胖得很，胸中却一点儿学问也没有。有几个人将外国书坊的书目录来誊写几张，译来对去的瞎说一场，便算博学了。有几个人，跟了外国的新人物，跑来跑去的跑几次，把他们几个外国的粗浅的演说，糊糊涂涂的翻译翻译，便算新思想家了。我们所轻视的，日本有一本西书译出来的时候，不消半个月功夫，中国也马上把那一本书译出来，译者究竟有没有见过那一本原书，译者究竟能不能念欧文的字母，却是一个

① 曹聚仁：《一个刘姥姥的话》，载《文坛五十年》，东方出版中心，1997，第 13 页。

疑问。[1]

郁达夫的过激言论，首先引来胡适的回应。因为郁文所言“跟了外国的新人物，跑来跑去的跑几次”一事，正是影射胡适当时邀请其导师杜威在国内讲学之举。郁达夫言辞过火，胡适难以忍受，于是在 1922 年 9 月 17 日《努力周报》第 20 期上发表《编辑余谈：骂人》一文进行回驳，并声援余家菊及其译文。胡适的声援策略是欲扬先抑，他首先指出余译本的错漏并进行圆场，之后重点将郁达夫重译余家菊错译的五句话进行再翻译，指出郁译的错漏之处也大量存在，以之驳斥郁达夫的失礼失当行为，并对当时中国翻译界存在的一些不良现象进行批判，阐明翻译不是易事，希望大家能平心静气，保持学术论争的理性和克制。

> 译书是一件难事，骂人是一件大事，译书有错误，是很难免的。自己不曾完全了解原书，便大胆翻译出来，固是有罪。但是有些人是为糊口计，也有些人是为介绍思想计：这两种人都是可以原谅的，批评家随时指出他们的错误，那也是一种正当的责任。但译书的错误其实算不得十分大的罪恶：拿错误的译书来出版，和拿浅薄无聊的创作来出版，同是一种不自觉的误人子弟。又何必拿“清水粪坑里蛆虫”来比喻呢？况且现在我们也都是初出学堂的学生，彼此之间相处实在有限，有话好说，何必破口骂人？[2]

胡适声援余家菊，批判郁达夫，一方面在于反感郁达夫含沙射影、有失风度的谩骂；另一方面也是对郁达夫重译错误的纠偏，同时也是对创造社激进的运作逻辑的反驳。看到胡适对郁达夫的回应后，作为创造社旗手的郭沫若第一时间站了出来，声援郁达夫，奋力驳斥胡适，也顺便批判陈西滢、徐志摩、吴稚晖等与自己翻译观念和文学主张不同的人士。这样一来，郭沫若和吴稚晖就被卷入《夕阳楼日记》引发的翻译大论战之中。

吴稚晖比郭沫若等人年长近三十岁，虽然他未以长者自居，但对创造社诸人的过激言行和主张并不赞同。他以 1923 年在《晨报副刊》上连载的《就批评而运动“注译”》系列文章为阵地，对由《夕阳楼日记》引发的论

---

① 郁达夫：《夕阳楼日记》，《创造季刊》1922 年第 2 期。

② 胡适：《编辑余谈：骂人》，《努力周报》1922 年第 20 期。

战因果加以辨别。在连载文章里，吴氏除了提出自己“注译”的翻译主张外，还将余家菊、郁达夫、胡适、成仿吾、郭沫若、张东荪等人对威铿《人生的意义与价值》中相同诗句的译文进行比照，评述诸人翻译的得失；同时还对郁达夫、成仿吾等创造社骨干成员翻译英国文学的错漏之处给予严厉批评。在读到吴稚晖的批评文章后，郭沫若大为光火，马上撰文回应，主要以在《创造季刊》上所发表的《讨论注译运动及其他》一文为中心，逐一批驳吴稚晖的见解和主张，顺便也攻击胡适和张东荪等人的观点，以申明自己的价值立场。为全面驳倒吴稚晖的翻译观，郭沫若还将吴氏1921年发表于《民权杂志》上的《移译外籍之我见》一文重新发掘出来，打包进行批判，借此声援郁达夫并批判胡适等人。

从面上来看，郭沫若和吴稚晖、胡适等人的翻译笔战是关于翻译责任、译法、译文水平等问题的交锋，其实深层次上，诱发翻译笔战的主要因素还是文学主张、文艺观念、文学派别的差异。对有着不同文化背景的“五四”文人而言，在翻译方面发生争执在所难免。他们在翻译的选材、翻译的标准、翻译的动机与目的以及翻译的方法与技巧等方面都具有明显的差别。创造社的几位成员，以郭沫若为主将，包括郁达夫、成仿吾、张资平和郑伯奇等都是深受西方浪漫主义文学影响的留日学生，因而他们的翻译活动从一开始就与文学研究会等文学团体有着明显的不同，再加上他们想通过标新立异来强化创造社在中国现代文坛的影响，言辞就比较激进一些，即便是一点差异也会被人为放大，进而形成了流派之间的大面积交锋。

二　二人翻译笔战的焦点

（一）翻译是否必须要有注释

吴稚晖有较为深厚的国学修养，比较熟悉汉译佛经，对近代以来的西学翻译，主张借鉴佛经的传统译法。在他看来，晚清以降，域外文献纷至沓来，导致翻译对象芜杂繁复，外加译者自身的素养和语言掌控能力较弱，造成译文的毛病和错漏。那如何解决这一问题呢？吴氏认为，中国汉唐以来的佛经翻译是比较成功的，千余年来积累了大量成功的翻译经验，我们为什么舍近求远？清末民初的西学翻译完全可以借鉴传统佛经的翻译技法，尤其是译者可对原文的晦涩之处加以注释，便于读者较好理解原文之意。因此他提出了“注译”之法，可视为直译和意译等主流观点之外的有益探讨。具体而言，他指出："我望译书界，于全部分直译意译争论不定之外，割除一部分，把译外籍变成注外籍，注外籍所根据，便是一是根据读外籍无异读古书，二是根据佛经译了又注，与其延长千年，让几个人完功，不如一径让着一个人又译又注，终之是利用着我们中国人特长的注疏方法。"[①] 当然，吴稚晖所说的"注译"，在语言层面的转换上并不排斥直译和意译，主要增加对原文较为艰涩之处的解释，这样的翻译并没有改变原文的结构，只是译文变长了。这在后来的翻译实践中，尤其是翻译西方较为古老的文学经典，如古希腊、中世纪的作品时，很多译者都在译文中加注，因为不加注释，原文难以理解。吴稚晖认为，翻译时因为涉及语言和文化之间的转化，故译文的缺点是难以避免的，为使译文缺点减到最少，进行必要的注释是可行的，"注译"优点有三：

> （一）因把原文并列起来，发见误点的机会较多。（二）要预备详细注解，便不能纵笔直下，译者的用心，自然加倍。（三）原书必有本来不容易了解之处，照理正需下注，现在刚好曲折的说明。[②]

在吴稚晖看来，既然汉唐译经家在译文中大量加注，方便了佛经经文的传播，那么晚清民国时我国移译的外国著述，在翻译时进行注释更为必要。尤其是国人缺乏对域外文化的系统性认识，对于很多艰涩的理论著述，不加注释，读者就如读天书一般，翻译西书时以"注译"的形式进行是可取的，这对读者吸收西学文献的精华十分有用。

针对吴稚晖所倡导的注译之法，郭沫若持否定意见。在他看来，在具体译文中加入注释，其作用并不大，相反还会割裂原文结构。作为文学家，郭沫若翻译的主要是文学作品，因此在具体翻译中很少加注。尤其是吴稚晖在论述自己的注译主张时，提出注译易使译者发现自己的错误，这一点被郭沫若抓住大加批驳。在郭沫若看来，一个翻译家如果需要通过注释来发现自己的翻译错误，则说明译者还没有达到翻译外国文学的水平，语言转换能力肯定没有过关，这样的翻译是值得警惕的，翻译质量将无法保障，遑论译文的艺术性了。"译文学上的作品不能只求达意，要求自己译出的结果成为一种

① 吴稚晖：《就批评而运动"注译"》，《晨报副刊》1923 年 4 月。
② 吴稚晖：《就批评而运动"注译"》，《晨报副刊》1923 年 4 月。

艺术品。这是很紧要的关键。我看有许多人完全把这件事情忽略了”[①]，因此在翻译中加入注释是没有什么价值和意义的，尤其是文学作品，如果翻译家在文中或者是文末加上大量的注释，这样的方式就会破坏整个文学作品的艺术性和整体性。

为进一步批评吴稚晖的注译主张，郭沫若不但在理论上反对，也以具体事例批评其不可行。他首先以日本翻译外来文献为例，说明译文加注也不是不可以，“将原文标出，逐字逐句直译之后，再加上释义，遇难解字句更加上注解，有的更把译语逐字附在原文旁边，再依和文文例在翻译下甲乙数目以标示外文和读法，这种方法在初学外国语的人可以收到事半功倍之效，我在这种范围只能承认吴氏的注释运动为我国人研究外国语之福音。但是吴氏主要目的却不在此，吴氏的要求是望翻译家于译深的外籍时也采用注释办法，他肯定译集根本是免不了错误的，他要把注译来救济，他说注译有两利，（1）注译了比较容易发现错误，（2）并助外国文学研究”[②]。但是郭沫若发现，吴稚晖主张注译的出发点主要是对翻译时的粗略进行补救，对翻译的价值并不大，是翻译不精的表现。其实吴稚晖的意思是，翻译时难免出现错漏，尤其是翻译时语言层面的转化不可能面面俱到，肯定有不到位之处，这需要用注的形式对译文的全面性进行必要的补充和说明。为此，马祖毅等指出：“郭氏认为，吴氏没有说明由谁发现错误，是译者还是读者？他认为，注疏既不能帮助译者也不能帮助读者发现错误，而且，发现错误与帮助研究外国文学不能并立。批评中，郭沫若认为，理想的翻译对于原文的字句，对于原文的意义自然不许走转，对于原文的气韵尤其不许走转。郭在批评中还陈述了许多关于翻译的其他观点，但重点是批评文学翻译中重译时使用注疏的翻译方法。”[③] 但郭沫若抓住吴稚晖对注译两个要点的说明进行批评，虽有以偏概全、断章取义倾向，却也使吴稚晖难以进行令人信服的回驳。

（二）译者的责任意识与翻译能力之间应如何平衡

对于翻译的责任问题，吴稚晖强调，翻译家一定要有责任意识，不能草草了事。因为译文是给不懂外文的读者看的，因此只有责任心强的译者才能译出满足读者要求、对读者有益的译文，没有责任心的译者最好不要进行翻

---

① 郭沫若：《〈浮士德〉第一部译后》，上海创造社出版部，1928。

② 郭沫若：《讨论注译运动及其他》，《创造季刊》1923 年第 1 期。

③ 马祖毅等：《中国翻译通史：现当代部分》（第 4 卷），湖北教育出版社，2006，第 340 页。

译活动，这是吴稚晖看到“五四”前后我国译界存在不少欠严谨的翻译活动而提出来的。而郭沫若从自己的翻译经历出发，对译者的责任和翻译能力有更为细腻的认识，因为翻译受到诸多因素的影响，不能看到一篇译文有问题，就说是译者没有责任心，这是不公平的，有的译者已经非常尽力了，也很有责任心，但受自身素养和时代所限，他的翻译可能不够好，但是也不能说他是一个不负责任的翻译家。翻译家要有责任心才能产出好的译文以飨读者这是肯定的。郭沫若通过自己的翻译实践，发现了翻译的难度并不亚于创作，因此，翻译达不到预期是很正常的现象，但不是达不到预期就是不负责任。“翻译工作是一项艰苦的工作，我不但尊重翻译，也深知翻译工作的甘苦。凡是从事翻译的人，大概都能体会到这一层。翻译是一种创作性的工作，好的翻译等于创作，甚至还可能超过创作。这不是一件平庸的工作，有时候翻译比创作还要困难。创作要有生活体验，翻译却要体验别人所体验的生活。翻译工作者要精通本国的语文，而且要有很好的外文基础，所以它并不比创作容易。严复对翻译工作有很多的贡献，他曾经主张翻译要具备信、达、雅三个条件。我认为他这种主张是很重要的，也是很完备的。翻译文学作品尤其需要注重第三个条件，因为译文同样应该是一件艺术品。”① 可见，在具体翻译实践中郭沫若是比较严谨的，对翻译责任的理解也是很深入的，他说：“在翻译工作上，责任感是非常重要的。在翻译之前，必须慎重选择，准备周到。在翻译的过程中，要广泛地参考，多方面请教，尽量地琢磨。所谓‘下笔千言，倚马可待’，实际上就是马虎了事，不负责任。”② 可以说，在译者的责任和翻译能力这一点上，郭、吴二人都很看重责任，但是具体如何在翻译中落实，又有所不同。1922 年 6 月 24 日，郭沫若在《批判〈意门湖〉译本及其他》一文中进一步指出：“我们相信译诗的手腕决不是在替别人翻字典，决不是如像电报局生在替别人翻电文。诗的生命在它内容的一种音乐的精神。至于俗歌民谣，尤以声律为重。翻译散文诗、自由诗时自当别论，翻译歌谣及格律严峻之作，也只是随随便便地直译一番，这不是艺术家的译品，这只是言语学家的翻译了。”③ 由此观之，郭沫若从自己的翻译经历出发来审视译者的责任和能力问题，比较辩证，其见解比吴稚晖更为全面合理。

---

① 郭沫若：《谈文学翻译工作》，《人民日报》1954 年 8 月 29 日。

② 郭沫若：《谈文学翻译工作》，《人民日报》1954 年 8 月 29 日。

③ 郭沫若：《批判〈意门湖〉译本及其他》，《创造季刊》1922 年第 2 期。

三　二人翻译笔战的价值

（一）对我国译坛翻译规范的推动

从二人论争的情形来看，所涉问题还是比较复杂的。吴稚晖主张译者在翻译中应该使用注释之法，如果从翻译的规范性和严谨度来看，这有一定的合理性，因为翻译至少涉及两种语言的转换，而语言背后还有民族文化、审美意蕴等深层次问题，尤其是作家创作中所使用的历史或文化典故，有时不加注释一般读者是难以读通的，所以注释法对于读者理解译文深层含义是有所助益的。此外，郭、吴二人的论争还关涉“直译”和“意译”等范畴，大体上说，吴稚晖支持直译，这是因为其知识背景和学术研究重心在于传统校勘学等领域，他有明显的实证思维；而郭沫若是创造社的旗手作家，倡行浪漫主义文学理念，且主要翻译外国作家作品，因此主要倾向于意译。从这一点上说，二人翻译观的差别主要缘于各自服膺的理论及其学术观点的差异。

在论争中，郭、吴二人均强调翻译的规范性，但郭沫若更为深入，他强调译者应遵守一定的翻译规程，应尊重翻译史和翻译学本身已有的规范，这已涉及后来译界提出的翻译伦理问题，他尤其反对速成和急功近利的翻译行为。他批判说：“有的翻译家，今天译一部威铿，明天译一部罗素，今天译一本泰戈尔，明天又译一本多时妥逸夫司克，即使他们是天生异才，我也不相信他们有这么速成的根本的研究。我只怕他们的工作多少带些投机的性质，只看书名人名可受社会的欢迎，便急急忙忙抱着一本字典死翻，买本新书来滥译。”[1] 前文提及的威铿一例，是郭氏对郁达夫的声援，更是对胡适和吴稚晖等人的影射和批判，他将吴稚晖主张的“注译”法归入“滥译”之列。因为吴稚晖认为“注译”的最大优点是可让译者和读者及时发现翻译中的错误。对此郭沫若不敢苟同，他批判说既然通过注释就可轻易发现译文的错漏之处，那么这样的译文肯定毫无质量可言，是十足的“滥译”了，这正是缺少翻译规范意识的表现。“在这滥译横流的时代，要想出面唤起译书家的责任心，原是种干犯众怒的事情，绝不是我们国内的高明人所肯担任的。我们这些惯会‘上当’的愚人，到忍无可忍的时候，有时要发出几句愤烈之谈，

① 郭沫若：《讨论注译运动及其他》，《创造季刊》1923 年第 1 期。

也是势所难免的。”[①] 郭沫若毕竟有丰富的翻译实践经验，故他对翻译的看法和定位有客观和可取之处，对翻译规范性和价值的论述也是比较具体的。他认为翻译“可以促进本国的创作，促进作家的创作欲；作家读了翻译作品，可以学习它的表现生活的方法。通过翻译，也可以帮助我国语文的改进。……可以学习别国语言的构成和运用，采取它们的长处”[②]。

对于我国翻译理论的建构，不管郭沫若如何激进，其贡献还是有目共睹、值得铭记的。对此，学界有较为客观全面的评价：

> 在翻译标准方面，郭沫若提出了“译文应同样是一件艺术品”的观点，并对严复的“信达雅”说有自己独到的看法；在翻译方法方面，郭沫若创造性地提出“风韵译”，强调“以诗译诗”，提出翻译的过程也就是进行思想与意识再创造的过程，是译者与原作及作者之间的共鸣；在翻译与创作的关系方面，他的“媒婆”论，曾招致译界无数的争议与批评，20 世纪 20 年代后半期，提出“好的翻译等于创作”；对于译者，除了强调其中外文功底和责任感之外，更强调译者的生活体验；在翻译批评方面，郭沫若提出翻译“要大胆虚心佛情铁面，要堂堂正正地作个投炸弹的健儿”；对于重译，郭沫若也有自己的见解，他提出“凡是一种良书是不妨多得几种译本的”。这些翻译思想，至今仍对翻译理论和实践具有重要指导意义。[③]

应该说，在“五四”前后，郭沫若从自己的翻译实践出发，已经认识到译文的规范性、译者伦理等重要翻译理论问题，对推动我国译界翻译规范形成的贡献是不可抹杀的。

（二）对翻译实践的指导

郭、吴二人的翻译论争，对于当时的翻译实践还是有指导作用的。尤其在五四运动刚刚过去的几年，影响译界的还是以晚清跨入民国的旧派翻译家为主，严复、林纾、梁启超、包天笑、周桂笙等人的翻译还占据文坛主流，刚刚留学归来或在外留学的年轻人虽然逐渐崭露头角，但还不足以引领时代

---

① 郭沫若：《讨论注译运动及其他》，《创造季刊》1923 年第 1 期。

② 郭沫若：《谈文学翻译工作》，《人民日报》1954 年 8 月 29 日。

③ 傅勇林主编《郭沫若翻译研究》，四川文艺出版社，2009，第 4 页。

走向。但是他们有西学的实践经验，有语言转化的能力和素质，对翻译的见解更为客观合理。从20世纪20年代中后期开始，他们逐渐成为文坛、译坛的中坚力量，对翻译的探讨更为深入，理论性得到凸显。如郭沫若提出的翻译的几个先决条件，在今天看来也未过时：

> (1) 译者的语学知识要十分丰富。(2) 对于原书要有十分的理解。(3) 对于作者要有彻底的研究。(4) 对于本国文学要有自由操纵的能力。[①]

这几个翻译必备的要件，关涉原文、译文、译语和译入语等层面，也是翻译研究的核心问题。“这几种条件自然是不易具备，一方面要靠个人的天赋，一方面更要靠穷年累月的研究”[②]，但一个有责任心的翻译家应该努力具备这些能力。除开天赋和努力，译者选择的对象不能太杂，要相对集中，这样才能使翻译走向深入。

其中，郭沫若十分重视第一个条件。他在后来的文章中也指出：“一个翻译工作者至少必须精通一种外文。但是仅仅懂得一种外文，也不容易把工作做好。除了一种外文以外，最好还能懂得第二第三种外文，这样不但在研究上方便，翻译时还可以用来作为助手。把别国的译文拿来对照，对自己的翻译确有很大的帮助，我自己就有过这样的经验。”[③] 对译者而言，语言转换能力是第一要素，这是所有翻译理论家都认同的观点，也是对翻译实践经验的总结。如果语言转换出现障碍，肯定不会译出好的文本。“语际转换中的语言障碍存在于语言的各个层次，存在于语言文字的结构、惯用法、表达法和语义表述中，不同语言的各个层次间，不同语言的语音层次、形态层次、句法层次与语义层次间，由于语言自身的机制和与之相适应的文化机制的作用，产生不同的组合关系与聚合关系，产生跨语言交际障碍。”[④]

如果说当时郭、吴二人的翻译笔战有意气用事的成分，偏向性的站队影响了结论的客观公正，那么经过一段时间的平复，事后的回顾也许更能反映当时的客观事实。多年以后，郭沫若在回忆这一段翻译论争时，做了一个较为全面的回顾，语气已平和不少，或可视为对当时翻译论争中自己过激言辞的反思：

---

① 郭沫若：《讨论注译运动及其他》，《创造季刊》1923年第1期。

② 郭沫若：《讨论注译运动及其他》，《创造季刊》1923年第1期。

③ 郭沫若：《谈文学翻译工作》，《人民日报》1954年8月29日。

④ 马祖毅等：《中国翻译通史：现当代部分》（第4卷），湖北教育出版社，2006，第339页。

> 由达夫的《夕阳楼》惹起了胡适的骂人，由胡适的骂人惹起了仿吾和我的回敬，以后便愈扯愈远了。张东荪来参加过这场官司，接着是惹出了仿吾的《形而上学序论》的指责，张东荪的“手势戏”喧传了一时，成仿吾的“黑旋风”也因而名满天下。吴稚晖也来参加过这场官司，接着是惹出了陈西滢对于《茵梦湖》的指责。还有是“诗哲”徐志摩在《努力周报》上骂了我的“泪浪滔滔”，这起事件的因果文字，如有人肯好事地把它收集起来，尽可以成为一部《夕阳楼外传》。[①]

在清末民初，吴稚晖的持论和新文化运动青年中坚的高度相合，尤其是废除汉字等激进措施得到众多反传统者的认可，他的很多文章被《新青年》杂志刊出，深得《新青年》同人的尊敬和爱戴。如陈独秀说：“吴先生稚晖，笃行好学，老而愈挚，诚国民之模范，吾辈之师资。”[②] 刘半农说：“吴先生以六十老翁，而具二十世纪最新之脑子，十余年来所撰文字，虽庄谐杂陈，而从不说一句悲观消极的暴弃的话，从不说一句保存国粹的退化话，惟一提倡科学教育，力役教育为事，诚吾人极良好之师资也。”[③] 另外，周氏兄弟、胡适等人也对吴稚晖赞誉有加，将之视为导师。而在这一场笔战中，郭沫若将吴划入胡适一边，并对吴稚晖表达不敬，也是对胡适等北大文人的不满。当然，当年的这些新文化运动健将，虽然在打笔墨官司之时火药味十足，充斥着文坛流派之成见，相互拆台，甚至有着尖锐的人身攻击，却从客观上推动了我国翻译理论的成熟，促进了翻译家翻译技巧的提升。从这个意义上来说，当时很多意气用事的翻译笔战，也有着积极的一面，自有其不可忽视的价值。

四　结语

综上所论，回顾20世纪二三十年代的数次翻译论争，尤其是创造社的年轻人向胡适、茅盾、吴稚晖等文化界的权威发起的挑战，虽然学术争鸣是主流，“但有时也免不了中国文坛、译坛中的宗派主义的、党同伐异的倾向，

---

① 郭沫若：《学生时代》，人民文学出版社，1982，第148页。
② 汪兆骞：《走出晚清》，现代出版社，2019，第263页。
③ 汪兆骞：《走出晚清》，现代出版社，2019，第263页。

或因带有个人的情感意气乃至成见偏见，影响了论争的学术性和科学性。譬如有的论者在论争中缺乏与人为善的态度，将学术论争与人际关系、长幼尊卑混为一谈，经不起别人的学术的批评，在反批评中有失学术立场"[①]。其中主观性的个人意气用事也不少，甚至伴有明显的人身攻击。虽然有各种问题纠缠其间，但从那一时期的学术氛围来看，这些论争实实在在地推动着中国翻译理论的成熟。随着30年代各类翻译书籍出版的盛行与繁荣，对其译文水平与质量的批评也呈激增趋势，而翻译批评的展开，又势必推动着文学翻译家和批评家进一步去思考和确立翻译的标准和原则，进而把尚处于初创期的白话翻译的译学理论引向深入。[②] 从这一点上来说，郭、吴二人的翻译笔战客观上对我国现代翻译理论的建构和成熟具有积极意义。

① 王向远：《翻译文学研究》，宁夏人民出版社，2007，第276页。

② 杨义主编《二十世纪中国翻译文学史·三四十年代·俄苏卷》，百花文艺出版社，2009，第40页。

清末民初的历史语境与鲁迅的翻译取向*

作为文学家、思想家的鲁迅可谓国内被研究得最为透彻的现代作家，但作为清末民初重要翻译家的鲁迅似乎还有进一步被研讨的空间和可能。鲁迅的翻译路数和实践，是与当时的历史特质紧密相连的，我们研究和爬梳鲁迅的翻译活动，务必要联系清末民初翻译的时代语境。在鲁迅看来，对外国文化和文学的译介，是一个民族吸收外来思想的重要中介和桥梁，而一个民族吸收外来优秀文化是天经地义的事，也是一个民族发展进步的重要基石，哪怕处于文化强势地位的民族也应吸收他国优秀的文化和文学成果，更不用说积贫积弱的晚清和民国初年了，因此国人对学习外来文化不应感到尴尬："一切事物，虽说以独创为贵，但中国既然是在世界上的一国，则受点别国的影响，即自然难免，似乎倒也无须如此娇嫩，因而脸红。单就文艺而言，我们实在还知道得太少，吸收得太少。"① 需要指出的是，鲁迅文学活动的起点也是译介域外文学，他一边进行文学创作，一边翻译引进域外文学作品，创作和翻译组成鲁迅文学活动的两大板块，构成鲁迅丰富多彩的文学世界。我们研究鲁迅，必须正视他的翻译。而对鲁迅译介活动的考察，应将其还原到清末民初整个文化语境中去，这样才能使我们全面认识鲁迅一生的文学和文化活动。

一　救亡与启蒙：别求新声于异邦

清末民初的西学翻译，有着明显的指向性，翻译家在译述域外文学时，深受时代背景的影响，救亡与启蒙成为翻译家遴选译介文本的首要考量。清

---

* 本文原载于《海南师范大学学报》（社会科学版）2017 年第 1 期，收入本书时有修改。

① 鲁迅：《〈奔流〉编校后记（二）》，载《鲁迅全集》（第 7 卷），人民文学出版社，2005，第 170 页。

末民初的翻译家们译介外国文学，“在开始阶段主要还不是为了学习其艺术技巧，而是为了思想启蒙、唤醒同胞，或者说译者考虑的是意识形态标准，而不是诗学的标准”①。面对积贫积弱的国家和饱受欺凌的同胞，当时的知识分子意识到对外来优秀文化和文学的译介已刻不容缓，因此在译介对象的选择上首先考虑的是社会效果，而非审美功能。在中外文化和文学交流史上，“无论哪个民族的文化，在变革时，每每有外来的潮流参见进来，外国的文化成为触媒，成为刺激，对于本国文学引起质变”②。鲁迅在日本留学期间就已经认知到这一点。1902 年鲁迅东渡日本后，翌年就翻译了外国文学作品，如雨果的随笔《哀尘》和儒勒·凡尔纳的《月界旅行》《地底旅行》等，以后几乎每年都有译著问世。鲁迅充分认识到翻译对中国新文艺的重要意义，以及对于推动中国文学现代转型的关键价值，因此他的翻译，“基本观念是既定的，那就是以思想启蒙和政治救亡为目的的功利翻译观”③。

对于译述外国文学的原因，鲁迅在早期的文章和译后记里有过明确的阐释，其中最具代表性的是《文化偏至论》和《摩罗诗力说》。在这两篇文章里鲁迅具体阐释了自己译介外国文学的目的。他在《文化偏至论》里说：“明哲之士，必洞达世界之大势，权衡较量，去其偏颇，得其神明，施之国中，翕合无间。外之既不后于世界之思潮，内之仍弗失固有之血脉，取今复古，别立新宗，人生意义，致之深邃，则国人之自觉至，个性张，沙聚之邦，由是转为人国。”④ 鲁迅认为，中国新文学的发展应该中外互补，以“别立新宗”，实现文学和文化的更新和发展，这在内忧外患的晚清时期，显得尤其重要。而 1907 年发表的《摩罗诗力说》是一篇外国文学方面的专论，鲁迅比对分析了 19 世纪早期欧洲“天魔”诗派（即浪漫主义文学流派）的诗人，介绍了拜伦、雪莱、普希金、莱蒙托夫、密茨凯维奇、裴多菲等欧洲浪漫主义诗人的生平及其创作成就，并指出对之给予译介的价值和意义：“上述诸人，其为品性言行思维，虽以种族有殊，外缘多别，因现种种状，而实统于一宗：无不刚健不挠，抱诚守真；不取媚于群，以随顺旧俗，发为雄声，以起其国人之新生，而大其国于天下。”⑤ 上述两篇文章写于同一时期，表述观

---

① 郭延礼：《近代外国文学译介中的民族情结》，《文史哲》2002 年第 2 期。
② 郭沫若：《再谈中苏文化交流》，郭沫若著作编辑出版委员会编《郭沫若全集·文学编》（第 19 卷），人民文学出版社，1992，第 196 页。
③ 雷亚平、张福贵：《文化转型：鲁迅的翻译活动在中国社会进程中的意义与价值》，《鲁迅研究月刊》2000 年第 12 期。
④ 鲁迅：《坟·文化偏至论》，载《鲁迅全集》（第 1 卷），人民文学出版社，2005，第 57 页。
⑤ 鲁迅：《坟·摩罗诗力说》，载《鲁迅全集》（第 1 卷），人民文学出版社，2005，第 101 页。

点大致相似。鲁迅的目的并不是单纯地介绍这些外国作家，而是立足于中国文化和文学的更新和发展。“别求新声于异邦”，鲁迅想通过引进西方先进的文化和文学范式，改变国人陈旧的思想观念和审美意识，以促进国家和民族的新生，实现中国文化和文学的现代转型。

鲁迅译介外国文学的陈述和精到见解，大多是以“译者附记”的形式进行表述。在这些或短或长的翻译附记里，鲁迅阐释了自己译介外国文学的目的并不在于文学的审美表达，而是出于国人思想启蒙的时代诉求。他选择雨果的《哀尘》进行译介，是基于“嗟社会之陷阱兮，莽莽尘球，亚欧同慨”①的人类共性；翻译凡尔纳的《月界旅行》，是希望引进异域文学，实现文体互补，达到“掇取学理，去庄而谐，使读者触目会心，不劳思索，则必能于不知不觉间，获一斑之智识，破遗传之迷信，改良思想，补助文明”② 的社会效果；翻译《域外小说集》，则是想实现“异域文术新宗，自此始入华土。使有士卓特，不为常俗所囿的目的”③。从鲁迅的这些译介阐释中不难看出，他译介外国文学的终极目的是改造国民性，促进民众的觉醒，实现国家和民族的富强。因此，民智启蒙这一理念贯穿于鲁迅翻译活动的始终，它也是和晚清以来形成的翻译指向一脉相承的。需要指出的是，“五四”以后，鲁迅翻译外国文学的重心移向俄苏、日本和东欧文学。促使他做出翻译调整的原因，并不在纯文学方面，而只能从是否有利于民众觉醒和社会转型这一时代背景去考量。1920 年，鲁迅翻译了俄国作家阿尔志跋绥夫的小说《工人绥惠略夫》《幸福》等，这些作品在今天看来，其文学性和审美性偏弱，也不是当时俄国第一流的文学作品，但作者以写实的手法描摹俄国当时的社会现实，“有许多事情竟和中国很相象，譬如，改革者、代表者的受苦，不消说了；便是教人要安本分的老婆子，也正如我们的文人学士一般”④，有利于启迪民智，因此值得引进到中国来，以提供异域文学的参照，促进国人反抗意识的觉醒。对爱罗先珂童话的翻译，是为了“传播被虐待者的苦痛的呼声和激发国人对于强权者的憎恶和愤怒而已，并不是从什么‘艺术之宫’里伸出手

① 鲁迅：《译文序跋集·〈哀尘〉译者附记》，载《鲁迅全集》（第 10 卷），人民文学出版社，2005，第 480 页。

② 鲁迅：《译文序跋集·〈月界旅行〉辨言》，载《鲁迅全集》（第 10 卷），人民文学出版社，2005，第 164 页。

③ 鲁迅：《译文序跋集·〈域外小说集〉序言》，载《鲁迅全集》（第 10 卷），人民文学出版社，2005，第 168 页。

④ 鲁迅：《华盖集续编·记谈话》，载《鲁迅全集》（第 3 卷），人民文学出版社，2005，第 376 页。

来，拔了海外的奇花瑶草，来移植在华国的艺苑”[①]；而翻译日本文艺理论家厨川白村的论著，则是因为厨川批判日本没有自己独创的文明，“切中我们现在大家隐蔽着的痼疾，尤其是很自负的所谓精神文明”[②]。

除了俄苏和日本文学，鲁迅尤其重视对东欧国家文学的译介，并鼓励翻译家们重点关注，其中原因亦是东欧各国也饱受侵略和压迫，作品里充满叫喊和反抗之声，中国的境遇与之十分相似，这些作品能唤醒国民的反抗意识，有极其重要的参照价值和借鉴意义。鲁迅对译介转向有深刻的比对和思考：“中国境遇，颇类波兰，读其诗歌，即易于心心相印，不但无事大之意，也不存献媚之心。”[③] 他对这些弱小国家文学的译介不遗余力，目的还是为救亡和启蒙服务。其翻译“所求的作品是叫喊和反抗，势必至于倾向了东欧，因此所看的俄国，波兰以及巴尔干诸小国作家的东西就特别多”[④]。可见，鲁迅对域外文学的译介抉择，首先考虑的是文学作品的社会功能，其次才是艺术和审美功能。他所遴选的作家作品必须能助力中国革命和民众启蒙，这就使得谙熟世界文学发展状况的鲁迅，在弃医从文之后，就不大重视对英、美、法、德等西方资本主义大国的文学的译介，而是将目光投向俄国、波兰、匈牙利、芬兰、保加利亚、罗马尼亚、挪威等国家的文学。鲁迅倾向于对世界上弱小国家文学的译介，主要原因正是俄苏、东欧、北欧文学反映的问题与中国较为接近，书写的题材也非常切合中华民族面临的问题，他希望能给中国社会的变革提供参考，也使民众在斗争中少走弯路。

总之，鲁迅从青年时代起，一直到晚年，始终把译介外国文学与中国的救亡和启蒙联系起来。他把翻译外国文学当作推动社会发展和文化转型的一种重要手段，积极引进“叫喊与反抗”类型的文学作品，以唤醒民众的反抗意识并改变社会现状。“别求新声于异邦”以“另立新宗”，实现民族文化和文学的更新发展。而在救亡和启蒙这一逻辑主线下，鲁迅的翻译活动由小我上升到大我，并成为他改造国民性和促进文化更新的有力武器。

---

① 鲁迅：《坟·杂忆》，载《鲁迅全集》（第1卷），人民文学出版社，2005，第237页。

② 鲁迅：《译文序跋集·〈苦闷的象征〉引言、〈从灵向肉和从肉向灵〉译者附记》，载《鲁迅全集》（第10卷），人民文学出版社，2005，第278页。

③ 鲁迅：《且介亭杂文二集·“题未定”草（三）》，载《鲁迅全集》（第6卷），人民文学出版社，2005，第368页。

④ 鲁迅：《我怎么做起小说来》，载《鲁迅全集》（第4卷），人民文学出版社，2005，第525页。

二　颠覆与传承：域外翻译文学的本土参照

近代以来，中国出现“三千年未有之变局”，传统文化受到西方文化的直接冲击，特别是甲午战败后，中国开明知识分子开始审视自身的文化积弊，对外来文学也因之改变态度，由鄙夷到逐渐接受，西学翻译开始受到朝野重视。而随着近代报刊和出版机构的涌现，留学人员开始大量译介西方的各种文献书籍，西方文学也开始大量译介到中国来，在梁启超“三界革命”的催生下，文学也出现了一些新变。正是在这个大背景下，中国文学开始了真正意义上的现代转型。

对于中国文学现代转型的实现，鲁迅有着精确的判断。他深刻认识到学习域外文化和文学对本国文学的更新价值和参照意义。鲁迅认为：“多看些别国的理论和作品之后，再来估量中国的新文艺，便可以清楚得多了。更好是绍介到中国来；翻译并不比随便的创作容易。然而于新文学的发展却更有功，于大家更有益。”[①] 因此，留学期间鲁迅对凡尔纳科幻小说的翻译，目的当然在于借小说开启民智，亦考虑到了中国未有科幻小说这一类型，值得介绍和引进。因为在中国传统文学中，“若言情谈故刺时志怪者，架栋汗牛，而独于科学小说，乃如麟角”[②]，引进科幻小说可以丰富中国文学的种类，改变中国文学“多借女性之魔力，以增读者之美感”[③] 的单一性，为读者提供更多的阅读选择。而在鲁迅早期的翻译中，《域外小说集》其实有重要的文学史意义，对其译介的缘由，鲁迅说：“我们在日本留学的时候，有一种茫漠的希望，以为文艺是可以转移性情，改造社会的，因为这意见，便自然而然的想到介绍外国新文学这一件事。”[④] 其译述出发点仍在于引进外国新体短篇小说来改造社会。而晚清民国时期的域外小说翻译，以林纾、周桂笙、包天笑等人翻译的中长篇小说为主，短篇小说的译介还未引起当时翻译家的足够重视。鲁迅清醒地意识到，随着社会的发展，那种截取日常生活画面、集中展示人物形象、细腻描写人物心理活动的中小篇幅作品，更能适应读者的阅读节奏和社会需求，也能更好地承载文艺的社会功能。因此，他与周作人

① 鲁迅：《三闲集》，载《鲁迅全集》（第 4 卷），人民文学出版社，2005，第 140 页。
② 鲁迅：《月界旅行·辨言》，载《鲁迅全集》（第 10 卷），人民文学出版社，2005，第 164 页。
③ 鲁迅：《月界旅行·辨言》，载《鲁迅全集》（第 10 卷），人民文学出版社，2005，第 164 页。
④ 鲁迅：《译文序跋集·〈域外小说集〉序》，载《鲁迅全集》（第 10 卷），人民文学出版社，2005，第 176 页。

合作，翻译了30多部外国短篇小说，结集成《域外小说集》出版。虽然这在当时影响不是很大，但在整个翻译史上的开创之功是不可忽略的，为创立中国的新型短篇小说提供了现成的异域参照。

遗憾的是，《域外小说集》的意义和价值在当时没有引起人们足够的重视，但周氏兄弟的翻译选择无疑具有一定先见性。“五四”前后，随着大量外国短篇小说的翻译和引进，中国的新体短篇小说也迅速产生，并很快走向成熟，就鲁迅而言，“域外文学的投影成了《呐喊》、《彷徨》的底色之一”①，而收于其中的《狂人日记》《药》《孔乙己》等作品可以说就是《域外小说集》的本土化结果。善于吸纳世界优秀文化的鲁迅对自己创作中的外来因素也从未进行刻意掩盖：“博采众家，取其所长……我所取法的，大抵是外国的作家。”② 其实不单是鲁迅，“五四”之后的新文学家们几乎无一例外地都从外国文学里汲取过养料，可以说，没有外国文学的输入，就没有新文学的产生，就不会有中国文学的现代转型。鲁迅对吸收外来文学的见解和主张，在《拿来主义》一文里有精确的总结，他说：“总之，我们要拿来。我们要或使用，或存放，或毁灭。那么，主人是新主人，宅子也就会成为新宅子。然而首先要这人沉着，勇猛，有辨别，不自私。没有拿来的，人不能自成为新人，没有拿来的，文艺不能自成为新文艺。”③ 中国新文学的形成，必须借鉴外国文学，当然学习也要讲究方法和技巧，这个观念可以说贯穿了鲁迅的一生。

鲁迅在谈及自己的文学创作时说：“也不是自己想创作，注重的倒是在绍介，在翻译，而尤其注重于短篇，特别是被压迫的民族中的作者的作品。因为那时正盛行着排满论，有些青年，都引那叫喊和反抗的作者为同调的。”④ 可见，外国文学为鲁迅创作提供了异域参照意义。他之所以对阿尔志跋绥夫、安德烈耶夫等作家的小说进行翻译，是因为这些作家的作品能给中国新文学作家带来创作和技巧上的借鉴，既然旧体文学已经不适应时代的发展，那么域外文学的引入就显得十分迫切和必要，他评价说：“阿尔志跋绥夫是俄国新兴文学典型的代表作家的一人，流派是写实主义，表现之深刻，

---

① 鲁迅：《我怎么做起小说来》，载《鲁迅全集》（第4卷），人民文学出版社，2005，第525页。
② 鲁迅：《鲁迅书信集·致董永舒》，载《鲁迅全集》（第12卷），人民文学出版社，2005，第434页。
③ 鲁迅：《且介亭杂文·拿来主义》，载《鲁迅全集》（第6卷），人民文学出版社，2005，第41页。
④ 鲁迅：《我怎么做起小说来》，载《鲁迅全集》（第4卷），人民文学出版社，2005，第511页。

在侪辈中称为达了极致。”[①] 阿氏“毫不多费笔墨，而将‘爱憎不相离，不但不离而且相争的无意识的本能’浑然写出”[②]，这种特点非常值得中国的作家借鉴和学习。对安德烈耶夫的作品，鲁迅的评价亦是相当高的，他认为安氏的作品“神秘幽深，自成一家”[③]。为此，他翻译了安氏的《谩》《默》《黯澹的烟霭里》《书籍》等短篇小说，并总结说作家“将十九世纪末俄人的心里的烦闷与生活的暗淡，都描写在这里面”[④]，同时“又都含着严肃的现实性以及深刻和纤细，使象征印象主义与写实主义相调和。俄国作家中，没有一个人能够如他的创作一般，消融了内面世界与外面表现之差，而现出灵肉一致的境地”[⑤]，因此很值得中国作家效仿。鲁迅的作品，就明显受了安德烈耶夫的影响，《坟》就充分借鉴了安德烈耶夫式的象征手法和阴冷风格。可以说，俄国文学不仅激发了鲁迅的创作灵感，而且帮助他深化了对现实主义根本精神的理解。因此，鲁迅认为：“注重翻译，以作借镜，其实也就是催进和鼓励着创作。”[⑥]

总之，鲁迅始终注意外国文学译介对中国文学的启发和引领作用。他翻译俄国作家爱罗先珂的《桃色的云》《童话集》，是基于爱氏善于用明白晓畅的语言和诗句描绘童心；翻译日本厨川白村的《苦闷的象征》，是看到作者“对于文艺，即多有独到的见地和深切的会心”[⑦]，可资国人借鉴；译介苏联“同路人”文学，是因为这些作家毫不掩饰地描述了俄国十月革命初期的社会现状，“和无产作家的作品对比起来……足令读者得益不少”[⑧]；译介苏联无产阶级文学和马克思主义的文艺理论，则是让中国作家和时人弄清真正的无产阶级文学的核心要义是什么。在鲁迅看来，中国的“新文学是在外国文

---

① 鲁迅：《译文序跋集·译了〈工人绥惠略夫〉之后》，载《鲁迅全集》（第10卷），人民文学出版社，2005，第183页。

② 鲁迅：《译文序跋集·〈幸福〉译者附记》，载《鲁迅全集》（第10卷），人民文学出版社，2005，第188页。

③ 鲁迅：《译文序跋集·〈域外小说集〉杂识》，载《鲁迅全集》（第10卷），人民文学出版社，2005，第172页。

④ 鲁迅：《译文序跋集·〈黯澹的烟霭里〉译者附记》，载《鲁迅全集》（第10卷），人民文学出版社，2005，第201页。

⑤ 鲁迅：《译文序跋集·〈黯澹的烟霭里〉译者附记》，载《鲁迅全集》（第10卷），人民文学出版社，2005，第201页。

⑥ 鲁迅：《关于翻译》，载《鲁迅全集》（第4卷），人民文学出版社，2005，第568页。

⑦ 鲁迅：《译文序跋集·〈苦闷的象征〉引言》，载《鲁迅全集》（第10卷），人民文学出版社，2005，第257页。

⑧ 鲁迅：《译文序跋集·〈竖琴〉后记》，载《鲁迅全集》（第10卷），人民文学出版社，2005，第382页。

学潮流的推动下发生的，从中国古代文学方面，几乎一点遗产也没摄取”[①]，所以更应该重视对外国文学的吸收和消化。基于中国现代文学的产生和发展受外国文学的影响和推动这一事实，鲁迅毕生都重视对外国文学的译介工作，根本目的还是为中国新文学的发展注入新鲜血液，并提供异域的文本参照。

三　中介与桥梁：文学译介的比较文学交流功能

毫无疑问，吸收外来优秀文化对世界上任何一个民族文化的发展更新都是至关重要的，中外文化的交流和碰撞是中国文化几千年未发生断裂的重要原因，其中翻译对中华文化的延续可谓功不可没。季羡林先生曾经指出：“倘若拿河流来作比，中华文化这一条长河，有水满的时候，也有水少的时候，但却从未枯竭。原因就是有新水注入。注入的次数大大小小是颇多的。最大的有两次，一次是从印度来的水，一次是从西方来的水。而这两次的大注入依靠的都是翻译。中华文化之所以能长葆青春，万应灵药就是翻译。翻译之为用大矣哉！”[②] 如果说，鲁迅早期译介外国文学的主要目的在于引进域外文化，促进中国社会的近代转型和变革，以及有利于新文学的形成的话，那么到20世纪20年代以后，则着眼于比较文学的眼光，参与文学研究的世界性建构。他在《摩罗诗力说》中说：“欲扬宗邦之真大，首在审己，亦必知人，比较既周，爰生自觉。自觉之声发，每响必中于人心，清晰昭明，不同凡响……故曰国民精神之发扬，与世界识见之广博有所属。”[③] 鲁迅深谙文学交流对世界各国的重要价值和意义，并为此付出了切实的劳动和努力，除了自己进行大量译介之外，还呼吁有识之士参与域外文学的译介。为此，他与茅盾创办了《译文》杂志，希望为外国文学作品的发表提供平台，使更多的人有机会从事域外文学的翻译。而对外国文学的吸收和阅读，鲁迅认为青年人不但要去阅读弱小国家和被压迫民族的文学作品，“也可以看看‘帝国主义者’的作品的，这就是古语的所谓‘知己知彼’”[④]，不断拓展阅读面和阅读类型，因为只有对世界各国文学作品进行充分了解，才能有所比较和鉴

① 鲁迅：《集外集拾遗补编·“中国杰作小说”小引》，载《鲁迅全集》（第8卷），人民文学出版社，2005，第445页。

② 季羡林：《〈中国翻译词典〉序》，《中国翻译》1995年第6期。

③ 鲁迅：《坟·摩罗诗力说》，载《鲁迅全集》（第1卷），人民文学出版社，2005，第67页。

④ 鲁迅：《准风月谈·关于翻译〈上〉》，载《鲁迅全集》（第5卷），人民文学出版社，2005，第313页。

别，从而创作出优秀的文学作品，并得出一些有价值的研究结论。

正是鲁迅宏阔的比较视域，使他对民族的文化自闭倾向进行了尖锐的批判。他说："绍介外国思潮，翻译世界名作，凡是运输精神的粮食的航路，现在几乎都被聋哑的制造者们堵塞了，连洋人走狗，富户赘郎，也会来哼哼的冷笑一下。他们要掩住青年的耳朵，使之由聋而哑，枯涸渺小，成为'末人'，非弄到大家只能看富家儿和小瘪三所卖的春宫，不肯罢手。"[①] 鲁迅主张应积极吸收外来优秀文化，更新年轻人的知识谱系，以打破保守陈腐的观念，为此翻译工作就显得十分紧迫："甘为泥土的作者和译者的奋斗，是已经到了万不可缓的时候了，这就是竭力运输些切实的精神的粮食，放在青年们的周围，一面将那些聋哑的制造者送回黑洞和朱门里面去。"[②] 而引进比较视域和异质文化的"他山的好石，大可以借此来磨练"我们的文化[③]；只有"将华夏传统的所有小巧的玩艺儿全都放掉，倒去屈尊学学枪击我们的洋鬼子，这才可望有新的希望的萌芽"[④]。在此，鲁迅深刻指出，即便是对于我们的敌人也应积极去学习他们的长处，每个民族的文化都不可能在一个封闭的体系里建立和向前发展，过分恪守传统只会阻滞文化的更新，"一切古董和废物，就都使人觉得永远新鲜；自然也就觉不出周围是进步还是退步，自然也就分不出遇见的是鬼还是人"[⑤]。世界文化发展的历史证明，民族之间的文化和文学交流是比较普遍的现象，一个民族的文化发展进步，离不开对外来文化的吸收消化，拒绝文化之间的交流，自我封闭，只会带来文化萎缩，甚至导致文化消亡，强势文化也是如此。"任何民族文学的发展都是一个动态的过程。只要它不是处在绝对封闭状态，每个民族的文学都要受到来自域外文化、文学的影响。域外文化与本土文化的交融、碰撞，产生多种不同的矛盾，在汇合之后求得一种能互通的新的话语。"[⑥] 文化、文学交流是一个双向过程，既有域外文学的输入，也有本土文学的输出。在鲁迅看来，外国人研究和介绍中国文化和文学的著作虽然不少，但主观性较强，毕竟没有我们熟

① 鲁迅：《准风月谈·由聋而哑》，载《鲁迅全集》（第5卷），人民文学出版社，2005，第295页。
② 鲁迅：《准风月谈·由聋而哑》，载《鲁迅全集》（第5卷），人民文学出版社，2005，第295页。
③ 鲁迅：《华盖集·忽然想到（十）》，载《鲁迅全集》（第3卷），人民文学出版社，2005，第96页。
④ 鲁迅：《华盖集·忽然想到（十一）》，载《鲁迅全集》（第3卷），人民文学出版社，2005，第102页。
⑤ 鲁迅：《华盖集·忽然想到（十一）》，载《鲁迅全集》（第3卷），人民文学出版社，2005，第102页。
⑥ 乐黛云：《帝国霸权·文化自觉·比较文学》，《中国比较文学》2004年第1期。

悉自己文化的精华，要使中国的文化和文学走向世界，使世界客观认知中国文化的意义和价值，最好还是我们自己主动“送出去”，所以鲁迅非常重视中国文化和文学的外译工作，这在大家都极力输入域外文学的晚清民国时期，更有其意义和价值。为此鲁迅特别支持对中国文学进行介绍的译介活动，如对于斯诺编译的中国短篇小说集《活的中国》、伊罗生翻译的《草鞋脚》、日本改造社译介的“中国杰作小说”等，鲁迅都给予了热情帮助和积极支持。最具代表性的例子是 1936 年鲁迅给捷克汉学家普实克所译《鲁迅小说集》写的序言。他说：“人类最好是彼此不隔膜，相关心。然而最平正的道路，却只有用文艺来沟通，可惜走这条道路的人，历来又少得很。”① 鲁迅认为，由于各种各样的原因，各国之间的友好交往和文学交流会遇到很多障碍，由此导致隔膜和不能相互理解，而文学翻译能有效消除人类之间的隔膜，增进民族之间的相互认知，缩短各民族之间的心理距离。这些观点和见解，较好地凸显出鲁迅宽阔的世界胸怀和文学文化研究中的比较视域，“拥有世界眼光还使中国作家能够在更广阔的背景上审视自己的国家和民族，进而在与世界各国不同民族的比较和反思中寻找自己的问题和出路”②。

纵观鲁迅的整个翻译生涯，在清末民初的历史语境中，有着鲜明的指向性和目的性，救亡启蒙、文化互补和文学交流是鲁迅翻译域外文化与文学的根本出发点。而对域外文学的翻译又不断激发鲁迅的创作灵感，对他的创作有着重要的促进和更新作用。可以说，鲁迅一生都在恪守自己的文化路向，文学创作与翻译齐头并进，他不但将自己的一生奉献给中国的新文学事业，成功推动中国文学的现代转型，还以超前的学术眼光参与世界文学的建构，体现出一个伟大作家超越时代局限的共同价值。

---

① 鲁迅：《〈呐喊〉捷克译本序言》，载《鲁迅全集》（第 6 卷），人民文学出版社，2005，第 544 页。

② 郑春：《留学背景与现代文学的开放》，《文学评论》2003 年第 4 期。

谢六逸外国文学的译介成就及其贡献*

谢六逸（1898—1945）是贵州贵阳人，名光燊（shēn），字六逸、无堂，室名夹板斋，笔名有宏图、宏徒、路易、鲁愚等。他1898年出生于贵阳一书香门第之家，1918年由黄齐生率领东渡日本入早稻田大学专门部政治经济科学习；1922年毕业回国进入商务印书馆担任编辑，同年接替郑振铎在文学研究会会刊《文学旬刊》的编辑工作；1930年入复旦大学创立新闻系并担任系主任；1937年7月日军全面侵华，复旦大学内迁西南，谢六逸携家辗转回到家乡贵阳，主编《抗战文艺》半月刊，创办并主编《文讯》月刊等，积极为抗战救亡服务，活跃在贵州文化界并影响全国，茅盾戏称之为“贵州督军”①。1945年8月病逝，年仅47岁，令文化界扼腕。谢六逸是新文化运动的先驱之一、文学研究会的骨干、国内新闻学的奠基人，也是重要的欧美文学翻译家和日本文学早期研究专家。其文学活动范围极广，在文学创作、外国文学翻译、神话研究、儿童文学、文学理论研究等领域均卓有建树，特别在外国文学的译介方面是“五四”时期较为活跃且做出较大贡献的新文化战士。

“无论哪个民族的文化，在变革时，每每有外来的潮流参见进来，外国的文化成为触媒，成为刺激，对于本国文学引起质变。”② 而“五四”时期正是中国文化和文学的大变革时代，中外文化交流也由此变得频仍，为适应启蒙救亡和新文学发展的迫切需求，外国文学翻译在晚清西学译述的基础上更加受到知识分子的重视，并向纵深推进。正是在这样的历史语境中，谢六逸放弃经济学专业而转向了外国文学研究领域。对于转向，谢六逸有自己的充分理由：“作为文学家仅为民众创作新作品仍是不足的，应再做两件事：一

---

* 本文原载于《当代文坛》2016年第1期，收入本书时有修改。

① 茅盾：《忆谢六逸兄》，《文讯》1947年第3期。

② 郭沫若：《再谈中苏文化交流》，载郭沫若著作编辑出版委员会编《郭沫若全集·文学编》（第19卷），人民文学出版社，1992，第196页。

是整理本国固有的读物；二是译介西洋的作品，既要有选择，又要讲究方法。”① 这和茅盾《小说月报》“翻译文学作品和创作一般地重要，而在尚未有成熟的‘人的文学’之邦，象现在的我国，翻译尤为重要；否则，将以何者疗救灵魂的贫乏，修补人性的缺陷呢?”② 的办刊宗旨高度吻合。而在实际翻译操作中，谢六逸的外国文学翻译选择具有较强的目的性和针对性，都是为了更好地向国人普及外国文学，并有助于时人开阔眼界，且能推动中国文学的现代转型。他在一开始接触西方文学时，就以那些能充分体现近代民主思想并具有借鉴价值的文艺论著及流派作品为翻译对象，透过文学去深入分析社会与个人、艺术与人生的关系问题。秉承文学研究会的核心要义，即将“以现代的眼光，研究历代的文学；以世界的眼光，创造本国的文学”作为一切文学活动的归依。

一　谢六逸对欧美文学译介的基础性作用

欧美文学是晚清到“五四”前后翻译的重心所在，从严复、林纾、梁启超等人开始就已认识到域外文学译介的重要价值，这一认知到“五四”以后更是得到许多有识之士的认同。由于从小受到良好的家庭教育，谢六逸外语功底较好，中学期间就能直接阅读《泰西五十轶事》、《莎氏乐府本事》和《鲁滨孙漂流记》等原文著作，留学日本后更是如鱼得水。他阅读了在日本出版的西欧各国的名家名著，翻译了俄罗斯、法国、美国、德国、英国、意大利等国的大量文学著作，并撰文介绍欧美各国大作家的生平与创作情况，这些作品在20世纪二三十年代发表于国内比较有影响的知名报刊上，为中国读者初步接受外国文学提供了蓝本，并为后来进一步了解外国文学打下坚实基础。可以说，谢六逸的文学活动为中国现代文学的发生提供了他山之石，有力地促进了中国现代文学的发展成熟。

谢六逸第一篇译文是发表于1919年10月19日北京《晨报副刊》的托尔斯泰的短篇小说《长期徒刑》，该文是在日本由英文转译过来的。1920年在东京早稻田大学翻译的《欧美各国的改造问题》连载于北京《新中国》杂志，文章中说：“（第一次世界大战）以后，改造的声浪时时震着耳鼓，世界

① 见《文学旬刊》1922年第29期，转引自秋阳《谢六逸评传》，贵州民族出版社，1997，第72页。

② 茅盾：《一年来的感想与明年的计划》，《小说月报》1921年第1期。

的改造，便是各国的改造，一国的改造，无非是这种制度那种制度的改造，这种组织那种组织的改造。是篇摘译于 *World Work* 和日本杂志，因其能就事实方面说，使看的人知道欧美各国改造的情况怎样，虽不详尽，也可见一斑，这便是移译的本意。”沈雁冰在《译文学书方法的讨论》中，提出翻译文学的人“一定要他就是研究文学的人”、“了解新思想的人”、“有些创作天才的人”[①]，谢六逸基本满足这些条件，这也为他日后的翻译生涯奠定了坚实基础。茅盾 1920 年接办《小说月报》，发表《我们可以提倡表象主义的文学么?》一文，介绍全新的写作方法。谢六逸随即刊登《文学上的表象主义是什么?》，在日本和茅盾遥相商榷，其观点与茅盾有所不同。谢六逸在文章中认为：“就现在中国文艺看去，要一蹴而学象征主义的文艺，那就未免不自量，仍然要跌到旧浪漫主义（传奇派）去。”“因为没有受过科学的洗礼，便要倾向神秘；没有通过写实，就要到象征，简直是幻想罢了。”[②] 尽管谢六逸文章的观点与自己的不尽相同，茅盾还是以文人的大气求同存异，将其发表于《小说月报》1920 年第 5 期上，还因“这局促一隅的‘小说新潮栏’竟也引起身居海外者的注意”而感到高兴。二人因此结缘并成为文坛诤友，在谢六逸逝世后茅盾更是写下了真情直露的悼念文章，以寄托自己的哀思。

谢六逸的文学翻译活动由此展开。1921 年 10 月 8 日，在上海《实事新报》副刊《学灯》上发表美国诗人惠特曼的诗歌《挽二老卒》；9 日刊出《在维克尼那森林中迷途》一诗；11 月 5 日、6 日连载了《平民诗人》，较为详尽地介绍了惠特曼这位美国民主诗人的生平及创作情况。1922 年 3 月 4 日在《实事新报》副刊《学灯》上发表《郭果尔与其作品》的评论，并在文末注明是根据克罗泡特金《俄国文学论》第 69—89 页译出的；3 月 10 日在《小说月报》1922 年第 3 期上发表《屠格涅甫传略》，从生平、作品等方面较为详尽地介绍了屠格涅夫；3 月 23 日在《实事新报》副刊《学灯》上发表《歌德纪念杂感》一文，介绍了德国大文豪歌德的生平、创作；3 月 25 日在北京《学林》上发表《西洋文艺思潮之变迁》，文章全面介绍了西方古典主义与浪漫主义、由浪漫主义到自然主义的发展、浪漫主义与自然主义的比较、自然主义的勃兴、自然主义之派别等，为时人了解这些西洋文学派别提供了丰富的视角。

1922 年谢六逸毕业回国，在上海商务印书馆编辑所任编辑，这为他的翻

---

① 陈江、陈达文编著《谢六逸年谱》，商务印书馆，2009，第 32 页。

② 谢六逸：《文学上的表象主义是什么?》，《小说月报》1920 年第 5 期。

译活动带来更大的便利。1922 年 10 月 25 日，他在北京《晨报副刊》上发表安德烈耶夫《归来》的译文；11 月 10 日，撰写论文《自然派小说》并发表于《小说月报》1922 年第 11 期上，具体介绍了法国的卢梭、巴尔扎克、左拉等重要作家的作品。1924 年 4 月，在《小说月报》“法国文学研究专号”栏发表由日文《日本近代文艺十二讲》编译的《法兰西近代文学》；9 月 1 日，在《文学》第 137 期上发表介绍意大利薄伽丘的名著《十日谭》（即《十日谈》）的文章，这是国内最早介绍《十日谈》的文章之一。1925 年 5 月 4 日，在《文学周刊》第 171 期上发表译作葡萄牙谭达斯的《结婚之夜》（Noiteude ni’uocias）（剧本）。1927 年 1 月 10 日，在《小说月报》1927 年第 1 期“近代名著百种述略”栏发表霍普特曼的五幕剧《沉钟》的译介；2 月 10 日，在《小说月报》1927 年第 2 期“近代名著百种述略”栏发表评介托尔斯泰的长篇小说《复活》的文章。

需要强调的是，《小说月报》1927 年开辟的“文坛逸话”栏是谢六逸介绍欧美重要作家作品的阵地，是谢氏的发明，先后发表了关于二十多位外国作家的逸话（名为逸话，实是对这些外国作家生平和作品的简介）。由于当时国人了解外国文学的渠道十分狭窄，因此这些简单的介绍也是很有必要的。1 月 10 日，他在《小说月报》1927 年第 1 期“文坛逸话”栏发表《龚枯儿兄弟》《文豪所得的稿费》；2 月 10 日，在《小说月报》1927 年第 2 期“文坛逸话”栏发表《普希金的决斗》《托尔斯泰与二十八》《小儿的啼声》《马克·吐温的领带》；3 月 10 日，在《小说月报》1927 年第 3 期“文坛逸话”栏发表《金丸药与纸丸药》《阿那托尔·法郎士不受人拍》《兰姆姐弟的苦运》《诗人雪莱》；4 月 10 日，在《小说月报》1927 年第 4 期“文坛逸话”栏发表《暴虐狂与受虐狂》《死刑台上的杜思退益夫斯基[①]》《十返舍一九之滑稽》；5 月 10 日，在《小说月报》1927 年第 5 期“文坛逸话”栏发表《鲍特莱尔的奇癖》《屠格涅夫轶事》《南方熊楠这人》；6 月 10 日，在《小说月报》1927 年第 6 期“文坛逸话”栏上发表《勃兰特》《痛骂男女关系者》《迭更司唱“莲花落”》《斯特林堡与妇人》，并选译了《罗马人的行迹》；8 月 10 日，在《小说月报》1927 年第 8 期“文坛逸话”栏发表《华盛顿·欧文的家》《巴尔扎克的想象力》《歌德的晚年》《巴尔扎克的收入计划》《诗人与小鸟》等。《小说月报》“文坛逸话”在 1927 年 9 月连载结束，1928 年 10 月“文坛逸话”结集成册，作为文学研究会丛书由商务印书馆出版印行。这些

① 陀思妥耶夫斯基的异译。

译介文章，在今天看来有些不够经典和完美，但是在当时却是开风气之先，对于域外文学的传入具有十分重大的意义。

由以上历时性翻译清单可见，谢六逸“五四”之后的外国文学译介范围是相当广泛的，涵盖很多重要的欧美作家及作品，可谓独具慧眼。而对欧美文学的译介主要集中在其翻译生涯的前期，译作大都发表在《实事新报》副刊《学灯》和《小说月报》“文坛逸话”栏目上，使得这些报刊或栏目成为“五四”时期国人了解外国文学的有效窗口。在具体的翻译实践中，谢六逸对待翻译的态度非常认真严肃。在翻译的方法上，他力求深入准确地去把握和理解原著，翻译过来的文字要通俗浅明且不失文学的趣味，又要尽量符合中国人的审美习惯等，足见他在翻译过程中认真、细致、严谨的态度和风格。他说：“我认为应该专重语气，因为尝试欧化中国文的时候，不特一般阅读者感到不便，即译者苦心之余，也不曾得到什么好结果，其故在直译实有很多困难，要合原文，文句不免生涩；欲译文流畅，又不免背于原文。”[①] 这不啻对当时译界关于“直译”和“意译”这对基本问题的有效探讨。需要指出的是，20 世纪 30 年代以后，谢六逸文学活动的重心开始转向新闻学领域，偶有外国文学的翻译也主要集中在他所熟悉的日本文学上。不过其对欧美文学及其理论的译介在学术界还是广受好评，对欧美文学在中国文艺界的传播普及做出了不可磨灭的贡献。

二　谢六逸对日本文学译介的开拓性贡献

明治维新之后，日本“脱亚入欧”，经济、政治和文化得到较快发展，完成了质的蜕变，甲午战争后，更是取代中国成为亚洲新龙头，这使得中国重新审视日本，也使日本成为20 世纪前三十年中国派遣留学生的重镇。留学日本后，谢六逸深知明治维新得力于西方文化，并由此全方位影响了日本文化和文学，因而对日本文学关注尤甚。他把研究日本文学当作了解日本民族的有效途径，并从中考察中日文化之间的关系，所以在这方面下的功夫最深。他在《日本文学史·序》中提出：“近二十年来的日本文学，已经在世界文学里获得了相当的地位。有许多著名作家的作品，曾有欧美作家的翻译介绍；我国近几年来的文学，在某种程度上，也受了日本文学的影响，日本作家的著作的译本，在国内日渐增多；德、俄的大学，有的开设日本文学系，研究

① 沈雁冰：《译文学书方法的讨论》，《小说月报》1921 年第 4 期。

日本的语言与文学；法国的诗坛，曾一度受日本‘俳谐’的影响。根据这些事实，日本文学，显然已被世人注意。”① 他是国内较早明了中国现代文学发生中的日本因素的学人，这也是他译介日本文学的最重要出发点。

从1921年开始，在译介欧美文学的同时，谢六逸还发表日本文学的译作，即便后来学术重心转向新闻学，但他对日本文学的研究介绍仍然在继续，一直持续到他逝世为止，在学界具有颇高的知名度。为此，曹聚仁先生曾经满带感情色彩地评价说：“谢六逸兄，深通日本文学，和周氏兄弟、夏丏尊师相伯仲，对于日本小品文，体会得很透辟。他主编的《言林》，比黎编《自由谈》，缺少一些战斗性，却更精莹可喜呢！谢兄先后选译了《近代日本小品文》，在大江书铺刊行（另外还有一本《文学概论》，我手边没有此书）。谢兄说：‘欧人常称日本是东方的一个Garden City；它富有明净的山水与优雅纤巧的建筑；岛国的自然界的景色和大陆的又有不同。因为环境的影响，近代日本作家的作品里，有许多优美的小品文字。在西方的文学里，如吉星（Gissing）的《草堂日记》，兰姆（Lamb）的《依利亚小品集》，米特孚（Mitford）的《我们的乡村》等，虽也是少有的小品文字，为世人所爱读；如把日本近代作家的小品文字和它们比较起来，又别有一种情趣。’”② 足见谢氏在日本文学研究领域的特色和地位。

1921年11月25日，谢六逸在《时事新报》副刊《学灯》上发表千家元磨《诗人之力》的译作，这是他发表的第一篇关于日本文学理论的译文。1922年2月18日，他在《时事新报》副刊《学灯》上发表百鸟省吾《诗人之梦》（散文诗）的译作，署名路易；3月21日，在《文学旬刊》第32期上发表长与善郎《我为什么创作呢?》一文，他在文末的《译者记》中说：“长与善郎是日本白桦派作家，白桦派是最近日本文坛的代表，所以长与善郎足以代表日本最近的文坛。这篇东西是我三年前由他的《生活之花》（创作集）的序文中，摘译在《读书录》里的，我最爱读他。西谛兄索稿，因而重抄出来，也许是对于轻易创作者的一点贡献。”③ 12月1日，在《文学旬刊》之“研究资料”栏发表日本文学博士松村武雄的《精神分析学与文艺》一书，分十次连载，这是国内第一篇介绍精神分析理论的文章，也使得国内读者开始接触到弗洛伊德等人的精神分析学说。1924年11月10日，在《文

① 谢六逸：《日本文学史·序》，北新书局，1929，第1页。
② 曹聚仁：《三个胖子的剪影》，载氏著《我与我的世界》，人民文学出版社，1983。
③ 〔日〕长与善郎：《我为什么创作呢?》，谢六逸译，《文学旬刊》1922年第32期。

学周报》第147期上发表水谷胜的小品文《不响的笛子》，该文对谢六逸的小品文创作有重要影响。1925年6月7日，在《文学周报》第176期上发表关于日本古代诗歌总集《万叶集》的评介文章；10月1日，在《趣味》第2期上刊载关于日本平安时期的现实主义巨著《源氏物语》的介绍文章；12月1日，在《趣味》第4期上发表《源氏物语》之“桐壶”章及“Gossip”（闲话）等译文，向国内读者介绍日本这本重要的古典名著。

1927年3月10日，在《小说月报》1927年第4期“论丛”栏发表《日本传说十种》（并附《解说》）、山上忆良代表作《贫穷问答歌》（译自《万叶集》）；9月10日，在《小说月报》1927年第9期上集中发表芥川龙之介的作品和对其作品的评介，以悼念芥川之死，计有小说《阿富的贞操》、《芥川龙之介小品文四种》（包括《尾生的信》《女体》《黄粱梦》《英雄之器》）、《隽语集》（集前有《绪言》）；同期发表的还有松村武雄的《文艺与性爱》之译文；11月10日，在《小说月报》1927年第11期上发表薄田泣堇的小品文《嗅妻房的男人》（并《附记》），后收入文集《近代日本小品文选》中；12月10日，在《小说月报》1927年第12期上发表加藤武雄的短篇小说《接吻》。

1928年1月10日，在《小说月报》1928年第1期上发表加藤武雄的短篇小说《爱犬的故事》、夏目漱石的小品文《猫的墓》和《火钵》；2月10日，在《小说月报》1928年第2期上发表武者小路实笃的剧本《我也不知道》（并《附记》）；10月25日，在《大江月刊》创刊号上发表志贺直哉的小品文《雪之日》；11月4日，在《文学周报》第342期上发表麻生久的散文《某殖民地发生的事变》；11月15日，在《文学周报》第344期上发表佐藤春夫的小品文《呵呵蔷薇你病了》。这些译作后来大都收入文集《近代日本小品文选》中。

1929年1月8日，在《文学周报》第352期上发表山田孝雄所著《游仙窟题解》；1月29日，在《文学周报》第355期上发表葛西善藏的小说《朝诣》（并《附记》）；2月24日，在《文学周报》第359期上发表加藤武雄的小说《一篇稿子》。当年，翻译的日本短篇小说集《范某的犯罪》由上海现代书局出版发行。

1930年8月16日至11月16日，在《现代文学》1930年第1—4期上连载片冈铁兵的《新兴小说的创作理论》，该文是日本新感觉派的理论代表作之一。1931年3月15日，在《当代文艺》1931年第3期上发表浅原六郎的小品文《蚤》；5月10日，在《现代文学评论》1931年第2期上发表高须芳次郎的《日本文学的特质》，该文后来收入《茶话集》中。1933年4月5日，在《青年世界》1933年第4期上发表农学博士横山桐郎的小品文《萤》；9月1日，在《文学》1933年第3期上发表综合评介文章《坪内逍遥博士》。1934年5月5日，在《人间世》1934年第3期上发表芥川龙之介的《清闲》。1935年5月1日，在《文学》1935年第5期上发表关于《小说神髓》的评论文章，是为悼念作者坪内逍遥逝世之作。

由以上翻译目录不难见出，谢六逸选译的日本文学理论和作家作品范围是很宽泛的，既包括《万叶集》《源氏物语》等日本古代的文学经典，也包括芥川龙之介、夏目漱石、坪内逍遥等近现代的知名作家和文艺理论家。他所遴选的日本作家作品在今天看来也不显过时，仍然具有较大影响，不管是文学理论，还是文学作品都经受住了时间的考验，可以说，谢氏的日本文学译介不失为翻译史上较好的例证。

我们认为，谢六逸是新文化运动中日本文学译介的先驱，在举国上下都在译介欧美文学之时，他以留日的深刻体悟，清楚认识到译介日本文学的重要价值。他论述说："欧洲近代文艺潮流激荡到东方，被日本文学全盘接受过去。如果要研究欧洲文艺潮流在东方各国的文学里曾发生如何的影响，在印度、朝鲜、中国的文学里均难以寻到，只有在日本文学里可得到答案……日本与中国都是位于东方的国家，日本人常常借'同文同种'这一句话来作为中日亲善的根据，若想要知道中日何以会'同文'，这即是非研究日本文学不可的。"① 谢氏的这个判断是及时而正确的。由于深知日本文化中介的桥梁价值，他一直倡导国人应该向日本文学学习："在东方的国度里，努力于文学而获得了效果的，我们不能不说是日本。他们在真正文艺的意味上介绍、研究、创作，足有三十余年；在文艺演进的路途上，因为受了西欧文学的影响，也有古典、浪漫、自然、新浪漫等倾向的变迁；又有文言口语的改革；也有翻译文学的盛行，这些经过，在领略近代文艺较迟的我国，有足供借鉴之处。"② 可以说，在日本文学研究方面，谢六逸的作用怎么强调也不过分。有论者指出："谢六逸一生致力于对日本文学的研究和翻译，同时也借助于日人的研究成果，向中国介绍西洋文学、文艺理论等。他既是我国新文学运动时期著名的新闻学研究专家，也是日本文学研究的巨匠。他的研究奠定了我国日本文学史论的研究基础，对我国后来的日本文学研究产生了极其重要

---

① 谢六逸：《日本文学史・序》，北新书局，1929，第2页。

② 谢六逸：《近代日本文学》，《小说月报》1923年第11—12期。

的指导和推动作用。”① 可谓盖棺之评。遗憾的是，由于谢氏英年早逝和后期的新闻学转向，我们今天对他的文学贡献探讨不多，这和他的文学史地位明显不对等，需要对其进行研究和还原。

三　谢六逸应有的文学史地位

毫无疑问，外来文化的翻译对世界上任何一个民族的发展更新都是至关重要的。而翻译对中华文化的功用更是历史性的，中外文化的交流和碰撞是中国文化几千年未断之重要原因。正如季羡林先生所指出：“倘若拿河流来作比，中华文化这一条长河，有水满的时候，也有水少的时候，但却从未枯竭。原因就是有新水注入。注入的次数大大小小是颇多的。最大的有两次，一次是从印度来的水，一次是从西方来的水。而这两次的大注入依靠的都是翻译。中华文化之所以能长葆青春，万应灵药就是翻译。翻译之为用大矣哉！”② 谢六逸无疑深谙翻译对中国文学的重要价值，他的外国文学翻译，涉及面较广，译介的作家作品众多，可谓一个世界文学大花园。“所译介的作家及其著作，按地域的不同，欧美有英国、法国、德国、美国、意大利、挪威、俄国、希腊，尤以俄国为最多；而东方的主要是日本文学。就译介门类来说，作品有诗歌、散文、小说、戏剧、神话；学术著作有文艺理论、作家传略，以及文学史等。谢六逸对文学艺术，从作品到史论，几乎是全方位引进，因有外国文学研究家、日本文学权威的称誉。”③ 在新文化运动前后，“中国新文学尚在幼稚时期，没有雄宏伟大的作品可资借镜，所以翻译外国的作品，成为新文化运动的一种重要工作”④。谢六逸以新文化运动战士的超前眼光，深谙翻译文学在文化转型时期的重要功能，他在译介外国文学作品的同时，亦进行积极的文学创作实践，这都是为了一个目的——创建新的文学形式，为新文化运动摇旗呐喊、添砖加瓦。他学贯中西，一生清廉刚直，对文学创作、文学理论、新闻学等众多人文领域都有涉足，是一个“全才”式的新文化战士，值得今天的学术界重新审视。

纵观谢六逸的文学活动和学术生涯，虽然其主要成就不全在外国文学研

① 谢志宇：《论谢六逸的日本文学研究》，载杭州大学日本文化研究中心、神奈川大学人文学研究所编《中日文化论丛——1995》，杭州大学出版社，1996，第113页。

② 季羡林：《中国翻译词典·序》，《中国翻译》1995年第6期。

③ 秋阳：《谢六逸评传》，贵州民族出版社，1997，第176—177页。

④ 王哲甫：《中国新文学运动史》，载《民国丛书》（第5编），上海书店，1996，第259页。

究领域，但几十年的学术积淀，使其在外国文学方面的研究成绩还是相当可观和具有影响的。而“五四”时期正是中华民族存亡的关键时刻，传统文化发生断裂，重塑和更新中国文化迫在眉睫。为适应新文化发展的内在要求，谢六逸积极研究介绍处于强势地位的西方和日本的文化和文学，且有明确的多元化眼光和比较意识：“文学的力量可以使得国民互相了解。哪怕国家是在敌对的情况之下，文学是决没有什么国界的。我们研究某国的文学，即是研究世界文学的一部分。”① 这些见解在当下也不过时，其前瞻性和意义不言自明。今天我们回望“五四”时代那批个性鲜明、才华横溢的文人时，谢六逸是不应该被遗忘和忽视的。

① 谢六逸：《日本文学史·序》，北新书局，1929。

民国文献对司汤达及其《红与黑》的译评*

在近现代翻译文学史和中外文学关系研究中，报刊文献史料占有十分重要的地位。一方面，它使研究具有实实在在的文献支撑，不断产出科研成果；另一方面，文献的丰富繁复和辑佚不便又使研究难以穷尽资料，在某种程度上容易让研究结论被新出资料证伪。清末民初对域外作家作品的译介亦是如此，尤其当时很多作家作品的译名不够统一，音译汉字往往受译者的主观操控，造成同一作家作品的译名五花八门，使研究者无法搜罗尽列资料，从而影响结论的稳定性和权威性，司汤达及其作品在中国文学中的译介也存在这样的现象，例如，对作家的译名，当时国内就存在司当大尔、斯丁大尔、司丹达尔、斯丹达尔、司汤达等多种译法。

一　民国初期司汤达及其《红与黑》在中国的首次登场

司汤达是法国19世纪批判现实主义文学的奠基人，由于他有着强烈的自我意识，性格怪僻，生前文名并不显赫，死后半世纪才暴得大名，因此进入中国翻译界和读者视野比雨果、巴尔扎克、仲马父子、凡尔纳、左拉等同时代的作家要晚得多。根据现有文献考释，司汤达进入中国文学界是在“五四”前后，最早见于1917—1918年周作人在北京大学讲授欧洲文学的课程讲义中。根据周作人《知堂回忆录》里的记述，他1917年受聘为北京大学教授后，给国文门大一新生开设“欧洲文学史”，给二年级学生讲授“19世纪欧洲文学”等课程。周氏第一部分课程讲义主要讲授欧洲从古希腊至18世纪的各国文学，后来以《欧洲文学史》为书名交由上海商务印书馆出版，成为我国现代学术史上的第一部系统的“外国文学史”著述。但不知何故，第二部分讲稿完课后就一直被束之高阁，并未结集出版，直到数十年后止庵点校

* 本文原载于《常州大学学报》（社会科学版）2021年第4期，收入本书时有修改。

手稿时才发现了这一部分讲义内容，并于2007年以《近代欧洲文学史》为书名出版。当然，此部分讲义也包含欧洲古代和文艺复兴时期的内容，和《欧洲文学史》有重合和表述矛盾之处，但该书的出版有其重要意义：一方面弥补了《欧洲文学史》对19世纪作家作品评述缺失之憾，另一方面又使一些19世纪作家作品进入中国的时间节点得以提前数年，也使得我国学界增加了对司汤达的新认识维度。

在周作人的《近代欧洲文学史》面世之前，学界普遍认为司汤达及其《红与黑》在中国的译评最早是在20世纪20年代初，而对司汤达文学创作的翻译则是20世纪30年代以后了，尤其是对其代表作《红与黑》完整本的翻译，更是到了20世纪40年代以后才出现。对司汤达在中国译介情况的梳理，以钱林森教授《西方的“镜子”与东方的“映像”——斯丹达尔在中国》一文为代表，他在文中论述道：

> 斯丹达尔的名字见诸中国大约是二十年代，他的作品流入中国则始于三十年代。1926年孙俍工写的《斯丹达尔》一文（载《世界文学家列传》一书），率先向中国介绍了这位作家，1932年由穆木天辑译的短篇小说集《青年烧炭党》（即《法尼娜·法尼尼》），可能是最早介绍到中国来的作品。1944年，他的代表作《红与黑》，由赵瑞蕻根据英文首次节译成中文，由重庆作家书屋出版，开始了这部名著的中国之行。1949年罗玉君据法文原版译出《红与黑》，分上、下两册在上海出版，从此这部小说便在中国公众中流传开来。①

钱文这段关于司汤达的评价发表于1991年，囿于当时对资料的辑佚和整理不够精准，作者的措辞十分小心谨慎，用“大约”“可能”等词语进行推测和商榷性判断，留足新资料出现后可能导致批评的回旋空间。而随着近年来学界对晚清民国报刊辑佚和搜罗力度的增大，很多文献材料不断被发掘整理出来，导致之前很多研究定论都可能被重新审视。根据周作人的回忆及相关学者的考论，2007年止庵点校后面世的《近代欧洲文学史》书稿的写作应在1918年，书中周作人对司汤达及其代表作《红与黑》的评述已经十分详尽到位，这使司汤达进入中国文学界的时间节点提前了七到八年。对于周作

① 钱林森：《西方的“镜子”与东方的“映像”——斯丹达尔在中国》，《文艺研究》1991年第2期。

人于书中所作点评，择其重点录抄于下：

> 传奇派之写实小说，Balzac 称最大，而实发端于 Stendhal，Stendhal 本名 Marie－Henri Beyle（1783—1842），好十八世纪物质论，以幸福为人生目的，故归依强者。极赞那颇仑，以为人生战士代表，屡从之出征，及那颇仑败，遂遁居意大利卒。所作书不与传奇派同，惟多写人间感情，颇复相近。若其剖析微芒，乃又开心理小说之先路，其小说《赤与黑》（Le Rouge et le Noir）为最。Julien Sorel 出身寒微，然有大志。绛衣不能得，则聊以黑衣代之，诱惑杀伤，历诸罪恶，终死于法。殆可谓野心之悲剧，亦足以代表人生精力之化身者也。Stendhal 生时，颇为 Balzac 与 Merimee 所称，然世不之知。至十九世纪后半叶，始渐为人师法，如所自言云。①

目前所辑资料显示，这应该是民国文献中第一次提及司汤达的材料。周作人将司汤达、巴尔扎克同归于传奇派的写实性作家，这是“五四”前后中国文坛对 19 世纪欧洲浪漫主义和现实主义二者关系判断不是很明晰的结果。文中周作人没有对 Stendhal 进行汉译，仍保持原文，仅将今天通译的《红与黑》译为《赤与黑》。整体而论，周作人虽然只用了短短两百余字来论述司汤达及其《红与黑》，却也展现了司汤达这一知名作家的整体性，即便在今天看来也不失客观可取，对于后世中国文学界对司汤达的认知和评价，譬如崇拜拿破仑、钟情意大利、心理描写成就非凡等都有所论及；而对《红与黑》主人公于连的阐述，如“红”与“黑”之人生道路的选择、勃勃野心、强力意志等特点亦有关涉。尤其周氏将《红与黑》视为主人公于连“野心之悲剧”，大概是汉语“外国文学史”中野心家形象的第一次阐述。在这之后，对司汤达及其《红与黑》的评述，大都没有离开周作人的阐释框架，周氏的很多评述成为汉语“外国文学史”编纂时的表述话语。当然，如果从晚近中外文学交流史来看，于连“野心家”之说应该不是周作人自己的原创，可能有其外来渊源。如法国自然主义代表作家、理论家左拉在 1880 年前后细读《红与黑》时，就已经用“野心”“虚伪”等词语评价于连的形象了。在左拉看来，“于连暗地里将拿破仑变成他的神，要是他想飞黄腾达，就不得不隐藏自己的敬仰。这个那么复杂、起先那么矛盾的性格，建立在这个论据之

① 周作人：《近代欧洲文学史》，团结出版社，2007，第 140 页。

上：高贵的、敏感的、细腻的本性不再能满足他显露的野心，便投入到虚伪和最复杂的阴谋中”①。作为重要的作家和批评家，左拉的观点应该为很多人所知晓，周作人是否接触过左拉的评价我们今天难以确考，但以周氏对欧洲文学的熟悉程度和他广阔的研究视野，其接触到法国最新的文学批评应该是可能的。而民国初期在译介外国文学时并没有严格的规范性，因此周作人对司汤达及《红与黑》的评判应该有来自外国理论家的影响和启发，只是未具体注明而已。

二　民国报刊对司汤达及《红与黑》于连形象的译评

清末民初外国作家作品被大量译介入中国，报刊媒介的传播作用不可小觑。民国时期，很多报刊都载有简介司汤达及其相关作品的资料，我们通过对现有资料文献的查证，可以大致推断出司汤达作品被正式翻译进中国应在20世纪30年代之前。学界把1926年孙俍工《司丹达尔》一文视为中国最早介绍司汤达的资料有误，而将穆木天1932年辑译的小说集《法尼娜·法尼尼》视为最早翻译作品更失精准。即便周作人的著作未在学界流传，不能视为正规的文献证据，但仍有其他资料可证。

譬如，1924年留日学者谢六逸发表于《小说月报》的《法兰西近代文学》一文，就有“斯但达尔之名不可忘”②的评价；同年黄仲苏翻译了法国文学史家朗松的《法兰西文学批评与文学史之概略》，里面亦有“司当大尔所著的那细勒（拉辛——引者著）与莎士比亚最先发展浪漫主义的倾向，同时鼓吹十八世纪自由主义的运动”③之论，二者均比孙俍工的论述早了两年。接着署名全飞的著者1926年在《京报副刊》上发表了《十九世纪的法兰西文学（四）》一文，其中对司汤达的介绍也十分详尽可取，至少和孙俍工同时。全飞评论道：“斯丁大尔可以说是近代小说的主人翁，他的观察的与叙述的唯一方法，他的稀有的心理学，他的明晰，他的美想，这些在《红与黑》中都可以证明的。”④如果就介绍的精准性和全面性来说，马宗融1927年在《小说月报》上刊出的《近代名著百种：〈红与黑〉》一文，十分详尽地介绍了司汤达的生平及代表作《红与黑》的重大成就，值得今天的研究者

---

① 〔法〕左拉：《法国六文豪传》，郑克鲁译，安徽文艺出版社，2011，第37页。

② 谢六逸：《法兰西近代文学》，《小说月报》1924年第15期。

③ 〔法〕朗松：《法兰西文学批评与文学史之概略》，黄仲苏译，《少年中国》1924年第9期。

④ 全飞：《十九世纪的法兰西文学（四）》，《京报副刊》1926年第377期。

重视。马氏认为司汤达是“十九世纪法国大小说家之一，以善于分析描写他书中人物底心情著名”[①]，他还用了10多页的语篇对《红与黑》进行缩译，并以原文中三个典型环境描写和主人公两段爱情经历为主线展开，并评价说：“此书底主人翁锐廉索赖尔最初颇有作军事家底野心，时以拿破仑底勋业无人绍述为憾。既而以时尚难达，乃委身于神学，而实际他不是一个信徒，他只是一个野心家，假道学的模拟者罢了。他平日的举动，最后的思想，在著者眼中终把他看成一个英雄。”[②] 我们今天已经难以确考马宗融是否接触过周作人的《近代欧洲文学史》，但对主人公于连野心家形象的论述，和周作人的观点大致相同，这是于连野心家形象在民国文献中的再次出现。1934年4月24日，李健吾在《大公报》上撰发了《司汤达》一文，文章也详尽介绍了司汤达的人生经历及创作概况，其中对司汤达的评价是：“现实主义，自然主义，都想奉他做个权威……近代心理小说是他创下的业绩，不管俄国的道司陶耶夫斯基也罢，英国的布朗泰小姐也罢，全都称他一声先驱。在《红与黑》里面，他研究野心，在《巴穆外史》里面，他写出意大利中世纪的情欲。”[③] 李健吾是我国法国文学翻译的著名学者之一，他对司汤达的评价是比较全面客观的，也强调司汤达对主人公野心的偏爱和书写，和周作人、马宗融的观点基本一致，同年署名为夏鼐的作者也在《大公报》上发表了《法国小说家斯当达尔诞生百五十年纪念》一文，对于连形象的评价是“一个骄傲自私，野心勃勃的青年。他有才智，而且意志力强”[④]，显然也沿袭了周作人、马宗融、李健吾等人对于连野心家形象的评价。此外，还有一些评论将于连视为超人：“《红与黑》的少年主人翁朱利安是一个极强的超人主义者的典型。”[⑤] 与周作人评价于连“人生精力之化身”相近。对《红与黑》原文的翻译，1935年娄放飞在《湘声》上除了对司汤达的生平经历进行全方位介绍外，还译了《红与黑》的一些片段，应算是最早的翻译尝试。他认为主人公于连“是一个冷酷的野心家，以拿翁作标样，在帝政时代，也许投军得志（红），在路易王朝复兴的时候，就要利用僧侣阶级，作为他的进身之阶了（黑）。不‘红’即‘黑’，他不彷徨于两者之间，勇往直前，不择手段”[⑥]。

---

① 马宗融：《近代名著百种：〈红与黑〉》，《小说月报》1927年第3期。
② 马宗融：《近代名著百种：〈红与黑〉》，《小说月报》1927年第3期。
③ 李健吾：《司汤达》，《大公报》1934年4月24日。
④ 夏鼐：《法国小说家斯当达尔诞生百五十年纪念》，《大公报》1934年7月11日。
⑤ 陈心纯：《亨利佩尔的思想及其代表作“红与黑”》，《民族文艺》1934年第2期。
⑥ 〔法〕司汤达：《红与黑》，娄放飞译，《湘声》1935年第1期。

论者将于连置于整个历史背景和文学表述中去进行评价，但于连野心家形象亦是贯穿始终。以上说明于连“野心家”之论的判断在民国时是得到大家认同的。

从民国时期的报刊文献来看，对司汤达作品的中译始于20世纪20年代后期，虽然开始时都是一些短篇或节选性译文，但也拉开了司汤达作品中译的大幕。根据现有资料，署名石裕华的译者1929年在《浅痕》上刊发了司汤达短篇小说《鲁阿中尉》，这应该是司汤达作品在中国首次亮相；1931年署名为过崑源的评论者在《世界杂志》上抄译了《恋爱格言》（今译《论爱情》）[①]，均要早于1932年穆木天辑译斯氏短篇小说集《法尼娜·法尼尼》。由此观之，学术界将穆木天视为中国第一个翻译司汤达小说之人并不准确。另外，我国翻译界对司汤达长篇小说的翻译，最早的也不是《红与黑》，而是“Lucien Leuwen”（今译《吕西安·娄凡》），鲍文蔚1940年开始在《法文研究》连载《吕莘娄文》的译文，分十期载完，译文采用中法双语对照的形式，这是目前关于司汤达长篇小说最早的中译案例。当然，就代表作《红与黑》的翻译而言，虽然一些研究者在报刊发表了一些节译文，但直到1944年，大部分情节才由赵瑞蕻从英文节译出版。对于赵译本，当时一位署名吕连的评论者评价道：“唯一令人不满的是译者赵瑞蕻君腰斩了这部巨著，他仅仅译出上半部。”[②] 也就是说赵译本算不上完整的版本，直到1949年罗玉君版推出，才算是严格意义上的全译本。这在当时的时代语境中已难能可贵了，译者赵瑞蕻在《司丹达尔及其“红与黑”》中说：“《红与黑》里的钰连是一个残忍的追逐名利的青年，他抛弃了红色业绩，披上了黑色的袈裟……他憎恨社会，因为社会束缚他，压迫他，于是他就要起来反抗，这就是白尔主义的一方面。”[③] 作为直接从法文翻译《红与黑》的翻译家，罗玉君在全译本出版前写有《斯坦达尔传》《评“红与黑”并忆翻译经过》等文细腻介绍司汤达的相关情况，她折服于司汤达的才气，但对于连形象的定性仍然沿袭着周作人、马宗融、李健吾等人的野心家的评述模式。尤其李健吾的立论，对她影响十分深远。她说：“玉立是一个具有最大野心的人，随时都在观察别人，分析自己。他崇拜拿破仑，他厌恶宗教的黑暗势力，想打开一条出路，从黑走到红。换句话说，想从宗教的讲台，走到政治的舞台，想推翻封建的

---

① 〔法〕司丹达尔：《恋爱格言》，过崑源译，《世界杂志》1931年第3期。

② 吕连：《司丹达尔的“红与黑”——新“书话”之一》，《大公报》1948年11月21日。

③ 赵瑞蕻：《司丹达尔及其“红与黑”》，《时与潮文艺》1944年第3期。

势力，而代以权力的英雄主义。玉立完全是一个以自我为中心的自私自利主义者，他曾利用时机，利用他人的弱点，而使自己腾达起来。”① 通常来说，全译本的译者在译感里的评述某种程度上更为权威，因为译者是最熟悉翻译文本之人，但对于译本的整体价值判断，译者也会受到所处时代主流话语和前人研究定见的影响，因此，赵、罗二人对《红与黑》的解读及主人公形象的分析只能在当时的时代语境和研究框架中展开。

可见，民国时期，不管是译者还是评论者对司汤达都不是特别熟悉，对其代表作《红与黑》也缺少整体性观照，这主要与当时外国文学研究尚处于探索阶段，翻译家对译介对象的选择缺少文学史的视野等因素有关。虽然民国时期对外国文学的了解还不够全面，对司汤达及其代表作的认知还不够深刻，但学者们在报刊上发表的译介研究成果，在某种程度上推动了司汤达及其作品在中国的普及，是值得梳理和肯定的。

三　民国时期汉语“外国文学史”对司汤达及于连形象的阐发

“五四”以后，随着外国作家作品被大量译介到中国来，为便于读者、研究人员系统了解外国作家作品的历史脉络，尤其是满足专业学校的学生学习之需，编写汉语外国文学史成为学界的重要共识。以周作人两部欧洲文学史为开端，在20世纪20年代以后，出现了很多外国文学通史、区域史、国别文学史等研究著作，为外国文学在中国的普及奠定了坚实基础。而对于司汤达及其作品的评介，在周作人之后比较具有代表性的汉语外国文学史，基本都会有所涉及。特别是在启蒙、现实话语的大背景下，司汤达被认为是心理描写的重要开拓者，于连形象基本是沿着周作人等人的“野心家”之说展开。

民国时期最早的法国文学专史是1923年由上海商务印书馆推出的李璜的《法国文学史》，书中将司汤达划入写实主义作家范畴，并对其生平及创作进行简要评价，认为司汤达“自命为人类心理之观察者，其写心理状态，细密深刻，并且正确，文笔也简洁动人”②，强调司汤达擅长心理分析与书写，和周作人的定论无甚差异。同年袁昌英的《法兰西文学》也由上海商务印书馆推出，但著者仅对法兰西文学作了鸟瞰式的扫描，未涉及对司汤达及《红与

① 罗玉君：《评“红与黑”并忆翻译经过》，《文潮月刊》1948年第6期。

② 李璜编《法国文学史：自十八世纪至今日》，中华书局，1923，第145页。

黑》的评价。郑振铎1927年出版的《文学大纲》是重要的文学通史著作，他在书中认为："他的小说《红与黑》及《巴尔门之小修道院》俱以善于分析性格著名；这两部小说都在十九世纪前半叶出版，却到了史丹台尔死后，方才有人注意。"[①] 因郑著是通史类著述，限于篇幅，论述司汤达的内容不多，仅仅粗略评价他的两部代表性长篇，但其中有一个重要细节值得关注，郑振铎提及司汤达死后才为人们重视，说明了为何斯氏进入中国比其他法国作家晚的原因。1930年翻译家徐霞村出版了《法国文学史》，该著较短，撰者用300余字的篇幅简略介绍司汤达及其作品，重点在于陈述司汤达小说中的心理描写，"他的真正的价值却在他注意小说中的最好的描写和对于心理的细微的分析"，[②] 而对司汤达具体创作情况缺少更进一步的评述。黄仲苏1932年出版的《近代法兰西文学大纲》则主要廓清司汤达对写实主义的贡献："他最先攻击浪漫主义的夸张与谬误，领导近代小说作家倾向科学的途径，宣布并且准备了着重观察的艺术。分析的能力虽是损害了创作的才智，然而他的小说仍不失为有功于写实主义的重要作品。"[③] 作为晚出之作，黄著较郑著和徐著更为全面和详尽一些，但观点并没有新的拓展。1936年夏炎德推出了由商务印书馆出版的《法兰西文学史》，该书是民国时期重要的国别文学史之一，也是当时法国文学专史的代表性成果之一，其中尤以哲学分析为突出特点，与当时很多文学史家一样，夏氏将司汤达划归到浪漫主义一派作家当中。他说司汤达写作时，其"观察不重在外部的现象，而重在内部的意志；所以写起小说来不喜欢作风景的描写，而擅长作心理的解剖"[④]。对于主人公形象，他的观点则是："主人公苏莱尔（于连）的坚强的意志、充溢的才能以及行动上所表现的燃烧的热情，这种超越一切的利己主义者的姿态，斯当达尔用犀利的心理分析的方法算是毫无遗憾地描写了出来。"[⑤] 夏炎德虽然没有采用周作人等人的野心家形象之论，但也用利己主义等词语来描述于连，尤其强调于连性格中的"意志力"，这似乎受到德国哲学家尼采的影响。1944年袁昌英将1923年推出的《法兰西文学》一书进一步丰富，并以《法国文学》为名出版，书中对司汤达及其代表作《红与黑》进行了较为翔实的评价，提出《红与黑》"叙述的是一个有革命倾向的法国布尔乔亚青年，要

① 郑振铎：《文学大纲》，商务印书馆，1927，第187页。

② 徐霞村编《法国文学史》，上海北新书局，1930，第18页。

③ 黄仲苏编《近代法兰西文学大纲》，上海中华书局，1932，第29页。

④ 夏炎德：《法兰西文学史》，商务印书馆，1936，第371页。

⑤ 夏炎德：《法兰西文学史》，商务印书馆，1936，第372页。

由教会的门径，上升而得到权力的经过，革命的倾向是红色，教会是黑色，这就是题名的由来。一方面是狂暴的情欲与精力，一方面是明确而几乎是冷血的分析，小说的结果是将自私暴戾的主角送上了断头台”①。袁著的分析虽主观成分居多，却以女学者特有的细腻解读作品，其观点和见解尤其值得重视和梳理。1946 年徐仲年也出版了名为《法国文学》的著作，书中对法国文学的历史脉络做了线条式的说明，其中在 19 世纪部分对司汤达及其《红与黑》的评述是：“这位先生的品气均不高尚，他是自利主义者，很骄傲、很暴躁。他喜欢分析自己……一八三一年，他发表了《红与黑》（Rouge et le Noir Le）——这个书名已经够寻味的了，他以‘红’代表革命思想与军队，以‘黑’代表教会。”② 对司汤达及其《红与黑》的评述整体上还是延续前面学者的观点。除了上述几本，在民国时的汉语“法国文学史”系列专书中，尤以吴达元的《法国文学史》内容最为宏阔，论述最为全面，其影响也十分深远，书中既有对司汤达整体创作情况的钩沉，又有对长篇小说尤其是《红与黑》的细微分析。他对于连形象的定性是：“意志坚强的人不甘与草木同腐。他们和社会搏斗，不顾社会的礼教，管不着人类的道德。成则为王，败则为寇，这就是《红与黑》的内容。”③ 特别强调了于连形象的强力意志。需要指出的是，“强力意志”理论源自德国哲学家尼采，而尼采对司汤达及其作品较为推崇，认为司汤达是一个与众不同的作家：“这个奇人，引导者和先驱者，这个可赞的伊壁鸠鲁派的学者，他是一个最新的法国心理学家。”④ 而中国现代翻译家在接触到尼采理论后，就用之分析于连形象，并和“野心”“虚伪”等词一起，成为对于连文学形象的定性论述。

相对而言，与报刊文献相比，由于受篇幅的限制，外加编著者的研究视野等问题，在民国大部分汉语“外国文学史”专书中，著者对司汤达及其代表作《红与黑》的评价和论述都是比较粗线条的，简要介绍为多，深度评述较少；就于连形象而言，“自私自利”“野心”等词语成为其代名词，这也说明司汤达在国内学者中的认知度还不是很高，尤其是文学史编纂者对斯氏的很多作品还缺少全方位的阅读和评价，因此对于连文学形象的评价比较单一，基本都是将其放在司汤达整体介绍的框架下予以呈现的，但不管这些文献的深度和准确性如何，都使司汤达及其代表作逐渐为世人熟知，推动了外国作

① 袁昌英：《法国文学》，商务印书馆，1944，第 223 页。

② 徐仲年：《法国文学的主要思潮》，商务印书馆，1946，第 76 页。

③ 吴达元编著《法国文学史》，商务印书馆，1946，第 487 页。

④ 马宗融：《近代名著百种：〈红与黑〉》，《小说月报》1927 年第 3 期。

家作品在中国的普及。

综上所述，在民国时期的文献资料中，周作人应该是第一个将司汤达介绍到中国的学者，此后一些研究者在报刊上发表了关于司汤达及其《红与黑》的简介文章，学者们编写的汉语“外国文学史”也基本论述了司汤达及其代表作《红与黑》。而中国现代评论对主人公于连形象的“野心家”定性也是出自周作人，后继者对“于连”形象的评价大多沿袭了周氏“野心家”的模式。当然，就像左拉一样，后世法国的文学史家也会用“野心家”“虚荣”等词来评价于连形象，也就是说这种评价并非中国才有。如当代法国著名的比较文学家和文学史家皮埃尔·布吕奈尔等就说：“一方面，于连表现了出众的智慧，无可匹敌的毅力，甚至是一种他自以为应该得到的高位的征服热狂；另一方面，这敏感的灵魂，这颗‘易于触动的心’有时迷恋于宁静、纯洁、理想的幸福，离群索居和虚荣。”① 而从《红与黑》对主人公于连的塑造和情节演进来看，大多数评论家也应该能解读出“野心”“雄心”等维度。在20世纪的中国，随着主流话语的不断嬗变更替，于连这一复杂多元的经典形象更容易被启蒙、现实、革命、阶级话语等交替解读，尤其是在新中国成立到改革开放的这一段时期，西方很多文学经典被革命和阶级话语所构成的接受屏幕所阻拦，使得于连这一反叛性极强的人物形象被打入冷宫，“野心家”“伪善”“虚荣”等也就容易成为于连形象的定性标签。直到20世纪90年代以后，随着当代西方文学阐释理论和多元话语进入中国，于连形象才突破善恶二元对立、革命阶级话语等解读模式，向复杂性和经典性回归。

① 〔法〕皮埃尔·布吕奈尔等：《19世纪法国文学史》，郑克鲁译，上海人民出版社，1997，第171页。

第三编　晚清民国西学翻译与比较文学

晚清民国留学潮与中国比较文学的生成

钱穆与梁实秋关于中西文学比较的笔战

《海国图志》和《瀛寰志略》中的异域书写

民国几部神话学研究专书的外来渊源及得失

谢六逸与中国比较文学

晚清民国留学潮与中国比较文学的生成*

1854年晚清首位留学生容闳由美学成归来，便积极奔走呼吁清政府外派留学生学习西方先进文化以救国济民，实现“以西方之学术，灌输于中国，使中国日趋于文明富强”① 的目标。虽然此举得到洋务派要员曾国藩、李鸿章等人的力挺，却因保守派的抵制，直到1972年清廷方选派幼童随容闳赴美，且几期后旋即停废，但其重要意义在于开启了一种全新的学习模式。甲午惨败带给国人极大震撼，有识之士开始正视并深刻反思传统文化之弊，逐渐认识到“改良社会，首重教育，欲输世界文明于国内，必以留学泰西为要图”②，西学渐次受到朝野重视，全民留学潮由此掀起，并贯穿了整个民国。“留学生回国后对祖国的第一个贡献，便是以中文译本介绍、输入外国的自然科学和人文科学，推动中国固有的封建制度和文化的改革波澜。”③ 留学运动对中国近代以来的政治体制、社会思想、文化教育、文学艺术等均产生了深远影响，中国社会和文学的现代转型正是留学生极力推进的结果。不管是发动“三界革命”的梁启超，还是主推“白话文”运动的胡适，抑或是深刻揭示“国民劣根性”的鲁迅，都具有海外留学或游学的经历和体验。“无留学生，中国的新教育与新文化决不至有今日……现在教育上的学制课程，商业上之银行公司，工业上之机械、制造，无一不是从欧美、日本模仿而来，更无一不是假留学生以直接间接传来。”④ 与其他现代知识领域一样，兴起于西欧19世纪后期的比较文学，其学科范式和研究理路亦是经由留学生引入中国的。

---

* 本文原载于《中国比较文学》2019年第1期，收入本书时有修改。

① 容闳：《西学东渐记·大学时代》，湖南人民出版社，1981，第108页。

② 舒新城：《近代中国留学史》，《民国丛书》（第1编），上海书店，1991，第87页。

③ 施蛰存主编《中国近代文学大系（1840—1919）》（翻译文学集一），上海书店出版社，2012，导言第4页。

④ 舒新城：《近代中国留学史》，《民国丛书》（第1编），上海书店，1991，第1页。

一 留学生的域外感受与文学研究比较视域的形成

比较文学的首要特质就在于其宏阔的世界性视野和研究方法论的比较视域，这就要求比较文学研究者“一是必须与外来文化相接触，二是具备通识眼光，即能具有一种从国际角度来从事文学研究的立场”[①]，也就是说，从事比较文学研究的学者必须具备较强的外语阅读能力和超越单一国度的文化视野，而留学生在这方面最具直接优势。梁启超在《清代学术概论》中解释晚清改良运动的败因时精到指出：“晚清西洋思想之运动，最大不幸者一事焉。盖西洋留学生殆全体未尝参加于此运动；运动之原动力及其中坚，乃在不通西洋语言文字之人。坐此为能力所限，而稗贩、破碎、笼统、肤浅、错误诸弊，皆不能免；故运动垂二十年，卒不能得以健实之基础，旋起旋落，为社会所轻。”[②] 这说明，中国的社会变革和文化转型必须依靠有域外留学背景的知识分子（留学生群体）。后来的历史事实也验证了梁启超的论断：深受传统文化熏陶的士大夫不可能成为中国社会转型的发起者。近代以来的社会变革及五四新文化运动几乎都与留学生有关，留学生甚至是其中的主要推动力量。

作为文化的重要载体和呈现方式之一，文学有着极强的时代先导性和政治敏锐性。近代以来的中国文学更是如此，其“反传统”和“现代性”征候最为明显，而中国文学“现代性”的出现正是留学生利用域外留学所吸收的现代观念极力推进的结果。“当时较具有吸引力的作家，几乎清一色的是留学生。他们的文章和见解，难免受到留学所在地时髦思想或偏见的感染。”[③] 晚清民国活跃在中国文化界的著名作家和知名学者，基本上都有留学欧美或东洋的经历，有些还兼有日本和欧美的双重留学生身份或游学体验。作家如鲁迅、周作人、郁达夫、郭沫若、茅盾、老舍、巴金、林语堂、闻一多、梁实秋、戴望舒等；学者如严复、梁启超、章太炎、陈寅恪、王国维、辜鸿铭、苏曼殊、蔡元培、梅贻琦、蒋梦麟、傅斯年、吴宓、陈铨、钱锺书、季羡林、范存忠、朱光潜、冯友兰、朱维之、杨宪益等，不胜枚举。当时留学生奔赴异域求学都有共同缘由，宏观理想是基于救国救民的伟大抱负，微观动机则

① 杨乃乔主编《比较文学概论》，北京大学出版社，2006，第 25 页。

② 梁启超：《清代学术概论》，载《饮冰室合集》（第 34 集），中华书局，1989，第 72 页。

③ 夏志清：《中国现代小说史》，刘绍铭等译，（香港）友联出版社有限公司，1979，第 52 页。

在于为个体存活寻觅生路，如要有所作为，“非知洋务不可，若能出洋留学数载，谋事较易”①，即拥有域外新知的人在当时更易谋差。从当时的留学数据来看，虽然留学生成才比例不高，但不管是学科技，还是习文艺之人，学成归来者大都成为各个领域的翘楚，更是推动社会进步和文化变革的核心力量。域外留学感受使留学生或自觉或被动地接受西方文化，并有意识地吸纳其中最有价值的部分，反思中国传统文化中的落后因素，同时思考自身文化更新和转型的可能路向。留学生到国外后自然而然就产生思考和对比，“在中国，人们的生活是受公认的行为规律所规范的，追究这些行为规律背后的道德原则时……一向被认为最终真理的旧有道德基础，像遭遇地震一样开始摇摇欲坠”②。可见，域外见闻使留学生易于打破思维定势，西方文化中较有价值的理念逐渐影响到了他们的思考方式、价值观念、审美情趣等。即便他们在开始时有所拒斥，之后也会冷静辨识，融会贯通并择优吸纳，以西方文化为参照来反思中国文化，形成文学和文化研究的世界性眼光和比较意识，并影响了中国文学的创作和研究，“扩大了作家创作的参照系，为摧毁文学旧垒提供了取法途径，为促进中国近代文学的变革发展，起了推动和催化剂的作用”③，推动了中国文学的现代转型。

纵观世界文化史和文学史，不同民族文化和文学的发展演进都会表现出某些相似性，“任何民族文学的发展都是一个动态的过程。只要它不是处在绝对封闭状态，每个民族的文学都要受到来自域外文化、文学的影响。域外文化与本土文化的交融、碰撞，产生多种不同的矛盾，在汇合之后求得一种能互通的新的话语”④。晚清民国正是中国文化与外来文化交会和碰撞最为激烈的时段，留学不单是时代背景所需，亦是民族文化更新和文化交流的必然要求。当留学生远离母国，置身异域的文化场景和异质空间时，他们就会自觉或不自觉地将自己的母国文化和处身其间的异域文化进行比对，进而形成文化上的比较视域和世界性的胸怀、眼光。对于作家而言，拥有世界性眼光更是重要。“拥有世界眼光还使中国作家能够在更广阔的背景上审视自己的国家和民族，进而在与世界各国不同民族的比较和反思中，寻找自己的问题

① 《秋瑾集》，中华书局，1962，第42页。

② 蒋梦麟：《西潮·新潮》，岳麓书社，2000，第79页。

③ 徐中玉主编《中国近代文学大系（1840—1919）》（文学理论集一），上海书店出版社，2012，总序第20页。

④ 乐黛云：《帝国霸权·文化自觉·比较文学》，《中国比较文学》2004年第1期。

和出路。”[①] 中国文学从封闭走向开放，从传统走向现代正是具有留学经历和世界性眼光的现代文人积极推动的结果，中国比较文学也正是在这样的背景下得以生成，有留学生作为中介和桥梁，中西方文化交流、文学互渗和学术沟通才有了现实的人文基础。

在中国比较文学学科史上，学术界一致认为学科的自觉发展始于清末民初。国际比较文学学会前会长杜威·佛克马也认为，中国的比较文学肇始于1907 年鲁迅发表的《摩罗诗力说》。佛克马的结论也许不够严谨，因王国维先于鲁迅在 1904 年就已发表《尼采与叔本华》，该文其实已经具备了比较文学的现代眼光和自觉意识。但《摩罗诗力说》是鲁迅留日期间转道东洋了解世界文学发展情形后拟就的重要文章，是中国比较文学学科史上最早的代表性成果之一，因此说其标志着中国比较文学的萌芽也大体正确。鲁迅在论文中比较了世界各民族文学的发展情况，不仅以纵向的历史眼光论述了印度、希伯来、伊朗、埃及等文化古国的政治衰微导致文学的沉寂，更以横向的比较方法研究了拜伦、普希金、易卜生、显克微支、密茨凯维奇等作家的作品，提出“欲扬宗邦之真大，首在审己，亦必知人，比较既周，爰生自觉。自觉之声发，每响必中于人心，清晰昭昭，不同凡响……故曰国民精神之发扬，世界识见之广学有所属”[②] 的真知灼见，具备了宏观的比较视野和文学研究的世界性维度，这篇论文在今天也值得我们认真研读。正如徐中玉所言：“在他之前，近代文学理论中国已不乏与欧、美、日本文学相比较，开始从中吸取通过变革取得国族复兴经验的论述，开辟了中外比较文学研究的新路，但都未能像他这样论述的系统、扼要，充满时代精神与现实意义。”[③] 鲁迅的例子说明，置身异域的留学人员，很容易发现不同文化和文学之间的差异，也就自然而然地形成学术研究的比较意识，并思考形成文化和文学之间差别的深层原因，而文化之间的差异越明显，比较意识就会越强，得出的结论也就更具参照价值。晚清民国的留学人员，大都出于接受新知的需要，而接受新式教育只能到国外大学深造。近代大学是西方社会经济文化腾飞的摇篮，有引领学术前沿的研究团队，其图书馆收藏了世界各国的丰富研究资料。置身异域环境的留学生或游学者在查找科研资料或学习文化知识时，对关涉自身国家文化现象的文献常常会不自觉地上心，并加以留意，就会将自己的民

① 郑春：《留学背景与现代文学的开放》，《文学评论》2003 年第 4 期。

② 鲁迅：《摩罗诗力说》，《鲁迅全集》（第 1 卷），人民文学出版社，2005，第 67 页。

③ 徐中玉主编《中国近代文学大系（1840—1919）》（文学理论集一），上海书店出版社，2012，导言第 18—19 页。

族文化与处身其间的异国文化进行比较，这促发了他们的思考，催生了比较的可能性。恰如蒋梦麟所言："对于欧美的东西，我总喜欢用中国的尺度来衡量。这就是从已知到未知的办法。……一个中国学生如果要了解西方文明，也只能根据他对本国文化的了解。……我今后的工作就是找出中国究竟缺少什么，然后向西方吸收所需要的东西。"[①] 留学经历不仅为他们从事比较文学打下了过硬的语言文字基础，而且使他们形成了"跨文化"的宏观视野和文学研究的比较意识，具有了世界性的眼光和胸怀，也使得比较文学的研究方法在五四前后开始为人们所重，"他们在文学的性质、文学的内容与文学的功能等诸方面，都提出了与中国传统文学观念完全不同的看法，这些看法都是在学习西方近代文学观念时形成的，他们全面引进西方近代文学观念，这就使他们能够做到高屋建瓴，得出非凡的结论"[②]。在留学生的努力下，中国文学也因此完成了与现代的世界文学对接。

二　留学生域外经历与比较文学学科体系的构建

在黑格尔看来，人类的"知识只有作为科学或体系才是现实的，才可以被陈述出来；而且一个所谓哲学原理或原则，即使是真的，只要它仅仅是个原理或原则，它就已经是假的了；要反驳它也就很容易"[③]，所以人类知识的体系性建构尤显重要。近现代学科的体系建构和研究细化分工始于欧美，故中国近现代的学科体系和研究方法，不管是自然科学的还是人文科学的，都是 19 世纪以后从欧美引进的，中国比较文学学科体系同样也是在西方近代学科影响之下构建起来的。因此王国维说："异日昌大吾国固有之哲学者，必在深通西洋哲学之人，无疑也。"[④] 熟知西方知识体系、能引进近代学科的人只能是学贯中西的留学人员，他们在"清末民初传播文化技术的知识及经验的每一个方面都留下了它的痕迹"[⑤]。中国现代学科规范就是留学生积极引进西方各种学科体制的结果，并成为中国近代社会变革的重要推力。就文学领域而言，中国传统文学的学科新变、比较文学理论观念的引进也得益于晚清民国的留学生群体。有论者指出："回顾比较文学学科在中国的引进、发展，

① 蒋梦麟：《西潮·新潮》，岳麓书社，2000，第 80—81 页。
② 袁进：《中国文学的近代变革》，广西师范大学出版社，2006，第 153 页。
③ 〔德〕黑格尔：《精神现象学》（上卷），贺麟、王玖兴译，商务印书馆，1997，第 14 页。
④ 王国维：《"哲学辨惑"》，《王国维文集》（第 3 卷），中国文史出版社，1997，第 5 页。
⑤ 〔美〕费正清主编《剑桥中国晚清史》，中国社会科学出版社，2011，第 356 页。

和终于成长为一个独立学科的过程可以看到，它几乎是与20世纪中国文学的学科发展同步，这也意味着它与20世纪中国文学具有同样的文化背景和由此而来的文化特性。它们同样是在西方强势话语下，通过不断地引进学科的基本概念、研究方法和研究范式而发展起来的。”① 也就是说，中国现代文学的生成和发展都与世界背景紧密相关，因此强调文学研究世界性因素的比较文学学科和各国文学的互动就显得十分必然和必要了。

众所周知，比较文学作为一门首先在欧洲兴起的学科，其学科史相对较短。虽然使用比较的方法对文学进行研究早就广泛存在于世界各国，但形成自己独特的理论视角和方法论则是19世纪以后的事，这也是近代以来人类知识不断进步带来学科分工细化的结果。根据学者们对比较文学学科史的梳理，学界公认比较文学学科构建始于19世纪末20世纪初的西欧。资本主义的发展、自然科学的进步、欧洲各国文化和文学交流的频繁，使文学研究超越单一的国别，学者们开始注意到自身文学中的外来因素及所受到的影响，亦关注本土文学的域外流传情况。于是不同文学之间的相互交流和影响成为欧洲学者关注的重心，他们开始进行宏观理论建构和微观文本比较阐释。主要以法国为中心，从早期比较文学讲座和课程的设置，到后来比较理论的建构和研究方法的限定都和法国学者紧密相关，进而扩展到西欧的其他国家去。巧合的是，国际比较文学学科兴起的时间段和中国外派留学生的时间节点高度吻合，都是19世纪末20世纪初这一历史时期。清末民初的留学生有三个主要去向：一是庚子退款后的美国；二是距离较近的日本；三是欧洲文学和文化的核心地带——西欧。去往西欧的留学生又以英国、法国和德国为主要目的地，这几国和意大利、西班牙是西欧传统文化大国和文学强国，而“欧洲近代文学没有哪一种是凭空产生的”②，其联系十分明显，特别是文艺复兴以来，各国之间的文化交流更加频仍，西欧也因此成为比较文学最早产生和发展的区域，其中的法国正是比较文学的发源地。留法学生在学习法国文化和文学的基础上，对法国文学研究的新动向进行译介，比较文学学科理论也因此被留法学生引进到国内来，为中国文学研究提供了异域的新观念和新方法。

诚然，和其他很多词语一样，“比较文学”这一名称最初也是从日本引

① 宋炳辉：《20世纪中外文学关系研究与比较文学学术空间的拓展》，《中国比较文学》2000年第4期。

② Brunetiere, *European Literature*, *Comparative Literature in the Early Years*: *An Anthology of Assays*, Hasn - Joachim Schulz & Phillip H. Rhein (eds.), The University of North Carolina Press, 1973, p. 168.

入的。1919年章锡琛翻译的日本学者本闻久雄的《文学研究法》发表于《新中国》杂志上，章氏根据本闻久雄论著粗略介绍了法国学者洛里哀的《比较文学史》和英国学者波斯奈特的《比较文学》，这是中国近现代文献首次提及“比较文学”这一名词。但章氏对“比较文学”仅作翻译转述，还未上升到学科建构的高度。比较文学理论系统传入中国则在20世纪30年代以后，其标志是，由傅东华和戴望舒分别于1931年和1937年翻译的洛里哀的《比较文学史》和梵·第根的《比较文学论》出版。在今天看来，其译介选择还是具有一定先见性的。傅东华翻译的《比较文学史》，实是洛里哀用比较文学的方法将西方文学从古希腊往后勾勒的文学通识史，有一定的开创性，傅也被认为是当时“翻译文学理论最努力”[①] 之人；梵·第根的《比较文学论》是法国比较文学研究的学理依据，他提出的诸多研究范式成为法国学派的方法论基点，如流传学、渊源学、媒介学等理论视点，成为法国学派比较文学影响研究的经典方法。上述两书在西方比较文学界的影响很大，精通法语的翻译家傅东华和留学法国的戴望舒将其译入中国学界，在20世纪30年代正式引入西方的比较文学理论，足以见出译者的学术眼光和文学研究的比较视域。此外，1935年，留学法国的“岭南学者”吴康在国立中山大学《文史汇刊》上发表了名为《通论：比较文学绪论》的长文，论及比较文学之名称及中西文体之差别，目的在于“取泰西希腊，拉丁，法兰西诸族文学，陈其提要，以与中夏文学比观异同”[②]。这也说明比较文学在20世纪30年代已经在欧洲产生了较大影响，开始成为一门国际性的研究学问，故而引起中国留学生的重视，并被第一时间翻译引进到中国来，给中国传统的文学批评提供异域参照，有效地拓展了中国文学的研究空间和范围。

大凡有过留学经历的人，在进行文学研究时都会自觉或不自觉地使用比较文学的方法。“在文化领域内，外在性是理解的最强有力的杠杆。异种文化只有在他种文化的眼中，才得以更充分和更深刻地揭示自己。……在两种文化发生这种对话性相遇的情况之下，它们既不会彼此融合，也不会相互混同，各自都会保持自己的统一性和开放的完整性，然而它们却相互丰富起来。”[③] 留学生汲取的外来文化和文学养料，能使他们客观地分析、比对自身的文学样态，并带来文学研究范式的新变。文学研究者“往往以西方观念

① 王哲甫：《中国新文学运动史》，《民国丛书》（第5编），上海书店，1996，第262页。

② 吴康：《通论：比较文学绪论》，《文史汇刊》1935年第2期。

③ 《巴赫金文论两篇》，刘宁译，《世界文学》1995年第5期。

（如文学批评）为范围去选择中国的问题，姑无论将来是好是坏，这已经是不可避免的事实”①，比较方法开始受到各类文学研究者的重视和利用：“海通以还，中西思想之互照，成为必然的结果。‘比较文学’批评学，正是我们此后工作上应该转身的方向。”② 也就是说，比较方法在 20 世纪 30 年代已渗透到文学研究的各个领域，这正是留学人员对西方比较文学理论进行介绍，并以比较视野进行文学研究的结果。留学域外使他们有机会接触世界文学研究的最新动向，并将其引介到国内，最终建构起中国的比较文学学科体系，实现传统文学研究方法的更新，“不仅从形态上改变了传统文学批评的单一局面，也从价值取向上对传统文学批评进行了改造和重构”③，直接推动中国文学研究与世界接轨，并产生大批优秀的学者及重要研究成果。

三　留学生域外视域与比较文学译介理论的探讨

比较文学以跨越语言和民族为最基本的特征，其研究一般在两个或多个民族、两种或多种语言的文学之间展开，因此“研究比较文学将对学者们掌握多种语言的能力提出更高的要求”④。而在具体研究实践中，不是每个从事比较文学研究的人都谙熟母语之外的语言，因此大部分研究史料就必须依靠翻译引进。明代中外文化交流先驱徐光启说：“欲求超胜，必须会通；会通之前，先须翻译。”⑤ 他已经意识到翻译在异质文化交流中的重要媒介价值。比较文学涉及不同文学和文化之间类同性和差异性的学理归纳，故其翻译至少得在两个层面上展开：“一是语言转换层面。在这一层面，强调语言转换的等值，追求译作对原作在各方面的忠实，再现原作的精神风貌、文学意蕴和语言特色；二是文学再创造的层面。这一层面指译者根据原作者所创造的意象、意境、艺术风格等等，通过译者的解读、体会再度传达出来，是在原作规定的有限范围内的再度创作。”⑥ 与一般知识领域翻译相比，比较文学对翻译的要求更高，除了有效传达文字信息，还必须将语言文学背后的深层文

---

① 《朱自清古典文学论文集》，上海古籍出版社，1981，第 541 页。

② 方孝岳：《中国文学批评》，生活·读书·新知三联书店，1986，第 227 页。

③ 黄霖、黄念然：《“中国文学批评近现代转型研究”论纲》，《华中师范大学学报》（人文社会科学版）2007 年第 5 期。

④ 〔美〕韦勒克、沃伦：《文学理论》，刘象愚等译，文化艺术出版社，2010，第 45 页。

⑤ 参见李亚舒、黎难秋等《中国科学翻译史》，湖南教育出版社，2000，第 117 页。

⑥ 查明建：《译介学：渊源、性质、内容与方法——兼评比较文学论著、教材中有关“译介学”的论述》，《中国比较文学》2005 年第 1 期。

化元素阐释出来，这样才能导出合理的研究结论，取得较有价值的研究成果。

“比较文学自诞生以来，其孜孜以求的一个主要研究对象就是不同民族、不同国家之间的文学交流和文学关系，而不同民族、不同国家之间的文学要发生关系——接受并产生影响，就必须打破相互之间的语言壁垒，其中翻译毫无疑问起着首屈一指的作用，翻译理所当然地应该成为比较文学学者最为关注的研究对象之一。”① 晚清民初留学归国者，包括职业作家，都有域外文学翻译的经历和经验。据统计，“从 1900 到 1911 年，中国通过日文、英文、法文共译各种西书至少 1599 种，占晚清 100 年译书总数的 69.8%，超过此前 90 年中国译书总数的两倍。其中，从 1900 至 1904 年 5 年，译书 599 种，比以往 90 年译书还多”②。而 20 世纪第一个十年，正是中国的留学高峰，特别是去日本留学。留日学生译书最多，译日文书也相对容易，“壬寅以还，世尚游学，扶桑三岛，一苇能航，和文移译，点窜便易成书”③。当然，留日和留欧并无本质区别，留日学的亦是西学，只不过很多西书已先由日本翻译引进，因此传播更为便捷。但不管远赴西方，还是负笈东洋，都要求留学生在语言上必须突破单一的母语局限，谙熟所在国的语言，并对置身其间的文化有一定的熟识度和判别度。只有超克语言文化之间的隔阂，文学文化的翻译才能有效开展。随着晚清民国留学规模的渐次扩大，学成人员不断归来，数量庞大的西学书籍也随之被翻译引进到国内；而随着域外文献翻译量的增加，翻译家也积累起丰富的翻译经验，翻译理论的建构和翻译经验的总结也随之提上日程。什么是好翻译、如何翻译好遂成译界探讨的重心。留学海外的有成学者，大都精通两门及以上外语，他们探讨翻译理论及表达翻译主张，目的是探讨翻译的可行性和最佳操控性，使西学翻译最优化，最切合中国受众群体。晚清民国对翻译表达见解的知名作家和学者很多，具有代表性的有严复、周氏兄弟、胡适、苏曼殊、郭沫若、林语堂、陈西滢、曾虚白、钱锺书、傅雷、朱光潜等人。他们或发表专文，或在译本的序跋中对域外文献翻译进行相关论述，有借鉴外国译论的，也有结合中西进行比较的。总起来看，当时的讨论主要集中在以下几个方面：一是翻译中直译和意译的问题；二是翻译中译者素养、责任和翻译伦理的问题；三是诗歌能不能翻译、怎样翻译的问题；四是翻译中的意韵问题。此外还有翻译对象的选取和翻译语言的组织

---

① 陈惇、孙景尧、谢天振主编《比较文学》，高等教育出版社，1997，第 138 页。

② 熊月之：《西学东渐与晚清社会》，上海人民出版社，1994，第 13 页。

③ 诸宗元、顾燮光：《译书经眼录序例》，载张静庐辑注《中国近现代出版史料》（近代二编），上海书店出版社，2003，第 97 页。

等问题。足以见出翻译已经引起大家的重视。具体来说，关于翻译中直译和意译问题，译界讨论最为普遍，多围绕严复展开。严复乃译界元老，他提出"信""达""雅"翻译三原则，有极大包容性，基本涵盖翻译的所有领域，对比较文学译介理论的建构影响深远。与严复观点相近，林语堂提出"通顺""忠实""美"的翻译原则，二者关注的"信"和"忠实"基本带有直译的意味。周氏兄弟是直译的代表，鲁迅直言："凡是翻译，必须兼顾着两面，一当然力求其易解，一则保存着原作的丰姿……我是不主张削鼻剜眼的，所以有些地方，仍然宁可译得不顺。"① 周作人则毫不讳言地主张："我的翻译向来用直译法，我现在还是相信直译法，因为我觉得没有更好的方法。"② 强调意译的翻译家有陈西滢、郭沫若、傅雷等人。陈西滢"形似""意似""神似"之"三似说"和郭沫若"气韵译""风韵译"的主张都强调意译。此外，傅雷认为"以效果而论，翻译应当像临画一样，所求的不在形似而在神似"③。而钱锺书主张"文字翻译的最高标准是'化'，把作品从一国文字转变成另一国文字，既能不因语言习惯的差异而露出生硬牵强的痕迹，又能完全保存原有的风味，那就算得入于'化境'"④。可见傅、钱二人的主张和意译比较靠近。对翻译中的译者素养和责任问题的探讨，主要有林语堂、陈西滢、曾虚白、傅斯年、朱光潜等人，他们都强调译者必须具备翻译素养，而优秀译者"必具三个条件，一是对外国文学精通，一是对本国文学精通，一是有文学修养"⑤，这样才能对著者负责，也对读者负责。对于翻译中的"意韵"问题，陈西滢的"神似"说、郭沫若的"气韵"说、钱锺书的"化境"说等，都强调翻译要顾及译文的美与神韵，忌浅白；而对于诗歌的翻译问题，曾朴、曾虚白、傅斯年等人都认为诗歌是翻译中最难把控的文学类型，对译者要求最高，即不但要有效转换表层语言，更要对诗歌的精髓有深入的体悟。当然，当时的论争不管基于何种背景，都有效地推动了中国翻译事业的发展。最为重要的是，翻译论争反过来指导了翻译实践，大量的西方文献和外国文学被翻译引进到国内来，对现代文学和文化的发展影响深远；同时，也有一些学者从事中国经典的外译，如辜鸿铭将《论语》《中庸》《大学》等

① 鲁迅：《且介亭杂文二集》，《鲁迅全集》（第6卷），人民文学出版社，2005，第364—365页。

② 周作人：《陀螺序》，《语丝》1925年第32期。

③ 傅雷：《〈高老头〉重译本序》，载罗新璋编《翻译论集》，商务印书馆，1984，第558页。

④ 钱钟书：《林纾的翻译》，《翻译通讯》1985年第11期。

⑤ 朱光潜：《"五四"以后的翻译文学》，载《朱光潜全集》（第9卷），安徽教育出版社，1993，第237页。

译成英文在海外刊载印行，为西方世界了解中国文化搭建了桥梁。

需要强调的是，在比较文学学科史上，欧美学者都比较重视对翻译媒介的研究，因为不同文学之间交流和相互影响的媒介类型虽然很多，但其中最为关键的是翻译，“各国文学要真正沟通，必须打破语言的障碍，所以文学翻译是必然的途径，也是比较文学所关注的一个重要方面”[①]。故法国比较文学立法者梵·第根在《比较文学论》一书中辟有专章论述译本和译者的问题。他说：“在大多数的场合中，翻译便是传播的必要的工具，而译本之研究更是比较文学的大部分工作的不可少的大前提。”[②] 梵·第根强调了翻译的媒介价值，对于译者研究，他提醒研究者应重视序文，因为序文可以提供很多“关于每个译者的个人思想以及他所采用（或自以为采用）的翻译体系”的信息。[③] 法国学派另一重要代表基亚也强调比较文学对译者和译文研究的重要价值，认为“水平最差的译者也能反映一个集团或一个时代的审美观；最忠实的译者则可能为人们了解外国文化的情况做出贡献；而那些真正的创造者则在移植和改写他们认为需要的作品”[④]。布吕奈尔等在《什么是比较文学》中也对翻译进行强调：“和其他艺术一样，文学首先翻译现实、生活、自然，然后是公众对它无休止地翻译。所以，在无数的变动作品和读者之间的距离的方式中，比较文学更喜欢对翻译这一种方式进行研究。”[⑤] 总之，从中外比较文学的理论建构和研究实践来看，翻译无疑具有重要的中介和桥梁作用，对于中国比较文学研究而言，翻译的作用则更为关键，可以说，中国比较文学学科是“从小说的翻译和研究开始”[⑥] 的，正是具有留学背景的作家和翻译家通过自己的语言优势和翻译经历，在考辨传统译介经验和借鉴国外翻译理论的基础上，积极探讨西学翻译的可行性和有效性，为比较文学译介学奠定了理论基础，也为比较文学的跨国家和跨文化研究积累了丰富的研究资料。

四　留学生域外见识与中外文学比较研究的实践

作为一门独立学科，比较文学形成了自己独特的研究方法。在学科史上，

---

① 张隆溪：《钱锺书谈“比较文学”与“文学比较”》，《读书》1981 年第 5 期。
② 〔法〕梵·第根：《比较文学论》，戴望舒译，吉林出版集团有限责任公司，2010，第 129 页。
③ 〔法〕梵·第根：《比较文学论》，戴望舒译，吉林出版集团有限责任公司，2010，第 133 页。
④ 〔法〕基亚：《比较文学》，颜保译，北京大学出版社，1983，第 20 页。
⑤ 〔法〕布吕奈尔等：《什么是比较文学》，葛雷、张连奎译，北京大学出版社，1989，第 216 页。
⑥ 乐黛云：《1900—1910：中国比较文学的发端》，《东方丛刊》2006 年第 4 期。

注重事实关系梳理的影响研究和强调美学比较的平行研究是两种得到国际学者普遍认同的相对成熟的研究方法，二者都要求研究者必须具备较为清晰的比较视域和世界意识。就中国近现代文学发展情况来看，未有域外经历的作家和翻译家，是很难形成文学研究的世界眼光和比较意识的。正如胡适所言："那个时期，我们还没有法子谈到新文学应该有怎样的内容，世界的新文艺都还没有踏进中国的大门里，社会上所有的西洋文学作品不过是林纾翻译的一些十九世纪前的作品，其中最高思想不过是迭更司的几部社会小说，至于代表十九世纪后期的革新思想的作品都是国内人士所不曾梦见。"① 是以胡适凭借留学见识提出了文学研究必须以"历史的眼光""系统的整理""比较的研究"来综合展开，揭示出了文学研究中比较视域的重要意义。留学人员"在某种程度上具有双重文化，既熟悉中国精英文化，也熟悉外部世界的精英文化"②，这样的优势使他们能思考文化之间的差异，有利于形成文学研究的比较视野。朱光潜也通过自己的留学经历就比较文学研究如何展开表达了看法："说比较，不外是两个方面，纵的，文化遗产有什么；横的，各民族的相互影响，接受了什么外来的东西。我过去在国外，搞过'拜伦在希腊'这个题目，就是用比较的方法，研究拜伦给希腊什么影响，他本人又受到什么影响。"③ 这些例证都充分说明只有具备域外经历的人，才能进行文学的比较研究。故在留学归来的人员中，进行中外文学比较研究的学者很多，既涉及当时欧洲学者（特别是法国学者）所倡导的重视不同国家之间文学关系梳理的影响研究，也涉及后来美国学者所倡导的平行研究，并取得一系列卓有见地的研究成果。

具体而言，留学归国人员，研究中外文学关系的代表性学者有钱锺书、范存忠、陈受颐、陈铨、季羡林、陈寅恪等人，他们以翔实的资料考述对中外文学交流进行了有效梳理，并揭示了文化交流过程中的一些值得思考的文化和文学现象。王哲甫指出，留学生"在本国既已有充足的学问，出洋后又复受欧美学术的陶熏，比较之下，就能看出中国文学的缺点，他们提倡新文学运动是洞察中外的潮流而积极提倡的，故能一举而成功，所以新文学革命运动，留洋学生的功绩，实是不可磨灭"④。如范存忠 1927 年赴美留学，1928 年获伊利诺伊大学文学硕士学位后进入哈佛大学英国语言文学系就读，

---

① 胡适编选《中国新文学大系·建设理论集》，上海文艺出版社，2003，导言第 28 页。

② 〔美〕费正清编《剑桥中华民国史》（上卷），中国社会科学出版社，2016，第 356 页。

③ 朱光潜：《文学的比较研究》，《朱光潜全集》（第 10 卷），安徽教育出版社，1993，第 620 页。

④ 王哲甫：《中国新文学运动史》，《民国丛书》（第 5 编），上海书店，1996，第 25 页。

并于1931年以论文《中国文化在启蒙时期的英国》获哈佛大学英国语言文学系哲学博士学位。这篇论文从中国瓷器、茶叶等对英国人日常生活的影响出发，深入论析了中国文化在18世纪的英国受重视的原因。陈铨则于1933年获德国克尔大学博士学位，其博士论文探讨了中国文学在德国的翻译和传播情况，着重分析了中国文学对歌德文学活动的影响，成为探讨中德文学关系的开山之作，也是早期比较文学的代表论文之一。留英的陈受颐回国后创办《岭南学报》，在1931年首期发表《十八世纪欧洲文学里的〈赵氏孤儿〉》一文，详细梳理了《赵氏孤儿》的西传史，重点考察了伏尔泰将《赵氏孤儿》译成《中国孤儿》后风行欧美以及之后的数度改编情况，并对欧洲作家的改编动因及效果进行深度剖析；之后他又发表了《鲁宾孙的中国文化观》、《〈好逑传〉之最早的欧译》及《十八世纪欧洲之中国园林》等文章，全方位论证了中国文化对18世纪欧洲文化和文学的影响。1937年钱锺书以《十七、十八世纪英国文学中的中国》一文获牛津大学学士学位。该论文旁征博引，通过对游记、回忆录、译作、文学作品等史料的钩沉，系统论述了17、18世纪英国文学中对"中国形象"的想象和建构情形，并对传播媒介、文化误读及形象演变等进行深入研究。上述几位留学西方的学者通过卓有成效的研究，基本理清了18世纪前后中国文学在欧洲的接受和流传情况，这样的成就，今日的学界也未能超越。除了中西文学文化关系研究，中印文学和文化关系也是这一时期留学人员重点关注的领域，相关研究成果也最为丰富坚实，如陈寅恪《〈西游记〉玄奘弟子故事之演变》、季羡林《〈罗摩衍那〉在中国》、许地山《梵剧体例及其在汉剧上的点点滴滴》等论文，借助对具体文献的考索，解析了印度文学和文化（特别是佛教因素）在中国的接受和变化情况。这几篇文章论据充分，结论合理，是比较文学影响研究的典范。学者们的这些成果"从研究直接影响入手，努力细致地搜求材料……归纳出规律性的东西，借以知古，借以鉴今"①。重要的是，这些研究成就也使影响研究深入人心，故陈寅恪说："以今日中国文学系之中外比较文学一类之课程言，亦只能就白乐天等在中国及日本之文学上，或佛教故事在印度及中国文学上之影响及演变等问题，互相比较研究，方符合比较研究之真谛。盖此种比较研究方法，必须具有历史演变及系统异同之观念。否则古今中外，人天龙鬼，无一不可取以相与比较。荷马可比屈原，孔子可比歌德，穿凿附会，怪诞百

① 季羡林：《中印文学比较研究论文集·序》，《北京大学比较文学研究会通讯》1985年第7期。

出，莫可追诘，更无所谓研究之可言矣。”[①] 这说明当时的学者们从自身研究实践出发，已经意识到比较文学研究只有在一定的范围之内才有合理性，也开始意识到研究对象的可比性问题。

除有实际接触的影响研究之外，学者们对中外文学进行比较阐释时，也开始使用平行研究的方法。研究者发现，就近代以前的中外文学交流情况而言，与印度、日本文学之间的关系相对容易坐实，但和西方文化、文学之间的实质性的接触并不普遍，由于资料的欠缺，实证性文学关系梳理及影响研究很难有效展开。但中西文学在一些共性上是可以进行跨越性的平行对比的，为此王国维、鲁迅、茅盾、周作人、吴宓、苏曼殊等人在中外文学的平行比较方面都进行过较有价值的探索，而且和后来美国学派的韦勒克所倡导的研究方法高度契合：“比较也不能仅仅局限在历史的事实联系中。正如最近语言学家的经验向文学研究者表明的那样，比较的价值既存在于事实联系的影响研究中，也存在于毫无历史关系的语言现象或类型的平行比较中。”[②] 其中鲁迅的《摩罗诗力说》、王国维的《红楼梦评论》、茅盾的《神话杂论》最有代表性，他们将中国文学和西方文学进行平行比较，并归导出一些较有深度的研究结论。王国维的《红楼梦评论》是中国文学批评史上第一篇运用西方文艺理论和近代科学方法来阐释中国古典名著的论文，他援引叔本华的悲剧理论诠释《红楼梦》，得出的结论与传统大异其趣，令人耳目一新，故叶嘉莹认为此文在中国文学批评史上实乃一部开山之作[③]；茅盾平行对比了西方神话和中国神话的共性和个性，对促进中国神话的研究具有积极意义；周作人则从宗教、政治、地势、生活、自我谴责精神等几个方面对中俄文学进行宏观对比，得出“中俄两国的文学有共通的趋势，但因了这特别国情而发生的国民精神，很有点不同，所以这其间便要有许多差异”[④] 的结论；吴宓是中国第一个比较文学硕士，从哈佛归来后于1924年在东南大学开设了“中西诗之比较”讲座，这是中国第一个比较文学讲座，虽然他没有将讲义专著化，但从标题上已经看出这是一个中西诗歌平行研究的主题；除吴宓外，对中西诗歌进行平行研究的还有翻译家苏曼殊，他通过对中西几位代表性诗人的比较，总结说：“衲尝谓拜轮足以贯灵均太白，师梨足以合义山长吉；而

---

① 《陈寅恪集·金明馆丛稿二编》，生活·读书·新知三联书店，2001，第252页。

② 〔美〕韦勒克：《比较文学的名称和实质》，北京师范大学中文系比较文学研究组编《比较文学研究资料》，北京师范大学出版社，1986，第28页。

③ 叶嘉莹：《王国维及其文学批评》，北京大学出版社，2008，第148页。

④ 周作人：《文学上的俄国与中国》，《小说月报》（俄国文学研究）1921年号外，附录。

莎士比、弥尔顿、田尼孙以及美之郎弗劳诸子，只可与杜甫争高下，此其所以为国家诗人，非所语于灵界诗翁也。"① 以上例证说明，这些有着域外留学经历的学者已经发现不同文学之间平行研究的可行性和文化价值，进行平行比较可发现不同民族文学发展的经验和共性，为中国文学的发展提供异域参照。为此钱锺书间接表达了对平行研究价值的认可："比较文学的最终目的在于帮助我们认识总体文学乃至人类文化的基本规律，所以中西文学超出实际联系范围的平行研究不仅是可能的，而且是极有价值的，这种比较惟其是在不同文化传统的背景上进行的，所以得出的结果具有普遍意义。"② 他亦倡导"穷气尽力，欲使小说、诗歌、戏剧，与哲学、历史、社会学等为一家"③的跨学科研究方法。可以说，在上述研究之前，美国学者提倡的跨文化、跨语言、跨学科的研究还未开始，但留学归来的学者们已经开始使用平行研究的方法来比较中外文学的异同，虽然没有进行平行研究的理论建构，却以实实在在的研究诠释了比较文学的应有之义，这些研究实践甚至比空泛的理论建构更能推动比较文学的发展和成熟。

综上所述，中国比较文学的萌生和晚清民国掀起的留学运动有着密切关联，留学生奔赴异域后，逐渐扩充了知识视野，域外文化和文学不断触发他们的感受，引起思考，进而形成文化和文学研究的世界性眼光和比较意识。域外的"文化熏陶使人们看到本国文学受外来影响，或外国文学中有中国成分，就自然而然要探个究竟"④，他们以精通母语和熟知留学国语言的优势，一方面积极译介域外文学研究的新方法和比较文学理论，为中外文学的比较研究积累了理论基础和文献材料；另一方面展开有效的比较文学研究实践，产生了诸多具有开创性的研究范例，成为中国比较文学研究和学科发展的起点。

---

① 柳亚子编《苏曼殊全集》（第1册），中国书店，1985，第225页。

② 张隆溪：《钱锺书谈比较文学与"文学比较"》，《读书杂志》1981年第10期。

③ 钱锺书：《谈艺录》，中华书局，1996，第352页。

④ 杨周翰：《镜子和七巧板》，中国社会科学出版社，1990，第7页。

钱穆与梁实秋关于中西文学比较的笔战*

在文学研究领域，论争和笔战是一种比较常见的学术争鸣现象。民国时期是我国学术研究的黄金时段，有诸多为学界所津津乐道的学术论争，譬如关于文学翻译的译法论争、文学的阶级性之争、文学之美的论争、诗学范畴的论争等，可谓形成了一道道百家争鸣的学术风景线。不管当时论争双方基于何种立场，都切实推动了学术研究的进展，对中国现代学术规范的形成、各种学术概念的深化有着重要价值。而在比较文学研究领域，20 世纪 40 年代钱穆和梁实秋二人有过一场关于中西文学比较的笔战，目前还未引起学界的重视。本文从二人笔战的时代语境、论争内容、观点歧义等角度给予爬梳，冀此回顾当时比较文学学科的进展和研究概貌。

一　钱、梁二人中西文学比较笔战的时代语境

20 世纪三四十年代，是国际比较文学学科发展的重要时段，也是我国比较文学生成的时间节点。在中国近现代思想文化界，一贯是体系未进，概念先入，比较文学这一概念亦是如此。1904 年黄人在《中国文学史·分论》中提及英国比较文学家波斯奈特的《比较文学》一书，首现“比较文学”这一名词；1919 年章锡琛通过翻译日本学者本闻久雄的著述介绍了法国比较文学家洛里哀的《比较文学史》，1931 年傅东华将该书翻译了过来；1932 年，黎烈文发表《一本专论比较文学的理论和方法的新著》一文，向国人介绍法国比较文学家保罗·梵·第根的新书《比较文学论》。黎烈文将梵·第根译为狄詹姆，故后来的研究者几乎没有注意到这一文献。他说：“我在巴黎的时候，曾听过狄詹姆先生的课，所以对于这本书颇为熟悉”，此书“算得是现

* 本文原载于《宁波大学学报》（社会科学版）2020 年第 4 期，收入本书时有修改。

今欧美出版界中介绍比较文学的第一本完著”。[①] 后戴望舒于1937年将之译成中文出版，我国正式引入西方比较文学研究的方法论体系。再加上这期间由于大量留学生学成归国，域外文学的翻译成果也渐次增加，作家、翻译家、理论家也逐步具有一定的世界眼光和比较意识，比较文学的研究成果也因之增多。中西文学、中印文学、中日文学等不同文学比较的成果也不断面世。在外来理论和研究案例的支撑下，当时很多学者和作家都有关于文学比较研究的阐述，在实践层面推动了中西文学的比较研究，既表现了西方文学的独特性，又凸显了中国文学的风格与价值。

关于中西文学如何比较的观点及方法，当时相关文献辑录较少，论争与笔战就更加难觅，就目前史料所及，仅有梁实秋和钱穆的一场论争。二人中，钱穆国学修养深厚，年龄稍长，以史著学问名世，后为新儒家之代表，一向固守中国传统文化精髓，坚守文化的本土之根，同时融合西学精髓；而梁实秋则深受西方白璧德新人文主义思想的影响，于西方文学和文化方面的素养较深，更兼有作家、文艺理论家、翻译家等数重身份。乍一看二人似乎很难在一个层面上有笔战的可能交集和共同话题，但活跃在20世纪三四十年代的文人学者，不管是力奉传统文化核心价值的保守者，还是服膺西学为优的激进反传统者，都不可能仅从单一的文化向度进行言说，故虽钱梁二人在中西文学的特征和价值立场上有所分歧，但这种分歧正好代表了现代文学史、学术史上对待中西文化的两种不同路径。

钱梁二人笔战的具体情形是：钱穆1942年在《思想与时代》第11、12期上发表《中国民族之文字与文学》一文，集中比较中西方语言文字、文学的差异性，引来梁实秋的质疑，于是梁撰写《略论中西文学之比较：质钱穆先生》一文在《中央周刊》第13期上刊出，针对钱穆的“中西文字优劣论”“中西文学雅俗演化说”“文学比较的主观判别”等观点进行反驳；钱穆为维护自身观点，再撰《关于中西文学对比敬答梁实秋先生（上、下）》进行回应。二人的论争，既充满火药味，又不失克制和深度，就中西语言文字孰优孰劣、中西文学的世界性与地方性、中西文学的雅俗演进等问题展开全面交锋。二者的观点各有合理性，亦各有片面性，但对推动中西文学比较研究的方法、理论架构的明晰和普及有其积极意义，值得我们今天去认真梳理和汲取。

---

① 黎烈文：《一本专论比较文学的理论和方法的新著（著者：狄詹姆博士）》，《图书评论》1933年第5期。

二　中西语言文字、文学的优劣问题

清末民初的学术界，诸多领域都关涉中西优劣论，譬如中西种族、中西伦理、中西文学文化、中西语言文字等都有优劣之争，即对比较对象作出高下好坏的价值判断。众所周知，学者之间的论争和笔战是一种推动学术进步的常见方式，尤其在人文学科领域更为普遍。一般而言，学术观点越辩越明，有效、深入的论争在某种程度上能推动学术观点的深入乃至普及。就中西文学比较而言，在晚清民国时期还是一个较为陌生的论题：一方面，当时对外国文学的翻译引进也不像后世这样周全，学者们对西方文学缺少全方位的审视；另一方面，中国比较文学研究的方法论体系还未建构起来，如何对中西文学进行比较还是一块探索中的新领地。在这一大背景之下，钱梁二人的比较文学论争，就具有非常重要的学科意义和理论价值。因为出发点和立场不同，二人的笔战在保持理性商榷的同时，也有一定的火药味。钱梁的分歧首先从文字的优劣之辩开始。钱穆认为，汉字是世界上几大古文字系统中最为稳定、历史最为悠久的文字，以汉字为书写工具的中国文学因此成为世界文学史上唯一没有中断过的文学种类；并且，“中国文字又有一独特之优点，即能以甚少之字数而包举甚多之意义”①。即使时代发展、历史更替、语言文字衍化更迭，亦不需再造新字以表新意，不用增加汉字的总量，亦能使交流阅读不受影响。由此而论，中国文字属世界最优秀之文字无疑。而西方文字经由希腊、腓尼基、罗马、拉丁、欧洲诸民族方言类型的复繁更替，语源多、衍生繁芜，后继时有断代，故由此创生的文学难以实现无缝对接。钱穆论证道：“古希腊文、拉丁文，今日欧土人士能识能读者又几？犹不仅于此，即在十四五世纪，彼中以文学大名传世之宏著，今日之宿学，非翻字典亦不能骤晓也。”② 故无法实现文字的赓续和大同。而中国文字则不然，一是它能以旧形旧字表述新音新意，二是能消融方言的差异，不主故常而能条贯如一，故中国文字能实现大同。梁实秋对钱穆文字的大同观和优劣论则不予认可。他说，“中国只是世界上许多国家之一而已”③，大同的文字如果存在，古代应推希腊、拉丁，近代应推英、法、西班牙诸文，因为近代殖民者将这些语

① 钱穆：《中国民族之文字与文学》，《思想与时代》1942 年第 11、12 期。
② 钱穆：《中国民族之文字与文学》，《思想与时代》1942 年第 11、12 期。
③ 梁实秋：《略论中西文学之比较：质钱穆先生》，《中央周刊》1942 年第 13 期。

言推向世界，不管是在地缘的广阔度上，还是在使用者的复杂性、多元化方面，都是中国文字所不能比的。如果说非要甄选一种世界性的文字，在梁实秋看来，“我们中国的语言文字似乎还不能入选”①，因为除中国人之外，很少有其他民族使用汉字。梁实秋有较好的西语基础，他对钱穆的批判还是有一定的说服力的。钱穆则有较强的国学修养，尤其对中国文学和文化有着深厚感情，他通过比较中西文学的产生时代、题材和语言等得出的结论，难免会带有一些主观偏见。在当时，论中西文字之优劣者观点有二：“一以衍形衍声为优劣之判，一为文字滋乳之迟速多寡为优劣之判。”② 钱穆受其影响，也以衍形文字和滋生少为判断文字优秀的标准，故坚持汉字为世界文字的优秀代表。钱穆的西学功底较梁实秋弱，在比较时主要侧重于中国；而梁实秋西学素养较高，故能充分了解西方文字的历史和优势，在这一点上，梁实秋的驳难似更有说服力。

清末民初，西学东渐，西方各种学说、学科体系逐步传入中国，而近现代学科的体系建构和研究细化分工始于欧美，故中国近现代的学科体系和研究方法，不管是自然科学的还是人文科学的，都是 19 世纪以后从欧美引进来的。在中西文化接触过程中，一些学者认为西方文字更容易学，部分激进的新文化运动者甚至主张废除汉字，一时间关于中西方文字孰优孰劣的讨论激烈不已。而文字优劣的价值判断，延伸出来就是文化和文学的高低，这恰恰代表着当时知识分子对中西文化的两种看法和态度。废除汉字或汉字拼音化也成为五四运动之后文字改革的一个流行方向，诸如蔡元培、陈独秀、鲁迅、周作人、钱玄同等新文化运动健将都持此论。蔡元培力主用拉丁字母来标音国语，“汉字既然不能不改革，尽可直接的改用拉丁字母”③；周作人主张改用罗马拼音代替汉语。和钱穆相比，梁实秋在文学、文化主张上与新文化运动有更深刻的共鸣，因此在他看来，钱穆坚持汉字是世界上受众最多、绵延时间最长、表达效果最好的文字的论断，并不符合世界语言发展和改革的潮流，尤其指出钱穆坚持文字优劣论的背后，实则暗藏着中国文学和文化优于西方的潜在预设。在这一点上，钱穆即便立论无意，也确实对梁实秋的质疑无力回击。当然，经过后世的研讨和探索，语言和文字的优劣已经不再被人们提起，文字之间的区别，仅在于学习难度和使用习惯上的不同，实无优劣

① 梁实秋：《略论中西文学之比较：质钱穆先生》，《中央周刊》1942 年第 13 期。

② 翁衍桢：《论述：释中西文字优劣之异议》，《民立旬刊》1936 年第 12 期。

③ 蔡元培：《汉字改革说》，《国语月刊》1922 年第 7 期。

之分。正如吕叔湘先生指出："汉字有它的优点，也有它的缺点。拼音字有它的优点，也有它的缺点。有人赞成汉字，就只说汉字的优点，不说它的缺点。有人赞成拼音字，就只说拼音字的优点，不说它的缺点。我要说的是：第一，无论是汉字还是拼音字，它的优点和缺点分不开，有这么个优点，就难免有那么个缺点。第二，汉字的优点恰好是拼音字的缺点，汉字的缺点恰好是拼音字的优点。"① 五四时期对语言优劣问题的讨论，内涵远远超过语言学的边界，背后实有中西文化冲突、文化利用甚至文化误读等不同观念的驱使。当然，梁实秋不赞成钱穆汉字优于西方拼音文字之论，但也未主张中国文字需要拼音化或废除，他更倾向于语言文字没有优劣之别，故以文字为书写媒介的文学也就没有高下之分。我们知道，文学是语言的艺术，对于语言的优劣一旦有了价值判断，文学作品和创作也就会被带入优劣论的思维中。故梁实秋说"钱先生国学著述，吾所敬仰，但此文所论，未敢苟同"②，实则暗含钱穆的长处在于国学，但对于外国的文学文化，不见得有什么见地，因此批评钱穆立论大胆，实在是事出有因，这也是钱穆给予回驳正名的主要原因。

三　中西文学的地方性、世界性与雅俗演进问题

（一）文学的地方性与世界性问题

文学风格、题材的地方性和世界性，是文学史长期讨论的话题，也是比较文学关注的问题。梵·第根在《比较文学论》中就专门辟出一章，论述"比较文学""民族文学""世界文学"之间的关系；后来韦勒克《文学理论》也有关于"总体文学""比较文学""民族文学"之间关系问题的专论。从中外文学发展的情况来看，文学的产生总是从较小范围、单一题材开始，进而扩展到大题材和大范围的，很多文学经典都是以地方性、民族性的题材表达人类自身的普遍性问题，像爱恨情仇、生老病死等共有元素。从这个层面来说，文学应该是地方性和世界性的统一。譬如，托尔斯泰对俄罗斯民族性的书写、曹雪芹对中国封建大家族的描摹、马尔克斯对南美洲民族寓言的

---

① 吕叔湘：《汉字和拼音字的比较——在"汉字问题学术讨论会"开幕式上的讲话》，载中国社会科学院语言文字研究所编《汉字问题学术讨论会论文集》，语文出版社，1988，第8页。

② 梁实秋：《略论中西文学之比较：质钱穆先生》，《中央周刊》1942年第13期。

当代神话建构等，都是由民族性、地方性上升到世界性、普遍性的优秀代表。故从这个角度来说，文学的世界性和地方性并非铁板一块，也不存在孰优孰劣的问题，而这点却成为钱梁二人论争的重心。

钱穆通过爬梳西方文字的谱系传承，追溯西方文学的古希腊、古罗马渊源，推论西方文学是由地方性扩展而来的，因为古希腊、古罗马文学只是整个西方文学发展历程中的一个阶段，是一种具有地方性色彩的文学；而中国文学一开始即为世界性的文学，后由世界性下沿伸展到地方性。钱穆认为："中西文学有极显著之异相，即西方文学常见为光怪陆离不脱地方性；而中国文学则常见为高瞻远瞩不脱世界性。"① 中西文学的世界性或地方性传统之形成，根本原因在于西方文学是由地方性语言所书写，而中国文学则为大一统的语言所创构，因此中国文学能较好归并各地域方言之差异，进而实现文学的世界性大同。虽然《诗经》之十五国风明显描写地方性，但已逐渐磨灭地域特征，朝向整一性，有着大通之气度；而西方文学受地方性源头、语言文字多源性等限制，难以实现文学的世界性维度，古希腊、古罗马、拉丁文学还未来得及扩展到世界性层面，便已断层不延。循此，钱穆总结说："西土文学由偏以企全，期于一隅见大通。中土文学，则由通而呈独，期于全体露偏至。"② 其意在说明中西文学由特殊上升到普遍和由普遍再到特殊的演变之差异。

针对钱穆关于中西文学世界性、地方性特征的表述，梁实秋根据自己对西方文学的认知，批评钱穆的观点带有民粹主义倾向，有失客观。梁实秋认为，综观世界各民族文学的表现和书写，很多都具有世界性因素，而非中国一个国家所独有。为此，他提出了几点质疑：一是凡是文学作品无不带有"地方色彩"与"时代精神"，古今中外皆然，"要好的作品，表现普通的人性的作品，才可能超脱地方色彩，上升到普遍性和世界性的高度"③；二是若以语言文字为文学发展的世界性、地方性的根据，则世界上任何国家之语言文字"殆皆不脱地方性，没有一种语言文学能'跻乎大同'"④。春秋时期各国的方言，就是地方语言，且都在一个相对封闭的文化体系之内，从范围和受众来看，西方语言似乎更加具有大同性，故钱穆以之为中国语言文字具有大同性的论据是难以成立的，由此归导出中国文学具有世界性的结论也就不

① 钱穆：《中国民族之文字与文学》，《思想与时代》1942 年第 11、12 期。
② 钱穆：《中国民族之文字与文学》，《思想与时代》1942 年第 11、12 期。
③ 梁实秋：《略论中西文学之比较：质钱穆先生》，《中央周刊》1942 年第 13 期。
④ 梁实秋：《略论中西文学之比较：质钱穆先生》，《中央周刊》1942 年第 13 期。

能服众了。钱穆在回驳中声称自己只是一个学术的门外汉，自己所做仅仅是一种探索，是一种学术上的大胆假设，乃兴之所至，而非想有什么大的建构和立论。相对于梁实秋的质疑，钱穆的回应实是少了一些学理性和说服力。

（二）文学的雅俗及其演化问题

文学的雅俗分野在某种程度上和文学的地方性、世界性有一定关联度，地方性的文学可能倾向于“俗”，世界性的文学可能趋向于“雅”，但这个界限并非绝对的。有关文学的雅俗之辩，甚或雅俗转换，学术史的探讨也一直未曾停止，文学的雅俗转换和时代、族别、审美等紧密相关。钱穆认为，雅的文学一定是世界性的文学，也才会雅化；而地方性的文学则一般随俗。基于此，他将文学的雅俗类分与比较文学领域的“世界文学”“民族文学”“国别文学”等概念进行对应。他说：“若以今日西方文学界观念论之，则中国人所谓雅，即不啻今日西方所谓‘国际文学’与‘世界文学’；而中国人所谓俗，实即相当今日西方所谓‘民族文学’与‘国别文学’也。”[①] 钱穆根据对古希腊、古罗马文学地方性的定论，认为西方文学是地方性的文学，因此是俗的文学；而中国文学则是在大通的文字和整一的地域环境中产生的，已经超克了地方性，上升到了共通性，自然属于雅的文学了。他以《越人歌》为例，越歌楚说，说明越俗楚雅，楚之能雅，是地方性上升到世界性之缘故，进而推导出“中国文学以雅化为演进，西洋文学则以随俗为演进”[②]之结论。梁实秋则批评钱穆观点“大胆”、“似是实非”。因他看来，“西洋文学历史，古代希腊罗马文学已不限于地方，厥后各国文学的兴起，亦不是单独的纯粹的‘随俗’演进。例如英国文学，历史虽短，但是把盎格鲁撒克逊诺曼底以及更早色诺底诸成分，都混合溶解在一起了，英国的文学又何尝没有钱先生所说的‘雅化’；又何尝只是如钱先生所谓的‘随俗’”[③]。梁实秋还指出，文学的雅化和随俗在西方文学中的例子也是十分常见的，故钱穆所说中西文学雅俗演进路径之差异并不成立。当然，姑且不论钱说是否有足够的根据和合理性，在当时能做出这样的比对，对于中国比较文学学科的发展、研究方法论的形成也不无启示意义。

钱穆进一步指出：“雅本为西周时代西方之土音，因西周人统一了当时的

---

① 钱穆：《中国民族之文字与文学》，《思想与时代》1942 年第 11、12 期。
② 钱穆：《中国民族之文字与文学》，《思想与时代》1942 年第 11、12 期。
③ 梁实秋：《略论中西文学之比较：质钱穆先生》，《中央周刊》1942 年第 13 期。

中国，于是西方之雅，遂获得其普遍性。文学之特富于普遍性者遂称为雅。俗则指其限于地域性而言。又自此引申，凡文学之特富传统性者亦称雅。俗则指其限于时间性而言。孰不期望其文学作品之流传之广与持续之久，故中国文学尚雅一观念，实乃绝无可以非难。”① 循此雅俗之申辩，钱穆认为，古代希腊史诗和戏剧繁荣，而中国文学则二者不盛，原因在于中西文学演进之雅俗不同，雅化传统不会去书写这类题材，只有随俗才有这些文类的产生。在中国文学传统中，史诗、戏剧等题材，是难登大雅之堂的。“中国早成大国，早有正确之记载，故如神话剧曲一类民间传说，所谓齐东野人之语言，不足以登大雅之堂。”② 对于这一申辩，梁实秋则表示了质疑。他根据钱穆关于中西文学雅俗演进的论述，批评钱穆在对中西文学进行比较的时候，具有关于不同文学之间优劣的价值判断，即雅的文学高于俗的文学的主观判别。他坚持认为：“中国文学与外国文学孰优孰劣这一问题是很难判断的，因为一国的文学自有其特殊的历史背景及民族心理的根据，故亦自有其特殊的文学形式与精神，固不能硬拿来和另一国的文学较量长短。”③ 比较只是寻找差异，而非做出优劣的判别。钱穆在回复梁实秋的质疑时说：“以谓雅俗，亦并不含有褒贬，雅俗相对，雅只是范围较大的，俗则是范围较小的。雅化只是向心的世界化，随俗则是离心的地方化。”④ 这个辩驳抽象有余而实感不足，感性表达多于理性表述。虽然从论战的结果来看没有赢家，但我们从二者的文字交锋中实已得出结论了。

文学的雅俗关系是比较复杂的，“雅与俗是关涉文学的价值认同、时代趣向、运作机制、风格趣味、文体形式、读者对象诸内容”⑤，非三言两语所能言说清楚。“所谓雅文学和俗文学，从来就没有明确的严格的界限，当然，俗文学较多地取材于民间，而雅文学则一般把视线瞄准在社会上层；俗文学内容平易近人，艺术形式和语言风格照顾到社会群体的欣赏习惯，而雅文学则比较艰深难懂。因此，俗文学拥有较多较广的读者群，而雅文学常常是‘沙龙艺术’，只供少数人理解和欣赏。这就是所谓‘下里巴人’和‘阳春白雪’的大致分野。但必须指出，文学的雅与俗，并不完全是由这些条件来决定的，而且雅俗这对矛盾在一定条件之下是可以互相转化的。随着时代的推

① 钱穆：《中国文学论丛》，生活·读书·新知三联书店，2002，第 11 页。
② 钱穆：《中国民族之文字与文学》，《思想与时代》1942 年第 11、12 期。
③ 高旭东：《梁实秋：慎言比较文学的比较文学家》，《东岳论丛》2005 年第 1 期。
④ 钱穆：《关于中西文学对比敬答梁实秋先生（上、下）》，《文化先锋》1943 年第 19、20 期。
⑤ 杨匡汉主编《20 世纪中国文学经验》（上册），东方出版中心，2006，第 475 页。

移，人们观念的变化，雅文学可以蜕变为俗文学，俗文学也可以转化为雅文学，这种情况，在文学史上是屡见不鲜的。”① 钱穆将中西文学的发展演变归类为雅俗二分，确实有些单一和粗糙，难以涵盖中西文学之间的复杂性和差异性，故梁实秋也就容易抓住钱穆立论的漏洞予以驳疑。

在20世纪三四十年代，梁实秋似乎是现代文学史和学术史上卷入各种论争最多的作家，最为出名的是和鲁迅先生之间关于文学“阶级性”的论争，并被鲁迅先生讽以“资本家的乏走狗”；后与傅东华、叶公超等人有翻译的论争，与朱光潜有“文学之美”的笔战等。多次卷入论争中心，一方面说明梁实秋思想活跃，喜欢质疑别人的观点，思考诸多学术问题；另一方面也说明梁实秋喜欢论争这种形式，借以引起学界对某个问题的关注。民国时期的学术论争，有着推动学术发展的重要作用，毕竟很多学科和观念在中国文化现代转型期还不是很成熟和完备，所谓观点越辩越明，实是当时良好学术生态的重要体现。

四　中西文学的生成、取材、受众差异等问题

一般而言，只要涉及不同的文学传统，文学之间就会有明显的差异，而差异是产生比较的前提，也是比较视域产生的基础。在钱穆看来，虽然比较文学的主要目的不是直接判断比较对象之间的优劣高下，但还是要有所轩轾和偏向，不然比较的目的是什么？得出的结论还有什么意义和价值？而梁实秋则不同意这一观点。他说：“比较文学是近代文学研究的一块新领地，其目的是研究文学思想之国际间的交流，研究文学类型之演变，以及文学家之世界的影响，英法美学者在这方面都有很大的贡献，由于比较文学的发展，我们将更有理由相信文学是全人类所有的产物，无所谓国界。”② 梁钱二人虽然都是学贯中西的学者，但侧重实有不同。梁实秋西学功底较强，对西方的文化和文学领会较透，无形中对中国文学和文化有一些价值判断和思考，甚或有所批判；故他认为“我们研究文学，休想对西洋文学有什么贡献，只该想怎样对中国文学有贡献”③。而钱穆则在国学和传统文化方面的浸润更深，对传统文化有着强烈的感情和维护意识，被认为是文化保守主义的代表之一，

① 陈诏：《文史拾穗》，山西古籍出版社，1998，第265页。

② 梁实秋：《略论中西文学之比较：质钱穆先生》，《中央周刊》1942年第13期。

③ 梁实秋、沈同治：《怎样研究西洋文学》（中英文对照），《高级中华英文周报》1936年第751期。

主张新脱胎于旧，认为“文学之新不该是凭空而来，也不能从外国搬来，而首先能继承旧文学的神髓。要想为中国新文学开新风气，并使之久远光大，则必于旧文学的传统和体系有所了解，甚至于对整个旧文化体系有所了解，只有将此种‘新’的精神融入旧文学之中，才能有时代的新文学”①。

（一）中西文学产生的地理环境

毋庸置疑，中外文学都是在一定的社会、地理、民族文化背景中产生的，这些背景的不同，在很大程度上决定着文学风格的差异。钱穆通过对古希腊文学和中国上古文学产生背景的对比考察，得出的结论是：以古希腊文学为代表的西方文学产生于小环境中，故要求欣赏其作品之对象为四周之群众，创作之语言为群众之俚语，尤其重视文学的空间传播；而中国文学则不重视欣赏对象，以大通之语言创作，更为重视时间的绵延，而非空间之散布。中西文学产生于大小两个不同的环境中，这正是中西文学差异性的根源。这个不同，对中西文学的方方面面均产生了深远影响。“中西文学萌茁环境之不同，精论之，则有影响及于双方文学家内心情感之相异者。夫文学贯于求欣赏，欣赏对象之不同，斯足以分别其创造之路劲。”② 这样一来，“西土文学萌茁于小环境，故作者所要求欣赏其作品之对象，即其当身四维之群众，而其所借以创作之工具，又即为与其所要求欣赏对象之群众所操日常语言距离不甚远之文字。故彼中作家常重视现实，其取材及其表达，常求与其当身四维之群众密切相接，因此甚重视空间之传播，有甚于其重视时间之保留”；“中土不然，文学萌茁于大环境，作者所要求欣赏其作品之对象，不在其近身之四维，而在辽阔之远方，其所借以表达之文字亦与近身四维所操日常语言不甚接近，彼之欣赏对象既不在近，其创作之反应，亦不按时日而得，因此重视时间之绵延，有甚于其重视空间之散布”。③ 钱穆根据中西方文学产生的环境之差异，认为中国文学以时间为检视维度，对欣赏对象不很重视，作家更为看重的是作品的历时性，以及后人的评价；而西方文学侧重于空间的散布，更为重视文学的当下性，要顾及欣赏对象的感受和共鸣。

针对钱穆的观点，梁实秋认为其立论不妥。西方文学也有产生于大环境中的，中国文学也有产生于小环境中的，这不足以成为一个比较的范畴，也

---

① 印永清：《新文化运动中胡适与钱穆文学观之比较》，《华东师范大学学报》（哲学社会科学版）1996 年第 1 期。

② 钱穆：《中国民族之文字与文学》，《思想与时代》1942 年第 11、12 期。

③ 钱穆：《中国民族之文字与文学》，《思想与时代》1942 年第 11、12 期。

难以成为论证中西文学差异性的重要依据。西方文学也讲究时间的绵延和后世的评价，比如莎士比亚和易卜生的戏剧；而中国文学也有着空间之散布，比如产生于民间的戏曲，如果没有特定的欣赏对象，它就不会延续下来，并成为中国戏剧的重要支脉。在这一点上，钱穆立论宏阔，有其合理之处；梁实秋反驳有理，也有片面之嫌。

（二）中西文学创作、取材和受众的差异

在文学的主要形式和取材方面，钱穆认为西洋文学的三大骨干为“叙事长诗、剧本、小说”，而中国文学则大体分为三大类，即“曰史、曰论、曰诗”。由此可见，西方文学重叙事，中国文学重抒情。对此，梁实秋列举大量实例，说明西洋文学也有重要的抒情诗，比如古希腊、古罗马文学中就有很多抒情名篇传世，其成就甚或不下于叙事长诗。另就“史”而论，中国虽以史官文化著称，但史料庞杂、正野相间，难于整理，且修史之人多为官方委任，难以公正中立；而西方史料清晰，线索单一，多为民间撰写，或更接近史实，故不能说中国就以史为优。就戏剧而言，钱穆认为西方戏剧产生于神话、民间传说等，而中国文学不屑于此，故能超脱出来；而梁实秋认为中国戏剧是供上层人士把玩的，仅供少数人娱乐，民众很少参与，这才是中国戏剧不如西方发达的原因，而非文学发展阶段和取材的差别。

对于文学的接受对象，钱穆认为：“西方文学家要求之欣赏对象，重在当前之空间，而中国文学家要求之欣赏对象，重在身外之时间，此一不同，影响于双方文学心理与文学方法者致深微而极广大。故西方文学尚创新，而中国文学尚传统。西方文学常奔放，而中国文学则当矜持，阮籍孤愤，陶潜激昂，李白豪纵，杜甫忠恳，而皆矜持，皆尊传统，所谓纳之轨物，不失雅正。西方文学之演进，如放花爆，中国文学之演进，如滚雪球，西方文学之力量在能散播，而中国文学之力量，在能控抟。”① 针对此论，梁实秋针锋相对地说：“所谓欣赏对象，应当是人，不是时间，亦不是空间，因为时间空间都不能欣赏，好的作品，在空间能散播，在时间能持久，古今中外无不皆然。”② 在这一点上，倒是梁实秋断章取义了，钱穆的立论其实是说中西文学因受众不同，故而对时间和空间的处理有所不同，而非否定文学的审美对象是人，但梁实秋认为好作品在时间和空间上一定是处理得恰到好处的，这个

① 钱穆：《中国民族之文字与文学》，《思想与时代》1942 年第 11、12 期。
② 梁实秋：《略论中西文学之比较：质钱穆先生》，《中央周刊》1942 年第 13 期。

结论倒无可辩驳。

如何进行文学的比较研究，与钱穆和梁实秋同时代的学者也表达了一些观点，这一方面推动了“五四”以后中国比较文学理论的自觉，另一方面也推动了中国现代文学研究的国际比较视野。周作人说：“外国的材料，是应该极力看重而借镜的。中国文学及其他的研究，非要改换方法不可。”① 胡适也说：“比较的研究法，在中国大概比在别的国家更加迫切需要，这需要可分两层来说，一方面，因为缺乏比较的材料，以致我们中国人高估了自己文化产品的价值；在另一方面，因此竟迷了文学界的眼睛，使他们对于数种文学的和艺术的作品不知如何评价。”② 美国作家赛珍珠也说：“中国旧文学中没有能够在他们晚近所需要表现新的世界上加以什么帮助，现代作家所稔熟的写实主义观念，在中国还是新鲜的，因为中国的旧有文学史偏重于浪漫的。”③ 可见，中国文学进行现代转型，引进域外文坛新宗是必须的，借鉴新的研究方法更是异常急迫，中国文学自身优势和价值的体现、存在的问题和改变的可能，只有在异域文学参照中才能更好地凸显出来。对于这一点，钱穆有着过人的见识：“今中国国内有识之士，乃渐渐觉悟纯以功利观念为文化估值之无当，自今以后，中国人殆将一洗已往功利积习，重回头再认中国传统文化之价值，亦必同时认识西方文化之精神。”④ 这个观点，即便在今天看来也不无合理成分。

总起来看，梁实秋之所以对钱穆的观点和看法进行质疑并引发笔战，实有深刻的内在逻辑。一是他认为钱穆对中西文学比较的论述为感性所出，常失之偏颇，故毫不客气地批评钱穆立论“比较大胆”，因为梁实秋自信自己在外语和外国文学方面的造诣高于钱穆；二是梁实秋一贯喜欢对自己感兴趣的话题挑起论战，在整个中国现代学术史上，他是引发笔战最多的作家和学者，如文学翻译的笔战、“文学之美”的笔战、诗论笔战等。而钱穆之所以予以回驳，一方面是因为梁实秋批其大胆的背后，实则是委婉批评他在世界文学和比较文学方面学识的欠缺，触碰到了他的底线，使其颜面有失；二是因为钱穆自信在国学方面的底子深厚，作为后学的梁实秋竟敢发难，且自己立论也是有理有据的，因此撰文予以回驳，以亮明观点和立场。但他在驳斥梁文的整个过程中，似乎感性表达多于理性申辩，故这次关于中西文学比较

① 周作人：《略谈中西文学》，《人间世》1936 年第 6 期。

② 胡适、张沛霖：《文学的比较研究（注一）》，《北极》1944 年第 2 期。

③ 〔美〕赛珍珠：《东方与西方文学上之比较》，《三六九画报》1940 年第 6 期。

④ 钱穆：《东西接触与中国文化之新趋向》，《思想与时代》1944 年第 32 期。

的笔战，似乎梁实秋的观点更具说服力，也更为客观公正。但不管笔战结果如何，其过程更为重要，尤其当时我国比较文学的学科逻辑和方法体系正处于草创阶段，钱梁二人的笔战和论争，至少能使学界关注比较文学的研究路数和方法，也能启发学界去思考中西文学之间的异同，这在推动我国比较文学发展方面的作用是不言而喻的。

《海国图志》和《瀛寰志略》中的异域书写*

中国对域外世界的认知在历届封建王朝中并没有受到应有的重视，对西方世界的关注和想象最为薄弱。虽然在明末清初中西文化的交流就已零星展开，如以利玛窦、汤若望、艾儒略等传教士为代表的西方人最先向明清上层人士介绍西方的科技、宗教、历法等知识，但影响较小，范围也未涉及底层民众。“鸦片战争以前，西方传教士是输入科学文化的主要桥梁，他们同中国士大夫合作翻译的书籍，几乎全是宗教神学和自然科学等方面的著作；鸦片战争后的相当长一段时间，虽然先进的知识分子已认识到学习西方文化的重要性，并积极主张翻译外国书籍，也主要限于自然科学、机械制造以及政治、经济、哲学等社会科学著作。”① 鸦片战争之后，面对西方世界的坚船利炮、先进的科学技术，晚清知识分子的心态开始发生变化，由鄙夷、恐惧、妖魔化等逐渐趋向客观，意识到文化交流的互补价值和参照意义，开始引导民众理性认知世界。其中《海国图志》和《瀛寰志略》对于民众认知外部世界有着重要的作用，二书是当时民众想象和研判外部世界的文本基础和窗口，当然，由于受到时代背景和作者知识谱系等限制，二书对西方世界的描摹，主要还是以他者形象进行建构的，在某种程度上并不完全真实可靠。

一 客观纪实与尊华卑夷

晚清以降，中国人对外界的认知逐渐由周边地区扩展到整个世界，从东方延伸到西方，作为他者的西方开始进入中国人的想象世界和书写谱系。巴柔认为：“形象即为对两种类型文化现实间的差距所作的文学或非文学，且

* 本文原载于《邵阳学院学报》（社会科学版）2020 年第 1 期，收入本书时有修改。

① 程翔章：《中国近代翻译文学的兴盛及其原因》，《外国文学研究》1998 年第 4 期。

能说明符指关系的表述。”① 中国历代对周边世界的表述，本质上是一种文化间差异性的主观臆测。《海国图志》和《瀛寰志略》在某种程度上也不例外，它们对外部世界也有着主观性想象的成分。众所周知，中国文化是以儒家文化为核心的多种地域文化聚合体，由此形成的华夷之辨历史久远，早在先秦时期就已有了论述，《礼记·王制》云：“中国戎夷五方之民，皆有性也，不可推移。东方曰夷，被发文身，有不火食者矣；南方曰蛮，雕题交趾，有不火食者矣；西方曰戎，被发衣皮，有不粒食者矣；北方曰狄，衣羽毛穴居，有不粒食者矣。”“居天地之中者曰中国，居天地之偏者曰四夷，四夷外也，中国内也。”② 华夏中心论的观念持续千年而不易，桎梏了国人眼界的拓展，难免会影响魏源和徐继畬对域外文化的价值判断。极端例子如乾隆在 18 世纪末期召见英国马戛尔尼使团时云：“朕不认为外来的或精巧的物品有任何价值，尔等国家制造的东西对朕没有任何用益。”③ 后来，使团成员之一安德森说：“我们如同乞丐一般地进入北京，如同囚犯一般地居住在那里，如同贼寇一般地离开那里。”④ 在国人眼里，中华大地物产丰富，外来文化和器物在中国封建精英的眼里一文不值。要打破这个观念并不容易。

一个民族对外部世界的印象和想象，即为异国形象，这样的形象有可能是好的，也有可能是坏的；有可能是真的，也有可能是假的。它的生成是极为复杂的，是一个民族审视、解读、想象另一个民族的总体看法，不但有体制、文化等想象，亦有着地域、环境等推测。上文提及，中国在明清之际就有借鉴西方科技和文化的大好机会，但当时并未引起国人重视，西方技术反被看成雕虫小技。后来清朝政府的闭关锁国政策，使得国人对异域、异民族的了解和认识比明末清初时更为退步。鸦片战争之后，开明知识分子终于从天朝大国的梦中醒来，被动地接受外来文化，开始意识到中国之外的世界、民族也有着值得学习借鉴的地方。《海国图志》和《瀛寰志略》两书是晚清开眼看世界的代表人物记载域外地理、制度、民俗、文化、教育等方面的书籍，虽然他们想以客观的手笔将域外世界呈现给国人，但是书里亦有不少对西方文化的想象性描写和主观性判断，这也代表着国人对世界的时代认知和价值推断。当然，在这两书面世之前，早在 1839 年，林则徐到广州查禁鸦片时，就组织人员翻译了英人慕瑞《世界地理大全》的摘译本《四洲志》。《四

① 孟华主编《比较文学形象学》，北京大学出版社，2005，第 155 页。
② （清）孙希旦撰《礼记集解》，沈啸寰、王星贤点校，中华书局，1989，第 359 页。
③ 〔法〕布罗斯：《发现中国》，耿昇译，山东画报出版社，2002，第 94 页。
④ 〔法〕布罗斯：《发现中国》，耿昇译，山东画报出版社，2002，第 94 页。

洲志》是晚清中国人翻译的第一本世界地理著作，后来林则徐将该书交付魏源，魏源以之为基础，并参考其他书目编纂了《海国图志》。《海国图志》详细介绍了英吉利、法兰西、美利坚、西班牙、挪威、俄罗斯等西方国家的情形，对东南亚也着墨甚多，是国人全面认识世界、想象异域的中介和桥梁。当时参考的地理文化书籍精度和准确性都不高，甚至存在着很多想象性的描述，而这些想象性的描述在当时的国人心中，仍然具有知识谱系学的功能。魏源的眼界和见识无疑远远超过当时的士大夫和一般知识分子，但他也不可能完全超越时代背景和克服传统文化的限制，毫无错漏地呈现真实的外部世界，因而主观表述和失真之处在所难免。“在中国这个东方国度里，自上古到近代，生活在古老的天下观之下，中国向来存在着超越自身所处国度的思想。”① 因此，《海国图志》的书写话语和晚清政治外交中对外描述话语高度一致，仍然有着华夏中心主义的强烈倾向，晚清对外之称，如夷商、夷酋、夷船、夷炮、夷技、夷语、夷言、夷情、夷事等，都充满着鄙视意味，凸显出我为中央、四方皆是蛮夷的华夏中心主义思想。而以这样的观念去看待外部世界，即便魏源想极力做到客观，也不可能达到真实呈现外部世界的效果。“中国的史学家迄今为止很少能超越中央王国的界限。受到对其他文明中心的无知之限，中国的史学家有着与埃及人、希腊人和罗马人一样的人性上的弱点，将自己的国家视为世界的中心，而把外国人视为野蛮人，仅仅在他们同中国发生某种关联时才对他们产生兴趣。”② 也就是说，在人类世界的交流还处于相对封闭和小范围的阶段，对弱小民族有过征服经历的强势国家和民族对周边世界的想象一般都不是以平等视域出之，而是有着明显的优越性和俯视性。

魏源作为晚清开明士大夫，在《海国图志》中提出了“师夷长技以制夷”的学习理念，认为鸦片战争的失败主要缘于技不如人，并不是文化上的差距和落后，因此学习夷人之技即可反制取胜。他总结说：“夷之长技三：一、战舰，二、火器，三、养兵、练兵之法。”③ 在他看来，只要将西方列强的这些技能熟识，就能扭转颓势，这种观点引起当时国人的共鸣。这可以说代表了晚清时期知识分子对外来文化的直观了解，他们并不承认中国在文化制度上的落后，并没有深层次思考西方科技强大的文化基础是什么，亦不明

① 王铭铭：《西方作为他者：论中国“西方学”的谱系与意义》，世界图书出版公司，2007，第13页。

② 李济：《中国民族的形成》，江苏教育出版社，2005，第7页。

③ （清）魏源撰《海国图志》（第2卷），岳麓书社，1998，第26页。

白技高者文化亦强的道理。魏源更是无法理解哥白尼的日心说，他有限的科学知识还未达到接受地球非中心论的程度，为此，他以佛教的“四洲说”为地球架构，抵制西方的“五洲说”。通过这样的处理方式，不难看出魏源受到根深蒂固的“华夏文化中心论”的影响，他以自身文化传统为依据，来审视作为“他者”的西方世界。他的看法对国人的影响十分深远，在很大程度上代表着民众对世界的判断，也就是说，像魏源这样先进的文人都持这样的观念，则一般民众对外部世界的认识也就更不可能客观真实了，这也说明，在短期内改变国人的知识结构是非常困难的事情。

徐继畬在《瀛寰志略》中的“坤舆大地以中国为主”[①]之说可谓与魏源的观点一脉相承，他也不承认中国在文化和体制上的落伍。该书以亚、欧、非、美为序次第展开，先对各大洲进行宏观性的介绍，之后再具体描述各洲各国的情形，可使国人客观、直观地认知西方世界。但在阐释异域世界时，还是秉持本土文化的价值立场，如对欧洲的介绍云：“欧罗巴一土，以罗经视之，在乾戌方，独得金气，其地形平土之中，容蓄沧海，数千里回环吞吐，亦与他壤迥别。其土膏腴，物产丰阜。其人性缜密，善于运思，长于制器，金木之工，精巧不可思议，运用水火，尤为奇妙。火器创自中国，彼土仿而为之，益叫精妙，铸造之工，施放之敏，殆所独擅。造舟尤极奥妙，篷索器物，无一不精，测量海道，出处志其浅深，不失尺寸，越七万里而通于中土，非偶然也。”[②]这样的描述颠覆了国人对西方世界的原初认知，以中国的阴阳五行八卦方位来想象和介绍欧洲，虽然和世界地理知识差异不大，但已经过作者的文化处理，他对世界地理的描述被儒家思想和传统观念所支配，是一种立足本土文化的新知识想象。此外，文中对欧洲商业繁盛的表述亦是中国式话语：“欧罗巴诸国，皆善权子母，以商贾为本计。关有税而田无赋，航海贸迁，不辞险远，四海之内，遍设埔头。固因其善于操舟，亦因其国计全在于此，不得不尽心力而为之也。”[③]这种表达虽使国人对西方的航海优势和海外贸易有着真切的体会，但亦是以中国商业习惯进行比附和阐释。当然，《瀛寰志略》的表述非常耐人寻味，经过这样想象和描述的欧洲，更加具有亲和力，一下子满足了读者的阅读兴趣和期待；这样的对比建构，更能凸显中西方文化的差异，引导人们去思考二者的异同。可以说，《瀛寰志略》虽

① 潘振平：《鸦片战争后的“开眼看世界”的思想》，《历史研究》1986年第1期。
② （清）徐继畬：《瀛寰志略》（第4卷），上海书店出版社，2001，第114页。
③ （清）徐继畬：《瀛寰志略》（第4卷），上海书店出版社，2001，第115页。

以“他者”眼光来审视和表述西方，但更具有参照性，也更能使国人直观地了解外部世界。

此外，这两本书里还介绍了英国和美国的议会制度，但著者并不认为其适合清帝国的现实语境。鸦片战争失败之后知识分子看到了国家的惨败，但思考得出的结论是技不如人，而非文化和体制上的毛病，这无疑影响到后来洋务派的中体西用观。至于教育和文化，“欧罗巴诸国皆尚文学。国王广设学校，一国一郡有大学、中学，一邑一乡有小学”①，但是他们认为这样的文化教育模式没有什么优势，不见得比中国的科举制度好。传统士大夫的思维定势限制了他们进行客观的比对。当然，虽然魏源等人在接触西方文明时，主观情感上持一种鄙夷和不服气的心态，但是在客观上却以较为真实的笔触记载着西方的科技文明和商业文化，推动了中国社会的近现代转型，这在当时的知识分子中是比较普遍的现象。

二　经世致用与异国情调

“经世”意为经邦治国，济世安民。经世之学一直是儒家学说浸润下文人的终极追求。尤其是晚清时期，中华民族面临历史上最大的外部挑战，知识精英的入世性更被时代推向了前台，经世济民成为知识精英的历史使命。魏源与林则徐交好，属于晚清开眼看世界的第一批知识分子，经世致用思想在他们身上体现得最为直接。梁启超在《清代学术概论》中说：“‘鸦片战役’以后……经世致用观念之复活，炎炎不可抑。”② 晚清救国启蒙的时代语境，使经世之学更加得以彰显。

魏源虽然是晚清开眼看世界的首批士大夫，但毕竟属中国旧派知识分子，其一生皆贯以经世致用之学，不管是辅佐帝王，还是启蒙民众，都是其出发点。郭嵩焘在《魏默深先生古微堂诗集》序中对魏源的经世之学就给予了高度赞赏：“默深先生喜经世之略，其为学淹博贯通，无所不窥，而务出己意，耻蹈袭前人。人知其以经济名世，不知其能诗。”③ 魏源一生积极入世，忧国忧民，头脑清醒，身上有着修齐治平的家国情怀，因此，《海国图志》的撰

① （清）魏源撰《海国图志》（第4卷），岳麓书社，1998，第1098页。

② 《梁启超论清学史二种：清代学术概论、中国近三百年学术史》，朱维铮校注，复旦大学出版社，1985，第59页。

③ 郭嵩焘：《魏默深先生古微堂诗集》，载《湖湘文库·魏源全集》（第14卷），岳麓书社，2011，序第3页。

写，主要目的还是在于引进先进的西方科技，以此扩展民众的世界眼光，经世致用，抵御外辱，以强国保种。他对外部世界的想象和描写，不管存在何种瑕疵和不足，都开启了国人全面认知西方世界的时代，这是有着时代先见和宏大格局的谋划。与魏源一样，作为晚清开眼看世界的先驱之一，徐继畬亦以经世致用之眼光来看待国民的启蒙，故他对时局的评论能切中要害："海外事势要情，平日置而不讲，故一旦海船猝来，惊若鬼神，畏如雷霆，夫是以衰败如此耳。"[①] 徐继畬直接点出中国失败之因，那就是不管是上层的统治阶级，还是底层的民众，都不重视对外部的学习和了解，一旦外敌来犯，就会措手不及，节节败退。因此他就不断学习新知，以普及晚清知识分子的海外历史、地理等知识，这在当时引起了极大反响，使伏案书斋、皓首穷经的中国知识精英们如梦初醒，他们开始认识到在中国之外还有异常广阔的天地，有完全不同的民族和文化，有不同的教育体制和政治体制，甚至有更为先进的思想理念，这对晚清民智启蒙具有重要理论和现实意义。

魏、徐开启了西方史地知识的大门，逐渐改变了国人对世界的认知，使知识分子改变了看待世界的思维和方式，也逐渐矫正了国人千百年来坚守的一些错误观念。后如严复的社会学翻译、梁启超的政治学翻译、林纾的外国文学翻译，都是对魏、徐经世之学的沿袭。如梁启超的"欲新一国之民，不可不新一国之小说。故欲新道德，必新小说；欲新宗教，必新小说；欲新政治，必新小说；欲新风俗，必新小说；欲新学艺，必新小说。乃至欲新人心，欲新人格，必新小说"[②] 之论，就是将经世致用观念延伸到文学的具体体现。再如林纾在《〈译林〉叙》中的表述亦可作如是观："今欲与人斗游，将驯习水性而后试之耶？抑摄衣入水，谓波浪之险，可以不学而狎试之，冀有万一之胜耶？不善弹而求鸱灵，不设机而思熊白其愚与此埒耳。亚之不足抗欧，正以欧人日励于学，亚则昏昏沉沉，转以欧之所学为淫奇而不之许，又漫与之角，自以为可胜，此所谓不习水而斗游者尔。吾谓欲开民智，必立学堂；学堂功缓，不如立会演说；演说又不易举，终之唯有译书。"[③] 可以说，徐、魏等人的开拓性贡献，使国人对外部世界的了解逐渐深入，由技术到文化、由粗浅到深刻、由主观到客观、由想象到真实，实现了与世界近代思想文化的接轨，慢慢开启了中国文化的近代转型。

---

① 田海林主编《中国近代政治思想史》，山东大学出版社，1999，第47页。

② 梁启超：《论小说与群治之关系》，《新小说》1902年第1期。

③ 林纾：《〈译林〉叙》，载罗新璋编《翻译论集》，商务印书馆，1984，第161页。

上文提及，早在明清易代之际西方传教士东来时，一些域外地理学书籍就已零星被翻译过来，但并未引起国人的重视。我为中心、四方皆是蛮夷的中华宇宙观使时人不屑于去学习西方文化、接受西方科学技术。从这个意义上说，《海国图志》与《瀛寰志略》是中国学者编纂的最早的地理学著作，它们是晚清拓展国民知识素养最为重要的理论书籍，尤其将重点放在介绍海外各国的地理、民风、政治体制、文化制度等方面，是晚清国人了解外来文化和外民族习俗的重要窗口。因此梁启超评价二书云："此两书在近日诚为刍狗，然中国士大夫之稍有世界地理智识，实自此始。"① 但是由于受到儒家文化的影响，也受到知识视野的限制，二书在记载外国相关文化时并不完全客观，对异域文化的描述还存有早期国人的自大心理和华夷之辨的观念，特别是文化自信心态使二书在西方文化的介绍方面显得客观性不足而主观性有余，也就是说，虽然作者对西方文化和文明的记载相对来说已经比较客观，但仍然表现出一定的失真性。魏、徐二人书写的终极目的是寻找鸦片战争中中国失败的原因，为救国和启蒙，引进异域的参照，借以引起国人奋发的志向。二书对异域的描写，确实开阔了国人的眼界，不但有关于域外文字、钱币、舰船、火器、制度等的陈述，也包括对中西纪年表的比较，更对西方天文、地理等科学知识进行了翔实的介绍。魏、徐在描写西方世界时，基本上秉承着客观的理念，对于域外优秀的文化、政治体制等进行较为中性和客观的评价，以此启迪民智，推动国内民众（至少是士大夫和知识分子）知识谱系的更新。特别是国人落后而荒谬的地理学认知，急需得到扭转，否则他们还会是井底之蛙，一旦冲突再起，失败也会如期而至。但是，对于深受传统儒家文化和诗学思想影响的晚清士大夫来说，要想在短期内改变其人生观和世界观是比较困难的，故魏、徐等人以翔实的资料和相对精确的地理学知识，使得晚清士大夫终于从晚明和清初对传教士的鄙夷中抽身出来，被动甚至很不情愿地去接受本土文化的落后和相信异域民族的优秀，在很大程度上扭转了国人对世界和中国文化的固有观念。后来一系列社会活动，包括洋务运动、戊戌变法等都是在这种知识谱系上得以推进的。可以说，他们对中国现代性思想的生成和文化的更新具有开拓性的贡献，虽然有其局限，但进步性是显而易见的。当然，在介绍域外文化和地理知识的时候，他们对本土文化的优越感还是广泛存在的，尤其在面对东南亚的一些小国和部落时，常以不屑的

① 梁启超：《中国近三百年学术史》，载《饮冰室合集》（第75卷），中华书局，1989，第323—324页。

眼光进行审视，认为这些国家的历史较短、地理位置偏僻、民族文化落后，有的甚至还处于原始社会阶段，没法和中华文明相提并论，简直不值一提。由此可见，国人恐惧的是西方文明和文化的冲击，对于自己周围的世界，并不重视，即便时局更改，外来冲击不断，他们也难以在短期内改变思想观念。近代中国是被动进入现代性的时代潮流的，传统农耕文化的自给自足状态和相对封闭的体制和空间，使得中国在进入近代社会之前对自身以外的世界了解有限，对近代处于强势地位的西方文化了解极少，更缺乏对中西方文化的比较和审视。

晚清以降，“经世”之学的内涵和外延发生了新变和转型，由出仕帝王转变为救亡图存、抵御外辱。这种转变促使国人被动地去认知西方世界，在这个大背景下，《海国图志》和《瀛寰志略》二书虽贯穿着“经世”之念，但与传统已迥然有别，著者将其置于民族救亡的大背景下展开，并在此基础上对西方世界进行呈现，成为国人认知西方、想象西方的节点文献，且长期占据着西学启蒙经典的地位。对于二书的时代贡献，时人王韬的评价最为中肯：“此二书者，各有所长，中丞以简胜，司马以博胜。”①《瀛寰志略》旨在对世界历史地理进行客观介绍，篇幅较短，重在精当和通识，在资料的准确性、叙述的科学性上，要比《海国图志》强；而《海国图志》明确提出向西方学习的主张，以及“师夷长技以制夷”的顶层设计，尤其以《四洲志》为基础进行编纂，即便有些错漏，在广博性和全面性上也是十分有优势的，在这一点上《瀛寰志略》难以企及：因此二书各有长短和优劣。但毋庸置疑，二书在晚清都具有不可替代的作用和价值，虽然二书对西方的想象和建构具有异国情调视域和“集体无意识”的主观性，且对西方世界的表述也不尽客观真实，但它们对当时国人认识外部世界的基础性作用是任何文献也替代不了的，我们若以今天的眼光进行审视，倒显得过于苛刻了。

综上所述，鸦片战争之后，国人开始从数千年的文化自信和自我陶醉的沉梦中醒来，开始意识到中华帝国不但技不如人，在知识谱系上也弊端不少。以魏源等人为代表的开明士人开始反思民族文化之弊，意识到向西方学习的重要性，于是开始在国人中普及世界历史地理知识，冀此开启国人认知世界的意识，积极启蒙民众。可以说，《海国图志》和《瀛寰志略》，以集体无意识的形式介绍、建构着作为他者的西方世界，而“在‘自我’与‘他者’的

---

① 王韬：《瀛寰志略·跋》，载《弢园文录外编》（第 9 卷），汪北平、刘林整理，中华书局，1959，第 273 页。

关系中，‘他者’是凸显‘自我’的参照，对‘他者’的言说主要是对‘自我’文化身份的确证”[①]。也就是说，本质上，魏源和徐继畬对作为他者的西方建构主要还是为凸显自身民族文化的身份，这种建构不管是否真实，对国人知识的进步、视野的开阔，无疑具有十分重要的意义。它们即便有着各种瑕疵，仍然是开启民智的重要文献，值得我们从社会学、文化学、文学等方面给予重视。

① 管新福：《西方传统中国形象的“他者”建构与文学反转——以笛福的中国书写为中心》，《文学评论》2016年第4期。

民国几部神话学研究专书的外来渊源及得失*

神话研究由于受儒家文化范式和中国文学传统的影响，在历史上并未受到正统学者和文人们的重视。正统文人和学者都将毕生精力用于阐释古代经典，而鲜有对神话故事和民间传说等进行研究的，即便在中国历史上两段重要的外来神话传说进入期（汉唐佛经传入，明末清初基督教传入可视为外国神话故事进入中国的两个重要时段）也几乎为空白。现代意义上的神话研究，则是西方神话学说东进的产物，也就是说，中国神话研究的学理性展开是在清末民初时段。当时一些有过留学背景和受过外国教育的学者发现，西方研究文学的学者们都非常重视神话研究，并且极具严肃性和学理性。受其启发，他们开始重视神话的研究和阐发，并逐渐向国人介绍外国的神话故事及相关研究成就，神话研究由此在现代文学领域占有了一席之地，开始进入现代学者的知识谱系和学术视野。

随着西方文学和文化的强势传入，在20世纪20年代末至30年代中期，中国文学研究领域出现了几本颇具影响力的“神话研究”专著。当然，在这些专书出版之前，清末民初的一些报刊就已零星登载有神话研究的相关文章，使国人初步认识到外国神话的概貌，但单篇文章毕竟难以形成研究的整体视野，故这几本作品，作为中国神话研究的起手资料，是值得认真梳读和引鉴的。遗憾的是，虽然后世很多研究神话的成果多有所论涉，但总体上还是比较笼统和模糊，其学术价值的阐发还是比较随意的。这几本著述中，最早的是黄石1927年在开明书店出版的《神话研究》；其次是谢六逸的《神话学ABC》，由商务印书馆于1928年出版；而后是玄珠（茅盾）的《中国神话研究ABC》，它比谢著晚了一年时间，于1929年由世界书局出版。这三本著作先后出版，各有侧重和风格；第四本是林惠祥的《神话论》，由商务印书馆于1933年出版。可以说，这几本书是从事现代文学、文学批评史、民俗学和

---

* 本文原载于《井冈山大学学报》（社会科学版）2020年第3期，收入本书时有修改。

神话学研究的学者所不应忽略的著述，故本文将这几本书置于一起，以比较其异同，目的在于使研究者引用和重视这些专书，也是为了尊重和还原这几本专书的学术史地位。

一　内容编排及体系结构

在中国现代学术史上，上述几本专书是中国神话研究的入门之书和奠基之作。不管是作为民国学术史丛书，还是作为学术经典，这几本专书都具有较高的学术地位。1989 年 11 月，上海文艺出版社将玄珠（茅盾）的《中国神话研究 ABC》、谢六逸的《神话学 ABC》、林惠祥的《神话论》合为一册，取名《神话三家论》并出版，影印并保有原书旧貌；而上海书店于 1992 年将黄石的《神话研究》、谢六逸的《神话学 ABC》、玄珠（茅盾）的《中国神话研究 ABC》和《神话杂论》四书影印合版，收入《民国丛书》书系，作为民国学术名著进行推介。也就是说，这几本民国中期研究神话的专著，数十年来仍被视为神话研究入门的参考文献，足以见出这几本书的学术史价值和经典性。特别是研究中国文学史、中国神话学史、比较文学等的学者，是很有必要对几部书进行对比梳读的。

需要指出的是，和后世系统研究神话的专书与通史性的著述相比，当时这几本书的篇幅和内容相对来说还是比较单薄的，字数大多为 10 万—15 万字，要在这样有限的篇幅里将世界上各民族林林总总、复杂多样的神话及其相关研究路径给予详尽介绍，写作和取舍的难度是相当大的。再有，当时中国学者对世界文学和文化的接触和认知还不是特别全面，尤其是还没有学者对世界上的神话研究著述有全面的消化和把握，因此在当时要写出一部通史性的神话研究巨著几乎是难以完成的任务，而今天呈现在我们面前的这几本著述，在其学术价值的开创性之余，也给后世留有大量修补和完善的空间。

总体来看，这几本书是现代神话研究领域的不凡之作，是几位学者经年研究所得，有同有异，并各有侧重和创制。

从容量上看，黄著共有 245 页，其中正文部分 231 页，是几本书中篇幅最大的，但也就 10 多万字。全书分为上编和下编，上编为宏观性的理论阐述，即“神话概论”，包括“什么是神话”“神话的分类”“神话的解释”“神话的价值”等四章，作者力图对神话的基本点进行说明；下编为具体的神话简介，即“各国神话”，由“埃及神话”“巴比伦神话”“希腊神话”

“北欧神话”等四章组成，主要介绍了世界上影响较大的几个民族的神话，但全面性不够。黄著前附有他的老师 J. S. Kunkie 所作的序文：“黄石君用功研究神话有年，现在把西方各国的伟大神话，简练明晰地贡献出来，又把许多学者周密无遗的研究的重要结果，介绍与众，他这本书想必会引起对于中国神话的同样的研究罢。”① 在某种程度上，该序文呈现出这本书的大略见解和写作目的。当然，黄著作为我国学者研究神话的第一本专书，对一些关键性概念尚未进行较好的展开，对各国神话的介绍也比较简单和笼统，还有一定的完善空间，故周作人认为“其书却不甚佳”②，确也大致不谬。不过他将神话与童话、传说等进行比较并以之凸显神话的特质，介绍了神话的起源和世界上神话研究的较新动态等，对于初期的中国神话研究而言，其基础性的推动作用还是值得学界认可的。

谢著共有 135 页，包含四章内容。第一章为“绪论”，由“神话学的意义”“神话学的进步”“最近的神话学说”“神话与土俗学民俗学之关系”四节构成；第二章为“本论”，由“神话的起源”“神话的成长”“神话的特质”三节组成；第三章为“方法论”，由“序说”“材料搜集法”“神话分类法”“比较研究法”四节组成；第四章为“神话之比较研究”，由“自然神话”“人文神话”“洪水神话”“英雄神话”四节组成。谢著的面世，得益于日本学者的研究引导和启发。故他在序言中明言：“编者对于神话学的研究，愧无什么创见，本书材料，前半根据日本早稻田大学教授西村真次氏的《神话学概论》，后半根据已故高木敏雄氏的《比较神话学》，此外，更以为克赖格氏的《神话学入门》为参证。西村氏一书为最近出版者……故本书的编成，大半的动因，还是在介绍西村氏的大著。”③ 总体而言，这本书属于编著，但通过谢六逸的研究整合，特别是加入了作者对中国神话的一些研究心得，在中国神话学史上还是有较高地位的。谢著的价值在于强调了神话研究的重要性，尤其是力图建构中国神话学，他在序言中说：

> 对于原始民族的神话、传说与习俗的了解，是后代人的一种义务。现代有许多哲学家与科学家，他们不断的发现宇宙的秘密，获了很大的成功，是不必说的；可是能有今日的成功，实间接的有赖于先民对于自

① 黄石：《神话研究》，载《民国丛书》（第 4 编），上海书店，1992。

② 张挺、江小蕙笺注《周作人早年佚简笺注》，四川文艺出版社，1992，第 48 页。

③ 谢六逸：《神话学 ABC》，载《民国丛书》（第 4 编），上海书店，1992。

> 然现象与人间生活的惊异与怀疑。那些说明自然现象的先民的传说或神话，是宇宙之谜的一管钥匙；也是各种知识的泉源。在这种意义上，我们应该负担研究各民族的神话或传说之义务。我国的神话本来是片断的，很少有人去研究，所以没有“神话学”（Mythology）的这种人文科学出现。在近代欧洲，神话学者与民俗学者辈出，从文化人类学，从言语学，从社会学去探讨先民的遗物，在学术界上有了莫大的贡献；东方的日本也有一般学者注意这一类的研究，颇有成绩。我国则一切均在草创，关于神话学的著作尚不多见。本书之作成，在应入手研究神话的人的需要，将神话一般的知识，近代神话学的大略，以及研究神话的方法，简明的叙述在这一册里。①

谢氏关于神话研究和建构神话学学科体系的陈述，即便在今天看来，也是真知灼见，遗憾的是，在当时并未引起学术界的重视。

茅著分为上下两册，总共 231 页，篇幅和黄著相差不大。上册统摄第一到四章，分“几个根本问题”“保存与修改”“演化与解释”“宇宙观”等几个部分，力图正本清源，澄清神话的一些争议性问题；下册由第五到八章组成，依次为“巨人族幽冥世界”“自然界的神话及其他”“帝俊及羿、禹”“结论”，著者从特殊的神话现象入手，解释中国神话中的具体神灵问题。茅著的主体研究定位于中国神话本身，故作者自况云：“这本书是企图在中国神话领域内作一次大胆的探险……一则是草创，二则是绪论性质，所以中间对于各种材料的解释、分析和征引，都只是视叙述之方便而定，并不是把中国神话来巨细无遗地作系统的叙述。”② 作为一名学风严谨的学者，即便有很多真知灼见，他仍言明这是“开荒”之作，并阐明该书是“用人类学的神话解释法以权衡中国古籍里的神话材料”③，即写作的方法论是人类学的，只能达到对中国古代神话汇集的目的，并不能展开深入的研判。在结论中，茅盾通过对学术史的钩沉，抛出了三个大问题：一是中国古代历史的神话阶段问题；二是民族融合带进来的神话、西南少数民族的神话怎么整合的问题；三是民间迷信是否属于神话研究的范畴问题。在他看来，神话研究如果“不解决第一问题，则我们只有碎断的神话故事，没有神话的系统；不解决第二问

① 谢六逸：《神话学 ABC》，世界书局，1928，序言。

② 玄珠：《中国神话研究 ABC》，载《民国丛书》（第 4 编），上海书店，1992，第 100 页。

③ 玄珠：《中国神话研究 ABC》，载《民国丛书》（第 4 编），上海书店，1992，第 100 页。

题，则地方传说会混入到神话里去；不解决第三问题，则原始形式的神话不能分离而独立"①。实际上，对于茅盾提出的这些问题，直到今天中国神话学界还未形成定论。

林著最早属于王云五主编的"百科小丛书"之一，由商务印书馆出版于1933年，较前几本已经晚了几年的时间。全书共110页，分为四章。第一章"神话的性质及解释"，对神话的基本情形进行了介绍；第二章"神话的种类"，对神话进行了分类；第三章"神话的比较研究"，说明了研究神话的具体方法；第四章"各民族神话的概略"，是该书的重点和亮点，对世界上很多国家和民族的神话进行了述评。就该书的编写体例和章节安排而言，明显是对黄著和谢著的整合，因此在体例上并没有什么新的拓展。譬如，该书对神话的比较研究应是借鉴了谢著的研究体例；对神话的定义和分类也没有超出黄著和谢著所阐释的范围；增加的中国神话一节更没有茅著的全面；而"各民族神话的概略"一章和黄著下编的内容多有重合之处。从编排和内容上足以见出前几位研究者对林著的影响，明显证据即在林著文末之参考文献，上述几本著述赫然在列。

从这几本书的撰写出发点而言，著者都主要致力于以下几点。一是宏观层面，都力图对神话的基本知识、基本特质进行界说和限定。这几本专书都在开头部分尽力解决这一问题，当然，作为研究某一门学问的论著，对基础知识的研究和梳理是必备的，因此这几本书对神话的定义、本质、特点等进行了必要的说明，目的是使读者基本掌握和清晰理解神话这一西方学术概念。二是中观层面，这几本专书都对当时世界上比较有影响力的西方神话研究理论和知名学者的观点及见解进行简介，引入西方神话研究的参照系，目的在于传播神话研究理论知识，给国人研究神话提供理论借鉴。三是微观层面，这几本专书都对世界各民族神话进行了相对翔实的梳理和介绍，目的在于向国人普及世界范围内的神话故事和传说，拓展国人的知识视野。在某种程度上，这几本神话研究专书较好实现了著者的写作初衷，国人通过阅读这些书本，基本认识到神话这一在中国文学传统中长期存在而又不受人重视的文学类型，也认识到世界上其他古老民族的优秀文学和文化遗产是多么的丰富，进而形成文学研究的比较视域和世界性眼光。

---

① 玄珠：《中国神话研究 ABC》，载《民国丛书》（第4编），上海书店，1992，第100页。

二　创制特质及学术亮点

从特征及价值观之，由于这几本著作的神话理论来源不同，它们对神话的分类有同又有异，但基本都是在西方学者的理论视野之下进行的，“都是在广泛借鉴了西方神话学理论之后才开始着手中外神话研究的”①。他们对神话分类中的地域、历史等分类法基本持赞同态度，对神话起源的解释也有一致之处，对研究方法也有共同的借鉴，如借鉴了人类学的方法、地理环境决定论、进化论等西方理论。总而言之，这几本书在具有共性的同时，也保持着自己的一些特色，兼容性和互补性还是很强的。

黄著主要介绍了世界各国神话，目的在于普及世界神话的基本常识，但也有对神话研究的一般学术史回顾和梳理。黄氏根据世界神话研究学者们的分类，介绍了几种具有代表性的观点。在对“解释的神话”“唯美的神话”“科学的神话”“历史的神话”“野蛮民族的神话”“开化民族的神话”等给予述评后，他认为这些分类都比较笼统。经过整合，他将神话分为“哲学的神话”“科学的神话”“宗教的神话”“社会的神话”“历史的神话”等五大类；将神话的解释归纳为“隐喻派的解释”“神学的解释”“历史的解释”“言语学派的解释”“人类学的解释”等几种。在对这些理论主张进行述评之后，著者认为，人类学派关于神话的定义、起源等的解释最具学理性和科学性，和当时研究神话的很多学者一样，黄石主要受到地理环境决定论和文化人类学派的影响。

谢著主要着眼于神话学学科的建构，淡化对世界各国神话故事的简略介绍，强调研究方法的重要性，故学理性也最强。他将神话的发展归纳为“泛灵论”“物神崇拜”“图腾”“多神源神话”“一神的神话”等五个阶段，以及在宏观上将神话划为“地理”“历史”“本质”“题目”等四种类型，每一种类型又细分为一些亚类，基本理清了西方神话研究的大致脉络，尤其介绍了西方影响颇大的 21 种神话研究分类法。相对于黄著，谢著对神话研究分类的介绍更为具体和细致，指导研究的可操作性更强，借鉴价值也更大。

茅著主要介绍了中国本土神话，梳理并归并了中国古史中的神话资料，并未对神话进行分类。茅著也明显受到了西方神话学派的影响，在其理论体系中，地域、环境、人种等西方人类学的方法论体现得非常明显，如他依据

① 管新福：《谢六逸的神话研究及其学术史贡献》，《贵州文史丛刊》2019 年第 1 期。

地理环境将中国神话划分为南、北、中等不同的部分，将北欧神话和希腊神话进行地理环境、地域特征的比较分析等。虽然茅著通篇受西方神话学理论的影响，但并未再对西方神话学说进行解释和说明，这可能是因为黄著和谢著先出，茅盾认为参考二人著述已经足够，因此在己著中不再赘述。

林著较上述几本著作晚出了几年，定位于百科之用，和“ABC丛书”中的其他著述一样，目的在于通识性知识的普及，故翔实性、深度和学术性不是首选，篇幅也不是很长，论述中对神话的基本概念、特质的爬梳就相对简单，深度和广度和前几本著述难以相提并论。但林著的意义和价值在于，在介绍世界各民族神话时，较前人进行了大幅度的扩展，增加了非洲神话、北美洲神话、南美洲神话、大洋洲神话、日耳曼神话、日本神话、罗马神话等为多数学者所忽视的内容，在神话的全面性和丰富性上较前几本著作有了较大的突破，对于时人全面认知世界范围内的神话有一定的作用。

就创变而言，这几本书各有千秋。作为国内第一本研究神话的专著，黄著首先对神话进行定义，对神话的起源、分类、研究派别等进行翔实梳理，是一本定位于概论的著述；而下编的国别神话研究，重在对世界上几大民族神话的介绍评述、对通识性知识的梳理，在每一章的开头，都以总论或导论的形式，对某一民族的神话进行介绍和总结，使国人对外国神话有大致的了解，之后再以具体的神话故事和传说为对象，分析其特色和价值。总体来说，黄著作为国内研究神话的开山之作，其编排体系和论述逻辑还是值得肯定的，该书在当时的时代背景和资料积累下，已经做得十分不错了。

谢著是几本书中最有体系性的，也是最具学科眼光的，足以见出谢氏建构一门之学的努力。他指出：“一切的学问是由研究而成立的。学问的研究，又需要一定的对象，对象的研究，又有一定的方法，对象与方法足以规定学问的职能。”① 著者旨在系统地建立中国神话学研究的理论体系，故从本体、认识、方法等维度进行论述，足以见出其想从宏观上建构起神话学这一学科的努力。神话学作为西方的舶来品，在西方文学研究中是显学，早早就确立了其学科地位，而“五四”前后开始受到学者重视的中国神话研究，其系统的学科构建还未引起人们的重视，我们从谢著章节设置可知，他想将神话研究上升到哲理和学科高度，从本体、方法、认识等层面系统介绍神话学这一学科，希望神话学研究能在学术界推广开来。

茅著则将研究重心置于中国神话范围之内，整体优势是考证翔实、资料

① 谢六逸：《神话学ABC》，世界书局，1928，第60页。

丰赡、新见迭出。从《尚书》《诗经》《楚辞》等先秦正统文献，以及《淮南子》《山海经》等民间书籍里辑录神话材料，并引入世界各地神话类型作为比较，是几本书中资料最为翔实、最有研究深度的著作。相较而言，黄著、谢著和林著主要引述对象偏向于西方神话材料，重点在于介绍西方的神话学理论和神话传说，而茅著则重点研究中国神话的共性和个性，尽力搜罗古史资料，使中国片段的、零星的神话条目得到勾勒，但同时也在其中穿插有西方神话研究的理论和视野。可以说，20 世纪二三十年代出版的这几本神话研究专著，即便存在一些不足和瑕疵，对今天的神话学研究来说仍然不可越过。这几本书可以形成较好的互补：黄著和谢著致力于西方神话的介绍，力图构建神话研究的知识谱系，林著则可视为对二著的补充，而茅著则重点关注中国的神话传说，对古代文献中的神话资料进行初步的钩沉和辑佚，使后来者免于搜集整理之苦。可以说，这四本专书形成了良好的理论互补、优势互补、中西互补，可谓正式拉开了中国神话学研究的大幕。我们今天在研究神话的时候，这几本书成为必备的起手资料，而且以其经典性和开创性，成为现代神话学批评的理论基点，确实值得学界重视和阐释。

三 成书语境及构建局限

清末民初的中国，正面临着数千年来未有之变局，传统文学和文化范式受到西学的猛烈冲击，旧有的知识谱系难以适应时代的新变，西方的现代学科体系因此成为近代中国研习的重心，建构新的学科体系也成为晚清民国知识分子的重要考量。众所周知，近现代学科的体系建构和研究细化分工始于欧美，故中国近现代的学科体系和研究方法，不管是自然科学的还是人文科学的，都是 19 世纪以后从欧美引进的，中国神话学的萌蘖正是西方现代学科体系被引进到中国后的反响。鸦片战争以后，中国大量吸收了西方文化，西方各种知识范式、文学类型被译介进来，尤其是翻译了很多外国神话故事，使得国人充分认识到神话的价值和意义，清末民初对各种学科知识体系的建构需求，也使得神话学受到当时学者的重视和肯定。这几部神话研究专书的出版，对推动中国现代学术体系和方法论的建立具有一定的价值和意义，充分体现出著者的眼光和学术视野，尤其是为系统地展开神话研究提供了理论指导，是中国现代神话学史的重大收获，非常值得肯定。文学家茅盾、翻译家谢六逸等人都不约而同关注这一领域，且专书都在 20 世纪 30 年代前后问世，这一方面说明神话研究在当时的文学研究领域已经占有重要地位，学术界对西方文学的认知逐步深化，开始重视神话的现代价值和文学发生学意义；另一方面也说明神话学作为一门学科门类已引起当时学术界的广泛关注，中国文学研究的现代视野正逐步形成，并开始和世界文学研究方法接轨，这也是中国文学现代转型的体现。

当然，对于这几本开创期的著述，我们片面夸大其学术水准，说其完全达到当代神话学批评的理论高度也是不切合实际的，就像著者们自己所说的那样，每一本专书都存有诸多不足之处，还有许多需要完善的地方。首先是内容均比较单薄，信息量不大，这几本书在有限的篇幅里，难以详尽地解释神话的基本特质，包容各种流派，阐发各种论争，详评世界上各民族神话的要点和精华，对神话共性的提炼不够、对个性的辨析不精；其次是当时学者们的神话研究理论储备不足，缺少打通神话理论和文学理论的知识体系，对世界上各民族神话研究的学术成果缺少整体上的认知和把握；再次是这些学者大都在国内进行研究，对新的研究成果和研究资料缺乏了解，不足以和当时世界上最高水平的学者进行对话；最后是学者们对神话自身的理解和类神话题材的把握不够准确，难以分清一些模糊的界限，以致科学性和合理性不足。这些问题，不只是神话学学科存在，也是“五四”前后很多学科都存在的，但这些不足是时代使然，也是一门学科在草创期无法避免的。

需要指出的一点是，上述几位中国现代神话研究的开拓者，在后来都未能较好地赓续神话研究。茅盾的主业是小说创作，作家的知名度在很大程度上遮蔽了其学者的光环；黄石后来奔赴香港任教，和内地的学术交流有所中断，故内地学界知之者甚少；谢六逸则在 1937 年由上海辗转回到家乡贵阳，主要从事文学报刊编辑和抗日救亡运动，且英年早逝，结束了学术研究；林惠祥后来的研究重心偏向了考古学，去世得也早，其神话研究也未得到较好跟进。这样一来，这几位在中国早期神话研究领域作出较大贡献的开创者，后来都远离了神话研究领域，故我们今天在梳理中国神话研究的学术史时，除了熟知茅盾外，对其他几位相对还是比较陌生的。而且一般研究者对这几部著述也不是特别熟识，更未给予足够的重视，学界也长期未能正视它们的学术史价值，这也是我们今天重新审视这几本神话研究专书的原因所在。

综上所述，民国时期这几本代表性的神话研究专书，是受西方现代神话学影响的产物，不管是在体系上还是在理论渊源上，都有着西方神话学的影子。这几本专书在普及神话学知识、建构神话学理论体系等方面对中国现代学术史的贡献是非常巨大的，标志着神话学学科在现代中国的生成，对我国后世的神话研究有奠基之功。当然，我们今天以后来者的眼光对这几本中国现代神话学史研究的作品进行审视，会发现其中的瑕疵确实不少，其体系、体量与后来的神话研究著述难以相提并论，但在中国现代学术体系刚刚形成的民国中期，长期不受重视且不是显学的中国神话研究能达到这样的水准和高度实属不易，是值得肯定的。

谢六逸与中国比较文学*

谢六逸（1898—1945）是我国现代学术史上较为知名的翻译家、新闻学家。他于1918年随黄齐生东渡日本留学，1922年业成归国进入上海商务印书馆工作，先后主持了《文学旬刊》、《儿童文学》月刊、《立报》副刊《言林》、《国民》周刊、《文讯》月刊等进步报刊的编辑出版工作，同时大量发表译作，1929年任复旦大学新闻系主任，1932年任中文系主任，并出版了多部奠基性的新闻学著述。1937年抗战全面爆发，谢六逸举家迁回故乡贵阳，历任大夏大学、国立贵阳师范学院教授。教学之余，与马宗荣一同创办“文通书局编辑所”，汇聚抗战大后方的知识精英，“致力于抗战文学之讲求，更鉴于京津沪汉相继沦陷，全国出版机关尽毁，因与马宗荣、华问渠诸先生创办文通编辑所，先后出版新书数百种，后方文化，赖以流传”①，为战时文化事业的发展做出了重大贡献。遗憾的是，贫病交加的他于1945年8月英年早逝，年仅47岁，令学界痛惜。时评说，谢六逸“毕生致力于新文学运动，然于学术思想，持论至公，毫无入主出奴之见，故能造诣至深，而为文坛之宗匠，尤以先生之为人，含宏渊默，与人交，不尚美言而色余于词，故接之者未尝不觉其蔼然可亲”②。文学界同人如茅盾、郭沫若、赵景深、蹇先艾等著名作家、学者都有文字表达悲愤之情，充分肯定了他的人品和贡献。可以说，终其一生，谢六逸为民族大义、救亡图存、文学事业和新闻事业倾注了所有精力，他与文学研究会同人一道，“标举写实主义，以介绍外国文学为志职”③，不断译介域外文学经典文本，积极介绍外国文学的新理论、新流派，助力中国文学的现代转型，尤其是使用比较研究的方法向国人介绍了外来文学相关概况，形成了文学研究的比较视野。我们今天去梳理民国时期比较文

---

* 本文原载于《天中学刊》2021年第1期，收入本书时有修改。

① 《谢六逸先生事略》，《贵州民意》1945年第4期。

② 《谢六逸先生事略》，《贵州民意》1945年第4期。

③ 《谢六逸先生事略》，《贵州民意》1945年第4期。

学的学术历程时，谢六逸的贡献是值得肯定的。

一　域外文学翻译与比较视域的形成

众所周知，在我国近现代文学史上，很多翻译家兼有作家和比较文学研究者等几重身份，诸如林纾、曾朴、周氏兄弟、茅盾、郭沫若、梁实秋等人。他们既有深厚的传统文化、文学、文字修养，又有相对多元的外来知识储备，能“对两种不同语言文化的作品，都作一番深入的研究，先形成对某一特定作品的认识和了解，再对另一个作品作同样深入的认识，然后再将二者加以比较”①。尤其在中西两种异质文化碰撞中，学者们不时将外来文学和母语文学进行对比，进而形成了文学研究的比较视野。当然，在比较文学还未成为一门专门的研究学问，也还没有形成系统的理论体系时，翻译家进行的比较大多是不自觉的行为。但这些不经意的比较也是不可忽视的，能无意间将不同文学之间的细微差别阐释出来，因此，我们研究比较文学时，翻译家是非常值得重视的群体，虽然有时他们的观点和见解是零散的、偶然的，但这些看起来略显碎片化的观点和见解，往往闪耀着文学比较研究的思维和火花。

就中国晚近而言，清末民初外国文学的翻译并不都是纯粹从文学自身出发，而是有着时代、政治等现实抉择。很多翻译家首先从救亡启蒙的大背景考量，而非根据文学作品美学和艺术价值的高低去选择翻译对象，当然这也和当时很多翻译家并不具备对外来文学进行审美和艺术鉴别的通盘学识有关。如林纾、吴梼、伍光健、曾朴、包天笑、周桂笙、徐念慈、程小青等人翻译的西方各国、各种类型的小说，周氏兄弟、郭沫若、郁达夫等留日学生翻译的日本文学作品，很多并非经典之作。当时的翻译目的大都是引入域外文坛新宗，利用外来文学的新观念和参照价值唤醒沉睡的国人。换句话说，在晚清民国时期，外来文化和文学的翻译被当成救亡启蒙的手段之一，具有现实功利性。与中国历史上前几次外来文学、文化翻译高潮相比，这一时段译介的作品涉及的国家更多、范围更大，翻译也被赋予了前所未有的使命，译者亦有着更为复杂的翻译目的，因此翻译的作品涉及的作家多、题材广、类型更加多元多样。从比较文学的内在要求来看，这一时段中外文学比较研究的可比性更为鲜明，可操作性也更强，这是我们今天研究比较文学时应予以充分重视的。

---

① 袁鹤翔：《反映与反思：中西比较文学简论》，《中国比较文学》2012 年第 1 期。

作为以日本为中介、较早进行外国文学译介的翻译家，谢六逸清楚日本文学近代崛起过程中外来翻译的功用，也就知晓外来翻译对中国现代文学转型的重要价值。循此，他在留日期间和归国后的文学翻译活动，关涉的国别广、派别多、历史长，译介的作家作品类型丰富多样，这在国人域外文学知识较为匮乏的年代，普及之功是不可磨灭的。对于谢六逸翻译成就的全面性，秋阳指出："按地域的不同，欧美有英国、法国、德国、美国、意大利、挪威、俄国、希腊，尤以俄国为最多；而东方的主要是日本文学。就译介门类来说，作品有诗歌、散文、小说、戏剧、神话；学术著作有文艺理论、作家传略，以及文学史等。"① 这样全面的翻译实践，一方面为国人了解域外文学提供了大量的范本，另一方面也为谢六逸文学研究比较意识的产生奠定了基础。一般而言，翻译家大都具备两种或两种以上的语言技能，他们在翻译时也就自然而然对不同国家、不同类型的文学进行比较判别；重要的是，翻译家的比较大多建立在精读文本的基础上，因此得出的结论往往更加可靠。尤其在 20 世纪二三十年代，"中国新文学尚在幼稚时期，没有雄宏伟大的作品可资借镜，所以翻译外国的作品，成为新文化运动的一种重要工作"②。这些翻译作品，成为中国文学由古典形态向现代形态转变的借镜，亦是中国比较文学研究的现代起点。基于这一时代语境，谢六逸充分利用留学日本所获取的新见识，尤其是受日本现代文学生成中外来文学翻译、研究促进的启示，在译介不同国家和民族文学的过程中，往往更为关注文学之间的异同。譬如他在译介西方、日本的各类文学时，只要有可能，都将之和中国文学进行横向对比，冀此给正在形成中的中国新文学提供异域参照，给中国作家提供现代文学所需的观念和范本，以助力中国文学文化的新变和现代转型。正如孟昭毅等所言："谢六逸是中国现代文坛上译介与创作同时并举的大家，但相比于创作来讲，他在翻译方面的起步要更早一些，贡献也更大一些。在 1918 年至 1922 年留学日本早稻田大学期间，他就在广泛涉猎大量的西方及日本文学书籍的基础上，开始了对外国文学的译介。由于受当时国内文学界对'为人生'文学关注的影响，谢六逸首先是从译介西方文学开始其翻译生涯的。"③ 而"五四"时期正是中国文化和文学发生大变革的时代，中外文学、文化的交流开始变得频仍，为呼应启蒙和救亡的时代诉求，尤其是引导民族

① 秋阳：《谢六逸评传》，贵州民族出版社，1997，第 176 页，

② 王哲甫：《中国新文学运动史》，载《民国丛书》（第 5 编），上海书店，1996，第 259 页。

③ 孟昭毅等：《东方化集成：中国东方文学翻译史》（上卷），昆仑出版社，2014，第 244 页。

国家走出积贫积弱现实困境的需求，外来文学翻译受到了前所未有的重视，为此谢六逸精到指出：“作为文学家仅为民众创作新作品仍是不足的，应再做两件事：一是整理本国固有的读物；二是译介西洋的作品，既要有选择，又要讲究方法。”① 他“整理国固，引进西洋”之文学主张，最终目标是融会中西之优长，以拓宽中国文学研究的思路和方法，不啻对比较文学跨越性研究视野的生动阐释。循此出发，在具体翻译过程中，谢六逸对翻译目标的抉择有着明确的指向性，进入他翻译视野的作家作品，一方面要能普及民众的外国文学知识，开阔读者的视野，使国人知道域外文学发展的概况；另一方面要能给中国作家带来启发，为中国文学现代性转向提供思路和帮助。正因为秉持这些合理的文化理念，谢六逸在翻译外来文学时，有清晰的翻译目标，并形成了自己的翻译观念，同时也形成了文学研究的比较意识。

自 20 世纪上半叶比较文学作为现代人文学科之类属诞生以来，它和翻译研究的关系就十分紧密。通常来说，比较文学研究都会跨越两种或两种以上语言，必然会关涉不同语言和文学之间的转换，如果缺少翻译的媒介支撑，比较文学研究就会无从开展。在比较文学学科建构历程中，二者的关系有着两个完全相反的阐发维度：一是将翻译研究视为比较文学的经典分支，即比较文学译介学，这是传统比较文学理论建构常遵循的方式；二是将比较文学视为翻译研究的下设方法，即翻译研究所使用的一种方法。但不管二者之间的关系如何定位，翻译的方法、技巧、语言、文化深度等都成为翻译研究和比较文学研究研讨的焦点，也是二者交叉的地方。可以说，离开翻译，比较文学研究就无法进行；离开比较，翻译研究也就没有敞开的向度了。在这一点上，谢六逸积极做出使二者结合的努力，他虽然没有发表翻译研究专论，但在翻译文本的序跋中不时表达了对翻译的真知灼见，可谓对其翻译经验、翻译心得的理论总结。和很多优秀留学人员一样，谢六逸有较高的外语水平，虽然日文是他的主攻方向，但其英语的底子也很好；他虽然是转道日本翻译的西方文学和文艺理论，但也有参读原书的语言能力，这为他的域外文学翻译打下了坚实基础。在翻译外国文献时，谢六逸的态度十分严谨，一方面要求自己准确理解原著的要旨，忠实呈现原文风貌；另一方面又努力让译文符合国人的审美习惯，通俗浅明而又不失文学趣味，这也是现代文学史上很多翻译大家的共同追求。尤其对翻译之难，谢六逸是有充分认识的，他说：“我因为应该专重语气，因为尝试欧化中国文的时候，不特一般阅读者感到

① 秋阳：《谢六逸评传》，贵州民族出版社，1997，第 72 页。

不便，即译者苦心之余，也不曾得到什么好结果，其故在直译实有很多困难，要合原文，文句不免生涩；欲译文流畅，又不免背于原文。”[①] 这些陈述较好回应了现代文坛上关于“信、达、雅”、“直译”和“意译”等的翻译论争，并给予了较好的折中。在谢六逸看来，只有从读者的立场出发，使读者顺畅阅读的翻译才是好的，这就要求翻译家在译文中进行适当的调整，既能充分考虑译文的真实性，又能兼顾译文的流畅性。如他翻译的古希腊、古罗马神话和史诗故事、日本知名作家的文学创作，既有对外国文学和文化的有效传达，又不失中国文学、文化的书写习惯和审美传统，并将二者结合得非常好。这其实是谢六逸在翻译中贯彻比较文学视域所取得的效果，也就是说，他在翻译过程中有着中外文学文化之间的比对意识，所以才能超脱简单的“直译”和“意译”的二元对立模式，能从翻译的功能价值、跨文化的高度去审视、甄别翻译对象，达到翻译的真正目的和效果。

二　中西文学比较研究的有益尝试

比较是个体在面对差异性时表现出的一种基本思维。一般而言，在文化交流过程中，当面对不同民族、不同类属的文化时，比较视域都会本能地产生，当然很多时候是不自觉的，甚至是无意识的。在文学研究领域，虽然无意识的比较不足以上升到学理性的高度，但并不代表它就没有价值和意义。和很多翻译家一样，谢六逸在面对不同于自己文化母体的西方文化和日本文化时，就会进行比较分析，久而久之就形成了自觉的比较意识，而且这种比较习惯是在民族国家处于积贫积弱的语境中生成的，更具时代意义和现实价值。

前文论及，谢六逸中外文学的比较视域，是在翻译西洋和日本文学的实践中生成的。他虽然算不上现代学术史上西方文学研究的顶级专家，但却是“五四”前后较早介绍西方文学的拓荒者之一，而“五四”前后我国译介的西方文学，不少是留日学生转道日本翻译引入的，代表人物如周氏兄弟、郭沫若、郁达夫等人。对中国现代作家和学者而言，“日本不仅仅是日本本身，也是反映西方的一面镜子。中国许多人是抱着学习西方的目的去日本留学的。

① 参见茅盾《译文学书方法的讨论》，载罗新璋编《翻译论集》，商务印书馆，1984，第337—343页。

他们在日本学习欧美文学，或通过日文译本阅读欧美文学”[①]，谢六逸也是如此。他在翻译和研究西方文学时以日本为中介，因为日本文学中的西方因素是十分显著的。日本经明治维新以来数十年的发展，成功“脱亚入欧”，对西方文化的吸收和领会已经非常全面和深入了，尤其在文学研究领域，日本学者对西方的学术传承、研究方法、学科体系等都有比较全面的认知，故转道日本学习西方文学不失为捷径之一。毫无疑问，日本学者在引入西方文学、文化时，比较意识肯定会产生，并体现在文学翻译和理论建构中，这就难免会影响到谢六逸的文学观点和文学研究思路，因此他在译介西方和日本文学时，也会时不时加入比较研究的视野，并归导出很多有价值的结论。在我国学术史上，源于欧美的比较文学理论也是由日本转道而来的。1919 年由章锡琛翻译的日本学者本间久雄的《文学研究法》发表于《新中国》杂志上，章氏根据本间久雄的论著粗略介绍了法国学者洛里哀的《比较文学史》和英国学者波斯奈特的《比较文学》。我们今天难以考证谢六逸当时是否接触过本间久雄的文章，但他对比较文学的了解无疑源于日本学者的介绍。他在介绍西方和日本神话时，比较的视野是很明显的，而且采用了比较文学学科所倡扬的“影响研究”和“平行研究”的方法，较好彰显了不同神话之间的相似性和差异性。如在《北欧神话研究》一文，以及《神话学 ABC》《海外传说集》等几部介绍、研究外国神话的著述里，就较好体现出谢六逸文学研究的比较眼光。尤其作为民国神话学研究的四大专书之一的《神话学 ABC》（其他三本是黄石的《神话研究》、茅盾的《中国神话研究 ABC》和林惠祥的《神话论》)，就是以比较神话学为方法论展开的。谢六逸在序言中对编写体例和章节进行具体解说时说：“第一章说明神话学的一般的概念；第二章说明神话的起源及特质；第三章说明神话的研究方法；第四章就原始神话内，列举四种，以作比较研究。”[②] 这里明确提出使用比较的方法对神话进行研究。在某种程度上，文学研究的比较意识是翻译家和研究者的一种潜意识，当他们在面对不同民族、不同文化体系的文学时，自然而然会对同一文学类型表现出的民族差异进行对比，并力求寻找背后的深层原因。可贵的是，谢六逸的比较意识几乎贯穿了他的翻译生涯，并有着明显的自觉性，如他编写《海外传说集》，“意在对于研究比较传说和亚洲传说分布的人，略有贡献”[③]，

① 王向远：《中日现代文学比较研究的宏观思考》，《北京师范大学学报》（人文社会科学版）1997 年第 1 期。

② 谢六逸：《神话学 ABC》，上海文艺出版社，1989，序言。

③ 谢六逸：《海外传说集·解说》，世界书局，1929，第 97 页。

希望能给研究神话分布的比较学者提供资料。他对日本和欧亚大陆传说的对比阐释，是非常细致的，他说："日本的传说和亚欧大陆的比较起来，多为轻快的、朴素的，没有像亚拉伯、波斯土耳其、德国那样怪幻味道……欧西传说的主人翁多为皇帝、皇后、皇子、公主，这是贵族的、都会的；日本则多用老翁老妇，这乃是家族的、田园的。"① 上述比较可说是在充分了解世界各国神话的基础上展开的，结论让人信服。此外，谢六逸还尝试了文学比较研究的跨学科整合，他在《神话学 ABC》中介绍了神话比较研究的五种方法，即统计学、人类学、心理学、社会学及宗教学的研究方法，这些研究方法在当下神话研究领域仍旧作为基本方法被广泛使用。谢六逸通过对世界各民族神话的宏观勾勒和微观解读，提倡使用跨学科的方法来研究世界各民族神话和民间传说，已充分认识到文学跨学科研究的理论价值。循此理论进路，他在对不同民族文学进行比较时，常常宏微齐观，并能归导出一些令人目新的结论。比如，他在分析具有全球性特征的"太阳"神话时，将中国上古传说中的华夏始祖黄帝、古希腊神话中的智慧女神雅典娜、日本神话中的天照大神等置于一起进行比较分析，从而归导出这几个神话人物的共通之处，即这几个伟大的神灵都是各自神话中最为重要的神祇，都有一个动物性的符号为突出标志，如和黄帝相伴的夔首、雅典娜肩头蹲着的猫头鹰等，其实是神话人物超凡力量的特别呈现。再如，针对大洪水这一世界性神话，谢六逸将中国大禹治水的传说、希伯来人制造诺亚方舟避水的神话、古希腊的洪水神话、北欧洪水神话等置于一起进行比较分析，力求阐释其共性和个性。谢六逸认为，世界性大洪水神话的产生，除中国是自然灾难导致洪水神话产生外，其他民族的大洪水神话皆"起因于人类的堕落"② 这一宗教元素；而地域、民族、思维等差别，则导致各民族洪水神话的不同。应该说，谢六逸"让神话研究刚刚起步的中国学术界，多了一些新的理论视域和研究切入参照，既有西方的学术视野和理论观念，又有日本的研究借鉴"③，给后世比较文学研究带来不少启示。

此外，谢六逸还善于通过对文本的分析解读，以类比和对比方式找出比较对象的异同。类比在于求同，对比在于求异，二者是比较文学平行研究惯用的方法。作为跨文化比较文学研究的经典范式，比较神话学是比较文学研

① 谢六逸：《海外传说集・解说》，世界书局，1929，第 95—96 页。
② 谢六逸：《神话学 ABC》，上海文艺出版社，1989，第 112 页。
③ 管新福：《谢六逸的神话研究及其学术史贡献》，《贵州文史丛刊》2019 年第 1 期。

究中较早开拓的领域，因为神话在世界各民族文学发展的早期是一种普遍的文学类型，非常具有可比性。如天地开辟的神话、造人神话、大洪水神话等都广泛留存于各民族的神话谱系中，但是这些神话故事又基于不同的民族习性、不同的社会历史背景产生，故在相似性外衣之下，还有独特的文化、民族性内涵。而在神话研究中将深层次的文化内涵挖掘出来，正是比较文学研究所倡导和追求的深度模式。除了对世界神话的平行研究，谢六逸还使用影响研究的方法分析古希腊神话的流传和影响，如在《古希腊文学概观》《罗马文学的发生》等文章中，重点梳理古希腊神话对古罗马神话的影响，并分析古罗马神话对古希腊神话的继承和变异。另在《北欧神话研究》一文中，谢六逸系统、全面地介绍了北欧神话的产生、发展和流变情况，对冰岛、挪威、瑞典、丹麦等北欧各国神话进行总体评价和个体分析，尤其强调了北欧神话中原始意义保持的价值，并指出北欧神话之所以能保持这种原初性，是宗教影响较弱所致；在研究中还引入古希腊神话作为参照系，以说明北欧各国神话的价值和独特性。虽然该文是转道日本翻译而来，但谢六逸力图通过神话产生的文化因素、民族元素的比对，阐释神话这一世界性文学类型产生原因的差异性和共通性。我们从这些例证中可以看出，谢六逸对外国文学的翻译研究，不仅仅是语言层面的简单转换，而且具有比较文学研究的理论视域。作为学识渊博的翻译家和学者，谢六逸文学研究的视角和眼光是非常独到的，并和后来比较文学研究的理论高度吻合。

三　中日文学比较研究的重要开掘

作为身怀救国启蒙理想、积极上进的学者，谢六逸十分珍惜在日本的学习机会，留日期间阅读了大量西方文学和日本现代文学作品，因此十分熟悉日本文学、文化的发展概貌，在中国现代文学史上有“日本文学研究第一人”之誉。应该说，中日文学之间的比较研究是谢六逸最具有发言权的领域，虽然在具体的文学活动中，他没有对中日两国具体作家作品、文学现象等进行翔实的类比和对比，也未撰写专著，但在他关于日本文学研究的史述里，都融进了比较文学的方法和视野。目前学界关于比较文学理论的建构和梳理，主要以法国学派的影响研究和美国学派的平行研究为代表，而中日文学之间的比较，不管从平行研究还是从影响研究来说，都具有优于中西文学比较研究的先天性基础。我们知道，自隋唐时日本派遣“遣唐使”学习中国文化至 19 世纪中期，千余年来日本文学都一直受中国文学的影响和滋养；但在明治维新变法成功之后，日本文学反过来影响中国文学的现代性生成。即便中国学者怀有古代文学和文化的自信，也必须承认中国现代文学生成过程中日本因素的作用。作为深受中国传统文化和日本文学、文化双重熏陶的知识分子，谢六逸对这方面的认识更是深刻。他精确指出："我国近几年来的文学，在某种程度上，也受了日本文学的影响……如果要研究欧洲文艺潮流在东方各国的文学里曾发生如何的影响，那么，在印度文学里是寻不到的，在朝鲜文学里更不用说，在中国文学里也觉得困难，只有在日本文学里，可以应付这个的需要。"① 在中日关系因战争降至冰点的年代，谢六逸秉持客观的原则评述日本现代文学的成绩，强调日本对中西方文学交流互润的桥梁作用，具有"一种紧追世界文坛潮流的积极心态"②。他提倡以客观真实的眼光来看待、学习日本文学，以便从中认知西方文学、文化的特点，并暗含国人要摆正位置，警惕落入民族主义狭隘观念的窠臼，主张抛开民族积怨，以包容的心胸去接受外来文化。这些清醒而合理的见解，即便在今天也是值得借鉴和吸收的。

为此，谢六逸积极向国人介绍日本文学的特征与成就，他一方面撰写研究日本文学的专著和文章，他的几本日本文学史专著（包括《日本文学》《日本文学史》《日本之文学》等）奠定了国内日本文学研究的基础，影响深远；另一方面又翻译了日本文学和理论创作以飨读者，如古典文学《万叶集》的部分诗作和《源氏物语》的一些章节，以及芥川龙之介的小品文等。而且在翻译作品的序跋中引入文学研究的比较视野，如在评价《源氏物语》时说："这部写实的长篇小说，不外是以人情为中心，以佛教思想为背景，而去描写平安时代的宫廷生活与贵族生活的著作。"③ 轻描淡写的几句就将《源氏物语》的主旨和盘托出，尤其是已经注意到佛教对文学的影响，这是后世比较文学跨学科研究的思路。他还翻译了高须芳次郎的《日本文学的特质》一文，在介绍日本文学传统特点的同时，重点说明日本文学的外来影响，尤其是现代文学中的西方因素。他在序中指出，日本民族文学"以日本国民性为根基，加入了中国印度思想文艺的长处美点，有时连短处也加进了，这些要素混淆融和，资助了日本文学的进步，至于明治大正时代的文学，则西洋的思想文艺的味道，显然地加添进去，代替了中国和印度的。日本文学

① 六逸：《日本文学史序》，《语丝》1929 年第 29 期。
② 王向远：《日本文学研究的学术历程》，重庆出版社，2016，第 26 页。
③ 谢六逸：《日本文学史》，上海书店，1991，第 91 页。

的西洋化，一时显然”①。谢六逸以《日本文学的特质》为例，说明日本文学一直乐于接受外来影响，这恰恰是日本文学之所以发展进步的关键，这一研究范例正是比较文学影响研究的典型代表。与理论介绍相呼应，他还翻译了志贺直哉的小说《范某的犯罪》，这是一篇非常适合用比较文学相关理论进行研究的作品。小说题材来自中国的人和事，讲述的是范某在表演飞镖杂技时将自己的妻子杀死，引发了范某到底是误杀还是蓄谋的心理评判。谢六逸盛赞志贺氏的小说，故将之翻译过来，以资国人阅读借镜。当然，中国题材的翻译更能引起读者的阅读兴趣和好奇心，读者想了解一个外国作家笔下的中国题材是以何种方式呈现的，进而通过比对，发现不同文化和文学之间的异同。尤其是《范某的犯罪》还融合了侦探小说、心理分析、异国形象、中国杂技等多重因素，是比较文学形象学研究、接受研究、跨学科研究的有效文本，这足以见出谢六逸超出常人的比较眼光。

正是从这些鲜活的案例出发，谢六逸看到了中日文学之间关系的复杂性、研究价值及理论意义。谢六逸意识到，中日文学之间相互影响的情形在现代已经发生了反转，我们应该接受日本的现代文学比中国的更为先进的事实，而不是人为抵制。正如实藤惠秀指出：“过去一千多年的日本文学都一直受中国文学的影响。从1894—1895年的中日甲午战争以后到1937年的卢沟桥事变开始以前的这一段时期，无论从哪一方面说，是日本文学影响中国文学的时代。”② 可以说，在中国比较文学研究领域，中日两国之间的文学事实最为丰富多元，尤其是二者之间相互影响的关系值得深入研究和梳理，但在这方面还存在很多研究空白。明治维新之后，日本文学开始反过来影响中国文学的发展，其中的原因值得深思，国人不能因为日本长时间学习中国古代文学，就拒绝学习日本现代文学的成就。我们从谢六逸著述的字里行间可以发现他中日文学交流观的合理性和包容性：国人不要因为两国关系的紧张和敌对，就以民族主义为潜在抵制心理，拒绝吸收日本文学的现代成就；相反，我们应该以更为积极客观的心态去汲取日本文学的精华，更新中国文化，并实现中国文学的新变和转型。可以说，谢六逸的开放心胸和文学研究的比较意识，在今天看来也不过时，仍然值得我们积极倡扬。

综上所述，作为20世纪二三十年代重要的新闻学家、翻译家和日本文学研究专家，谢六逸学识非常广博。虽然在比较文学研究领域他没有提出系统

---

① 谢六逸：《日本文学的特质》，载氏著《茶话集》，河北教育出版社，1995，第188页。

② 实藤惠秀：《日本和中国的文学交流》，《日本文学》1984年第2期。

的理论观点，但在具体的翻译活动及文学研究实践中，融贯了比较研究的思路和视野，兼有平行研究和影响研究，其理论观点、研究范式和后世比较文学学科的高度吻合。其中有几点贡献是值得强调的：一是他站在跨文化的立场来审视翻译对象，将文学翻译置于时代需求中去抉择考量，并对中外文学进行对比分析，新见迭出且极具启发性；二是在中日文学比较研究这个他最具发言权的领域积极作为，并根据中日文学之间相互影响的实例，卓有成效地分析了中日现代文学比较研究的价值，指出日本近代文学对中国文学由古典形态向现代形态转变的中介意义，这一贡献是奠基性的，也是比较文学影响研究的突出成果；三是他将希腊神话、北欧神话、日本神话、中国神话等不同民族之间的神话进行对比分析，并归导出一些合理的结论，对推进中国神话研究与国际视野接轨作用明显，是比较文学平行研究、跨文化研究的典型案例。谢六逸的这些研究实绩，理应受到今天比较文学研究者的重视和借鉴。

第四编　晚清民国西学翻译与林译小说

林纾的鼎新与恋旧

——从胡适《林琴南先生的白话诗》说起*

林纾一生以古文立世，祖述韩柳，师法桐城，不但创作因袭古文传统，使得当时“士大夫言文章者，必以纾为师法”①，而且操用文言翻译了近两百部西洋小说，开外国长篇小说译介之先河，影响十分深远。新文化运动诸贤，如周氏兄弟、郭沫若、茅盾等人，皆从林译小说的阅读中认知外界，更新学识。其实，林纾早年思想并不保守，而是拥护政治改良，曾倡导兴办《杭州白话报》②，乃维新人士；但民元后，特别是“五四”之后猛烈攻击白话文运动，屡谒光绪崇陵，不遗余力，拼死卫道，反被认定为清末民初跨代文人保守复古的代表。林纾思想前后迥异，一方面缘于新文化运动诸人的激怒，另一方面则因文化转型和社会巨变时知识分子价值判断的迷茫失范。因此林纾的文学史地位，在新学翻译家和旧派守旧文人之间螺旋徘徊。

林纾于 1924 年 10 月 19 日在北京去世。他曾任北大教授，其同事们——北大新文化运动的一干倡导者却无人前往吊唁，只有少许报刊文章零星提及。除郑振铎《林琴南先生》、周作人《林琴南与罗振玉》等少数几文持论公允外，其余皆以贬抑为主，这确实有亏林纾的历史贡献。

作为林纾怒怼和攻击目标之一的胡适，曾就林纾“方姚卒不之踣”③ 的

---

* 本文原载于《集美大学学报》（社会科学版）2018 年第 1 期，收入本书时有修改。

① 钱基博：《现代中国文学史》，岳麓书社，1986，第 193 页。

② 陈兴龄：《林白水先生传略》，《东方杂志》1935 年第 13 期。

③ “方姚卒不之踣”语出林纾 1917 年 2 月发表的《论古文之不宜废》一文。该话被胡适和刘半农揪住不放，痛批语法不通，林纾也因此声望受损。十多年后，这句话又被命为 1936 年北大招生考试国文考卷文法的改错题，也就是说林纾和胡适等人“五四”前后的论争，在十几年后的文坛，还没完全淡出。命题者为何人，命题者何意，已不可考。程巍认为：“没有证据显示 1936 年国文考卷的出题者是胡适本人，但也没有证据显示他不是。他那时是北大国文系主任，即便不是出题者，至少有可能也有资格对该考卷事先过目。”（参见程巍《为林琴南一辩——“方姚卒不之踣”析》，《中国图书评论》2007 年第 9 期。）六个字符的背后隐藏着一段公案，如果学生不知道当时的论争及其背景，联系不了上下文，面对这个题可能就无从下手。

文言语法进行嘲评，意在说明，以古文名世、坚守传统的林琴南，文言却也欠通，故废之无妨，可谓以其道还治其身，借以反证白话为当世所急需。在林纾死后，胡适发表了《林琴南先生的白话诗》（以下简称《白话诗》）一文，辑录了林纾的五首白话诗，是为《村先生》《小脚妇》《百忍堂》《棠梨花》《破蓝衫》。林纾的这些白话诗写于1897年前，以畏庐子之名印为《闽中新乐府》刊行于世。这些诗的风格和中国古典诗作的大相径庭，直白调侃，幽默写实，题材更接地气。有对社会重大问题的思考，有对现实黑暗的批判，更有对千年来固化的守旧习俗的讽喻辩驳，和后来林纾批判白话文运动的言行刚好背反。而胡适的《白话诗》一文写于林纾去世一个月左右，基本上可视为一篇悼念性质的文章，亦似有盖棺定论之意，但这篇悼念文章的出发点并不纯粹，文中暗含着对林纾的清算，值得我们去深度细读。

一　胡适之盖棺定论是否厚道？

学界已大致有这样的共识，林纾一开始其实并不仇视白话文运动，而是痛恨新文化运动诸人尽废古文，反对他们完全抛弃传统之纲常伦理。五四运动前后林纾与胡适、陈独秀、刘半农、钱玄同等年轻后辈的笔战，并非林纾自己主动挑起，而是被刘、钱二人“双簧信”指名道姓所激怒，实是被动人瓮卷进论局，更被新文化运动诸人贴上“桐城谬种，选学妖孽”的守旧标签大加挞伐。他与一帮喝过“洋墨水”的年轻后辈大打笔战，孤身一人，即便辩才无敌，最后也是惨然败退。在整个文白之争中，他都处于被动和守势。为说明古文之价值和意义，他写了《论古文之不宜废》《论古文白话之相消长》《致蔡鹤卿太史书》等文以申其说；更创作《妖梦》和《荆生》两小说影射新文化诸人及其所倡导的白话文运动，以作最后之努力。如《荆生》里的“皖人田其美”指陈独秀，“浙人金心异”喻钱玄同，“美洲归来的狄莫”则为胡适。《妖梦》里的“教务长”田恒影射陈独秀，“副教务长”秦二世对号胡适，“校长元绪”矛头则直接指向北大校长蔡元培。林纾和刘、钱诸人的怼骂，还属可控范围，但小说影射德高望重的蔡元培，无疑全方位激怒了新文化运动诸人，立使林纾成为矛头所向、舆论所指，他更加孤立，在整个笔战中顿处下风，最终一败涂地。

当然，关于林纾笔战的败因，孤身一人、缺少声援仅是面上因素，最为重要的原因还是，古文在民初已是独木难支。语言和书写工具在西学东渐的世界潮流中也开始了近代化的进程，古文已失去立足的时代根基和传承主体，林纾却要强行出头，力图维护古文的最后荣誉，因和时代背景错位，故其失败乃是必然。论战中，钱、刘相对激进，隐忍多时的林纾也措辞激烈，但胡、蔡等人则不温不火，不失君子之风，这更加反衬出林纾的劣势和失态。蔡元培和林纾早年有不错的交情，这位前清翰林[①]完全成为新时代的开启者，他对林纾的谩骂不予计较，曰“林君詈仆，仆将哀矜之不暇，而又何憾焉！”[②]胡适对林纾也没有什么大的火气，他在1922年为《申报》五十周年纪念特刊撰写的《五十年来之中国文学》一文中，对林纾的评价是：“平心而论，林纾用古文做翻译小说的试验，总算是很有成绩的了。古文不曾做过长篇的小说，林纾居然用古文译了一百多种长篇小说，还使学他的人也用古文译了许多长篇小说，古文很少滑稽的风味，林纾居然用古文译了欧文与狄更司的作品。古文不长于写情，林纾居然用古文译了《茶花女》与《迦茵小传》等书。古文的应用，自司马迁以来，从没有这种大的成绩。”[③] 可以说，他对林纾的评价是很高的，甚至誉之过甚。但林纾并不领情，他想要做的事是重振古文的书写权威。与林纾截然相反，胡适猛批古文乃“死的文字”，做不出“活的文学”，断言中国文学史上“没有真有价值真有生命的‘文言的文学’”。[④] 虽然胡适对林纾誉美有加，但林、胡二人水火不容，林纾对新文化运动诸人的仇视未能消减。

我们再回到胡适在林纾死后发表的文章上来。在《白话诗》的开头，胡适说：“林琴南先生上月去世的时候，北京有几家报纸竟引我的《五十年来之中国文学》里论林先生的话来作他的盖棺定论，这真是林先生生前做梦想不到的事，现在我要做的一件事，更是林先生做梦想不到的，我要发表林琴南先生三十年前做的白话诗。”[⑤] 这段话很有意思，其中关键点在两个“做梦想不到”，语气貌似平和，却大有深意。胡适意在说明，作为林纾生前恶劣攻击对象的自己，是多么的冤枉，林纾做梦也不会想到，居然是自己论敌的

---

① 很多研究者认为，蔡元培出身翰林，林纾充其量是个举人，故在身份上没有办法和蔡元培平等对话，蔡元培也不屑与林纾辩论，林纾越是攻击蔡元培，世人对林纾的评价就越差。在他们论争时，科举早已废除，清帝也已逊位多年，但林纾还是心虚，他致信蔡元培，言道“今公为民国宣力，弟仍清室举人”亮明身份，自己还是守旧一派，而蔡元培已是民国新官，故可以消弭身份上的等级差异。详见罗志田《林纾的认同危机与民初的新旧之争》，《历史研究》1995年第5期。

② 蔡元培：《蔡校长复张缪子君书》，《北京大学日刊》（第三分册）1919年第338期。

③ 胡适：《五十年来之中国文学》，载《胡适文存二集》（卷2），亚东图书馆，1924，第121—122页。

④ 胡适：《建设的文学革命论》，《新青年》1918年第4期。

⑤ 胡适：《林琴南先生的白话诗（附照片）》，《晨报六周年增刊》1924年第12期。

评价成为死后的盖棺定论！在整个论战中，胡适确实保持克制，较刘、钱等人更具学理性，不用谩骂和影射等手段，因此他反感林纾的攻击却也正常。问题在于，胡适在林纾去世一个月后写的文章，是想要表达什么意见？如果是单纯的悼念文章，或者胡适同意报纸所做的盖棺定论，他完全可以接着《五十年来之中国文学》的观点往下说，肯定林纾在新文学史上的地位，认同林纾在翻译文学和古文上的价值和意义。但胡适并没有这样做，他做的是林纾做梦也想不到的事，就是要发表林纾早年写作的白话诗！这就十分耐人寻味了。林纾如果泉下有知，估计会跳出来咒骂胡适的不厚道：你胡适要悼念就悼念，要批评就批评，不用这样语焉不详、模棱两可。胡适的潜在话语是，林纾反对白话文运动的行为是有问题的，不是老年痴呆，就是不可告人。自己早年就创作这么多的白话诗，后来却又严厉批判白话文，这不是自己打自己的脸，前后矛盾吗？所以，要发表林纾写的白话诗，让世人周知，剧烈反对白话文的林琴南，早期竟然是一个不折不扣的白话文倡行者！其实，林纾反对的不是白话文及其书写方式，他是不满新文化运动诸人将文言全部废弃之举。他们的论战，与其说是文白之争，毋宁说是传统与现代之争、文化守成主义和文化虚无主义之争，是中西文化近代交会与冲突的体现。

胡适又言："我们这一辈的少年人只识得守旧的林琴南，而不知道当日的维新党林琴南，只听得老年反对白话文运动的林琴南，而不知道林琴南壮年时曾做很通俗的白话诗——这算不得公平的舆论，所以我把这些诗选了几首，托晨报纪念号发表出来。"① 在这段表述中，胡适自己也说"这算不得公平的舆论"，在林纾和新文化运动诸人交恶论战过程中，胡适相对客观温和，也觉得这样处理似乎会带来新的问题。但既然是不公平的舆论，胡适为什么要在林纾死后才发表？有什么样的意图？文中提及这是纪念号，即言明此文主要是对去世的林纾表达尊重和纪念，体现了作为论敌的胡适的大度和宽容。但这段话直呼其名，少了前文"先生"之后缀，从其内在逻辑和外在效果中，都丝毫读不出纪念的由头，反而带有一种强烈的"挖坟"效果！晚年猛烈攻击白话文运动的林纾，却写过这么多的白话诗，这是多么不可思议的矛盾现象！这样一来，即便林纾如何攻击白话文，说理如何透彻，举证如何全面，都没有任何攻击白话文运动的合法理由，缺少起码的学理逻辑。胡适的这一评述，其实带出了一系列复杂的追问：为什么"五四"时期猛烈攻击新文学运动的林纾，早年却是一位维新改良运动的前驱？是什么原因使得林纾

① 胡适：《林琴南先生的白话诗（附照片）》，《晨报六周年增刊》1924 年第 12 期。

出现了转向？他曾经对民国的成立充满着希望和祝福，是什么原因使得他在老年出现思想的保守，归入封建遗老之列？

二　岂止封建遗老那么简单？

中国历史上发生过很多朝代更替的现象，跨代的百姓被称为遗民，忠实前朝的知识分子则被称为遗老。晚清民初的遗老们被冠以封建之称，原因在于晚清是中国封建时代的归结。林纾被新文化运动者以封建遗老、桐城谬种之名痛骂，虽有梗于胸，却也百口莫辩。除林纾之外，面临类似评价的清末民初的文人还有不少，如王国维、辜鸿铭等都属此类。奇怪的是，他们都有西方知识谱系的背景，甚至比很多新文化运动的引领人和追随者更深厚。一个很有意思的现象是：随着年龄的增长，西学积淀越深，他们对中国传统的东西愈加迷恋。我们习惯于用封建遗老之标签对他们进行分类，可是问题真的那么简单吗？即便是晚年的胡适，也深刻反思了自己早年对中国传统文化大加挞伐的言行，而被冠以“桐城谬种”的林琴南们，是否真的冥顽无救？恐怕真的不是。苏雪林在《林琴南先生》一文中认为，林纾才气过人，但是他有自己的信仰，这种信仰是支持他走下去的理由，“一个人在世上，不能没有信仰，这信仰就是他思想的重心，就是他一生立身行事的标准”。①貌似迷恋清朝的林纾，其深层次上是对中国传统文化现代命运的担忧。他维护古文的权威，也就是在维护中国传统文化的精髓，“中国文化之高，固始不能称为世界第一，经过了四五千年长久的时间，也自有他的精深博大。沉博绝丽之处，可以叫人惊喜赞叹，眩惑迷恋。所谓三纲五常之礼教，所谓孝悌忠信礼义廉耻的道德信条，所谓先王圣人的微言大义，所谓诸子百家思想的精髓，所谓典章文物之灿备，所谓文学艺术的典丽高华，无论如何抹不煞他的价值”②。这就是为什么王国维跳湖、辜鸿铭留辫、林纾迷恋古文，这些现象其实是旧文化的一个符码，是他们的信仰所依，也是他们立身处世的价值观。周振甫指出，林纾“并不轻视白话，却愤愤然与新文学运动相抗争，遂成众矢之的。也可谓不识时代潮流”③，他是看不到社会发展的大方向，但不代表个人的品格有什么问题，维护传统文化有什么大错。

---

① 苏雪林：《林琴南先生》，《人间世》1934 年第 14 期。

② 苏雪林：《林琴南先生》，《人间世》1934 年第 14 期。

③ 周振甫：《林畏庐的文章论》，《国文月刊》1946 年第 42 期。

前文言及，郑振铎的《林琴南先生》一文对林纾持论较公，真正是林纾盖棺定论之文。郑氏认为对于林纾的翻译、诗歌对新文学的贡献大家有目共睹，“他的这些功绩却是我们所永不能忘记的，编述中国近代文学史者对于林先生也决不能不有一段记载的”①，是值得研究近代文学的史家们撰书讨论的。而对于林纾由之前的维新倒向了后来的保守，郑振铎则说：“大约与他的环境很有关系，戊戌之前，他时常与当时的新派的友人同在一起，所以思想上不知不觉的受到了他们的渲染，后来清廷亡了，共和以来，人民也不能有自由的幸福，于是他便愤慨无已，渐渐变成顽固的守旧者了，这样的人实不止林先生一个，有好些人都是与他走同样的路的。”② 在郑振铎看来，林纾走向保守是因为环境和周围人的影响，其实深层原因应是林纾对旧文化的坚守和信仰，尤其是对新文化运动中少数人全盘西化论调的担忧。为此，他曾以诗明志：“学非孔孟均邪说，话近韩欧始国文。荡子人含禽兽性，吾曹岂可与同群？”③ 林纾义无反顾，坚决与五四诸人划清界限，即便被说落伍保守，也斗争到底。

在清末民初时代转型和思想巨变之际，知识分子的心理调适和跨代适应是有极大难度和滞后性的。任何处于时代变迁中的人都会有迷茫和不安，有着方向寻觅的焦虑。在民国的第一个十年，社会整体关系比较混乱，“袁世凯想帝制自为了，内战一年一年不断了，什么寡廉鲜耻、狗苟蝇营、覆雨翻云、朝秦暮楚的丑态，都淋漓尽致地表现出来了”④，作为旧时代转型过来的知识分子，林纾并未看到社会向好的明显路向，变革后的民国，甚至在某些方面比之晚清还不如，这让性格刚烈的林纾如何接受？他在《残蝉曳声录·序》的这段话中，较好地表述了自己的困惑：

> 革命易而共和难。观吾书所纪议院之斗暴刺击，人人思逞其才，又人人思牟其利，勿论事之当否，必坚持强辩，用遂其私。故罗兰尼亚革命后之国势，转岌岌而不可恃。夫恶专制而覆之，合万人之力，萃于一人易也。言共和，而政出多门，托平等之力，阴施其不平等之权。与之争，党多者虽不平，胜也，党寡者虽平，败也。则较之专制之不平，且更甚矣。此书论罗兰尼亚事至精审。然于革命后之事局，多愤词，译而

① 郑振铎：《林琴南先生》，《小说月报》1924 年第 11 期。
② 郑振铎：《林琴南先生》，《小说月报》1924 年第 11 期。
③ 朱羲胄述编《贞文先生年谱》，载《林畏庐先生学行谱四种》，世界书局，1949，第 62 页。
④ 苏雪林：《林琴南先生》，《人间世》1934 年第 14 期。

出之，亦使吾国民读之，用以为鉴，力臻于和平，以强吾国。则鄙人之费笔墨，为不虚矣。①

民元之后社会并未四海升平，反而乱象丛生，眼里揉不下沙子、思想保守的林纾，怎么会向新的时代投诚？当然林纾对自己的努力心知肚明，他本人虽然卫道迂腐，但只是标明自己的态度和底线而已，在很大程度上仅限于自身，对于子女的教育并不保守。他已经意识到自己所从事的古文事业已是明日黄花，故在现实中有着自己的深刻考量，甚至与时俱进。他在给儿子林璐的家书中说："吾意以七成之功治洋文，以三成之功治汉文。汉文汝略略通顺矣。然今日要用在洋文，不在汉文。尔父读书到老，治古文三十年，今日竟无人齿及。汝能承吾志、守吾言者，当勉治洋文，将来始有啖饭之地。"② 他深知自己的古文努力只不过是困兽之斗，终非时代潮流所向，希望子女不再重复自己走过和正在走的路，由此看来，生活中的林纾可谓完全换了个人。古文的笔战和努力只不过是自己内心的那一份对传统文化的喜爱和坚守，林纾的守旧与革新之矛盾由此可见一斑。他"这种在新旧夹缝中苦苦挣扎的两难处境，包括其犹豫、忧伤与困惑，以及日渐落寞的身影，很值得后来者深切同情。某种意义上，转型时代读书人的心境、学养与情怀，比起此前此后的'政治正确'来，更为真挚，也更可爱"③。人们惯常以事后诸葛来评价既成事实，今天评判林纾的守旧已是不难，但当时处于时代转型大潮中的他，在革新与守旧中彷徨和徘徊实在是身不由己。晚年的胡适反思说："我必须指出，那时的反对派实在太差了。在1918和1919年间，这一反对派的主要领导人便是那位著名的翻译大师林纾（琴南），对这样一个不堪一击的反对派，我们的声势便益发强大了。"④ 林纾成为新文化运动诸人集中批判的靶子，只不过是因为他们当时找不到更适合的攻击对象，他碰巧入局，实在是有些冤枉。周作人说："文学革命以后，人人都有骂林先生的权利，但有没有人像他那样的尽力于介绍外国文学，译过几本世界名著？"⑤ 除开翻译，林纾的文章、诗歌、绘画在当时均属一流，"五四"后又有多少人能做到这一点？如果同时把批评者和林纾摆在历史的天平上进行衡量，批判林纾

① 测次希洛、林纾、陈家麟：《残蝉曳声录·序》，《小说月报》1912年第7期。
② 陈平原：《古文传授的现代命运——教育史上的林纾》，《文学评论》2016年第1期。
③ 陈平原：《古文传授的现代命运——教育史上的林纾》，《文学评论》2016年第1期。
④ 胡适：《胡适口述自传》，〔美〕唐德刚译注，华东师范大学出版社，1993，第165页。
⑤ 开明（周作人）：《林琴南与罗振玉》，《语丝》1924年第3期。

的人，其实可能更比林纾迂腐、平庸和无能。

三　林纾的守旧真的毫无意义?

历史走过百年，那一场新旧、古今、中西文化之争论，已经有大体定论。林纾当时的极力卫道之举，并非出于私怨的困兽之斗，在今天看来也并非一无是处。他对传统文化的坚守，对数千年来儒家核心要义的执着，不完全正确，但也并非毫无道理。新文化运动诸人成功推动了中国文学的现代转型，功劳巨大，但当时对传统文化的决绝态度，亦不可取。

对于自己在笔战中前后受敌、落寞失败的境况，林纾只有发出“吾辈已老，不能为正其非；悠悠百年，自有能辨之者”[①] 之叹，希望后世还以公论。悠悠百年，几经轮转，林纾的历史贡献也已得到世人的公正评说，不管他当年的主张和立场基于何种初衷，但未掺杂任何一种私人目的，他是一个不折不扣的有着家国情怀的传统读书人，个人的人格力量是值得正面肯定的。“他是一个有‘义心’、有责任感的人，是一个生性耿直，注重‘节操’，但脾气又有些‘燥烈’的人。”[②] 正是这样的林纾，在文化史、文学史、教育史上特立独行，成为一个时代的缩影。林纾的复杂，不是一两次辩论就能说清的，他对中国近现代文学和文化的影响，并不亚于同时代的任何人。他“以翼古卫道之古文，写茶余酒后之小说，一破我国评话小说之体例，而市井俚俗之故事，亦一跃而登于士大夫之堂上”[③]，不经意间改变了中国文学的千年定式。新文化运动的极端一面打破了林纾守护传统的底线，他看到胡适这帮年轻人“这种灭弃一切传统价值的激烈主张的巨大危害，才挺身而出，以自己的文字和自身的道德实践来对其进行校正”[④]。已风烛残年的林纾对时代特征的判别严重错位，笔战中不但没有为之声援的同人，也缺少斗争的策略，更轻视了新文化运动诸人潜在的颠覆能力，孤军奋战，最终在晚清民国这个错位的时代中以悲剧收尾。但是，历史走过百年，林纾当时的恋旧迂腐，对传统文化的倾力呵护，今天看来有几分可爱，有几分悲摧，也有几分合理。林纾和新文化运动诸人的笔战，今天重提，实有一定的必要：我们如何对待传统？是通盘封闭的自我中心主义，还是完全西化的历史虚无主义？二者都

---

① 林琴南：《社说：论古文白话之相消长》，《文艺丛报》1919 年第 1 期。

② 张俊才：《林纾评传》，中华书局，2007，第 222 页。

③ 沈苏约：《小说杂谈：近人论小说多推尚林琴南……》，《新月》1926 年第 4 期。

④ 程巍：《反对派之殇从林琴南到梁巨川》，《上海文化》2009 年第 4 期。

有问题。对于这一段论争，我们同意张俊才的评说：

> “五四”时代，林纾的思想、立场确实是守旧的，但是不能由此得出结论，认为林纾在“五四”时代的所有观点和见解都毫无可取之处，都毫无革新合理的因素。他反对“覆孔孟，铲伦常”当然有反对新道德的一面，但是孔子、孟子在中国文化史上的杰出贡献和崇高地位真的可以随心所欲地倾覆吗？伦常中的“仁义礼智信”真的全是糟粕而必须全部铲除吗？难道我们可以不负责任地为不仁不义、不智不信的行为唱赞美曲吗？他反对“尽废古书”，认为“非读破万卷，不能为古文，并亦不能为白话”，当然也有反对新文学的一面，但是古书、文言文真的可以废弃吗？我们今天不还在整理古籍并不反对多读一些优秀的传统文学作品吗？①

林纾的贡献，或许就在于，在整个新文化运动呈现一边倒的历史局面中，发出一股刺耳的声音，使新文化运动者们去冷静思考一些过激的行为，认清时代和文化发展的复杂性。其实，“林纾与新文化的分歧，并非是否使用白话，而是是否使用白话，就一定废除古文。林纾辩驳的依据是西方（包括日本）在现代化的过程中并不抛弃传统。也就是说，林纾认为白话与古文不妨共存。林纾其实仍然是以晚清启蒙文学者的身份和语气，告诫五四新青年，不能走极端”②。我们今天从历史的发展和推进来看，新文化运动的历史功绩确实是巨大的、不容抹煞的，但新文化运动诸人为战斗之需，激进的言谈举止亦是不少，他们为建构新文化、实现中国全方位的现代性，在如何对待中国传统文化、思想价值方面不见得完全没有瑕疵。严家炎先生指出：“五四新文化运动也并非没有缺点或失误，如在旧戏、汉字的评价上，某些先驱者的意见就相当偏激。在另一些具体问题上为了矫枉，有时也不免走过了头。”③ 而林纾发出的声音，其实是另一种社会观念的呈现，那就是几千年的传统文化，自有合理之处，完全否定于理不符。他出于对新文化运动诸人历史虚无主义的担忧和校正，才出来迎战，为传统文化一辩，从这个意义上来说，林纾的守旧其实并非一无是处。新文化与旧派文人之间的争辩，即便没

---

① 张俊才：《林纾评传》，中华书局，2007，第 132 页。

② 杨联芬：《林纾与中国文学现代性的发生》，《中国现代文学研究丛刊》2002 年第 4 期。

③ 严家炎：《五四新文化运动与传统文化》，《鲁迅研究月刊》1995 年第 9 期。

有林纾出来迎战，也会有另外的跨代文人成为新文化运动诸人的标靶。在新文化运动席卷全国之时，林纾碰巧成为最为恰当的批判对象。

总体来看，林纾赞成渐进式的文化改良，而非打倒一切的扫荡式的革命。他说："余老而弗慧，日益顽固，然每闻青年人论变法，未尝不低首称善。惟云父子可以无恩，则决然不敢附和。"① 在他看来，文化改良并不一定要完全抛弃传统，"知腊丁之不可废，则马班韩柳亦有其不宜废"②。而胡、陈诸人力主尽废文言，实在欠妥。林纾守旧的程度，是以新文化运动诸人的激进程度为参照的，胡适诸人的观点越激进，越显示出林纾思想的保守。但林纾的保守并不足以代表晚清的旧派文人，他顶多属新、旧文人之间的过渡而已，远远达不到顽固、复古之程度。正如罗志田所言："从社会功能看，旧派林纾其实不旧，从社会观念看，新文化人也不全新。"③ 因为在林纾死后不久，刘半农、周作人等人都对早期攻击林纾心生悔意，感觉有愧，这不啻对林纾文学价值和意义的最好诠释。

---

① 〔英〕亚丁：《美洲童子万里寻亲记》，林纾、曾宗巩译，上海商务印书馆，1905，序。

② 林纾：《论古文之不宜废》，《大公报》1917 年 2 月 1 日。

③ 罗志田：《林纾的认同危机与民初的新旧之争》，《历史研究》1995 年第 5 期。

桐城传统与严复、林纾的文雅译风*

一　严、林与桐城派的理论渊源

桐城派是有清一代著名的散文流派，尊崇先秦诸子及唐宋古文，影响甚大。桐城派著名文人前期有方苞、刘大櫆、姚鼐等人；晚期有吴汝纶、曾国藩、姚莹、严复等人。戴逸说："清代中叶，文章亦臻于极盛，诞生了桐城文派，它是中国文学史上传承最久、作者最多、影响最大的文学派别。始创于康乾时的方苞、刘大櫆、姚鼐，下传到19世纪的梅曾亮、方东树、管同、曾国藩、吴敏树、张裕钊、薛福成、吴汝纶、林纾等，薪火相传二百年之久……他们不仅有文学创作的实践，著作如林，精彩纷呈，而且有文学理论。方苞提出'言有物，言有序'。刘大櫆标榜文章的'神、气、音、节'，姚鼐细化成'神、理、气、味、格、律、声、色'。桐城派声势浩大，影响甚广。"① 在方苞至姚鼐时段，清朝处于康乾盛世，外来文化虽已进入华夏大地，但对中国传统文化形成的冲击有限；鸦片战争失败以后，西学东渐，国人开始反思自身的文化积弊。晚清师法桐城派的知识分子，不但继承了桐城派古文的书写方式，在介绍、接受外来文化时也用桐城文章法进行翻译。

晚清翻译西学的标杆是严复和林纾。康有为曾经评论说"译才并世数严林"，可见二人在中国近代翻译史上的重要地位。王佐良先生认为："中国在十九、二十世纪之交酝酿着一个文化上的巨变，也有一个翻译运动应运而生，只不过，这个运动虽然造成一时声势，影响更为深远，却只是两个人的努力

---

* 本文原载于《贵州民族大学学报》（哲学社会科学版）2015年第5期，收入本书时有修改。

① 戴逸：《弹指兴亡三百载，都在诗文吟唱中——清代诗文简论》，《光明日报》2010年1月19日，第12版。

结果。”① 王佐良说的这“两个人”指的就是严复和林纾。其中，严复以译述西方社会科学著称，林纾则因转译域外文学名世，二人均具有深厚的古文功底，亦有创作传世，在翻译和介绍西学时，桐城古文的“义法”对其有潜移默化的影响。著名学者王森然说：“严几道、林畏庐二先生同出吴汝纶门下，世称林、严，二公古文，可称桐城派之嫡传，尤以先生（林纾）自谓能谨守桐城义法。但二公所以在中国三十年来古文界占重要之地位者，乃在其能用古文译书，将古文应用之范围推广，替古文开辟新世界，替古文争得最后之光荣也。”② 严林二人或为桐城派古文的嫡传，或深受桐城大家的影响，他们的西学翻译文本，推崇义理，行文雅致，经典耐读，风靡一时，取得了较高的翻译成就，影响深远。

二　严、林对桐城文法的吸收传录

桐城古文讲究作文之法度，其立法者是方苞。方苞在文论方面的创见，主要在于提出了以“义法”为核心的散文主张，为桐城派文论规定了套路，“义法”说也因此成为桐城派文论体系中最重要的理论支点。方氏说：“《春秋》之制义法，自太史公发之，而后之深于文者亦具焉。义即《易》之所谓言有物也；法则《易》之所谓合有序也。义以为经而法纬之，然后为成体之文。”③ 可见，崇“义”是桐城古文的核心创作路数，要求为文者言之有物，叙之有序，规避空谈。在方苞“义法”观念的基础上，后继者刘大櫆和姚鼐加以深化和推进。姚鼐指出，“只以义法论文，则得其一端而已”，于是提出了“义理、考据、文章”三者“相济”和“以能兼长者为贵”的治学为文主张。姚鼐在《述庵文钞·序》中说：“我曾谈到学问之事有三端，即义理、考据、文章。这三者，如果能善于运用，则足以相互补益；若不善于运用，不免相互损害。”④ 后将桐城古文理论细化为“神”“理”“气”“味”“格”“律”“声”“色”等特定范畴。具体而言，桐城派文论主要有以下几个理路：其一，语言力求简明达意，条理清晰，清真雅正；其二，主张言之有物

① 王佐良：《严复的用心》，载商务印书馆编辑部编《论严复与严译名著》，商务印书馆，1982，第22页。

② 王森然：《近代二十家评传》，载《民国丛书》（第5编），上海书店，1996，第91页。

③ （清）方苞：《又书货殖传后》，载《方望溪全集》，中国书店，1991，第29页。

④ （清）姚鼐：《述庵文钞·序》，载氏著《惜抱轩诗文集》，刘季高标校，上海古籍出版社，1992。

有序；其三，要求内容合理，材料确切，文辞精美；其四，要求语言雅洁，反对俚俗。由此，桐城文论文法成为清中叶之后诸多古文家效仿的对象，而且其影响一直持续到五四运动前后。

桐城文论不但影响了传统作文之法度，在西文译述方面亦为很多译者所采用，其中最具代表性的是严复和林纾。他们作为新旧思想观念交替时代西学翻译的楷模，对桐城古文的迷恋卓然见诸大部分译文之中。王森然在点评严林二人时说："然当西学未炽，哲理介绍，当推几道；文学翻译，功赖先生（林纾）。"① 对二人译述的时代价值和启蒙功能给予首肯。

晚清文名显著的文人，大都受到桐城文论和文风的影响。恰如郭绍虞先生指出的："清代文论以古文家为中心。而古文家之文论又以桐城派为中坚。有清一代的古文，前前后后殆无不与桐城派发生关系。在桐城派未立以前的古文家，大都可视为桐城派的前驱，在桐城派方立或既立的时候，一般不入宗派或别立宗派的古文家，又都是桐城派之羽翼与支流。由清代的文学史言，由清代的文学批评言，都不能不以桐城派为中心。"② 严林二人作为中西文化交替时代的文化弄潮儿，或受业于桐城大家，或受影响于桐城文人，继承了桐城派的文法观念，在进行语言文字的翻译转换时，潜移默化地将其贯穿于西文翻译之中。可以说，严林二人翻译的成功和在当时译界的广泛影响，一方面当然有西学进入中国并未像今天这样渠道多样，域外知识传播途径相对较窄、选择可能性小的客观原因；另一方面也有二人译文吸引力强，能引起读者阅读兴趣的主观原因。主观的吸引力就在于，严林二人的西文翻译遵从桐城派的文论和文风，将翻译从单纯语言层面的信息转换提升到再创造的美学层面，使译文不但能有效传播信息，亦能带来审美享受，这在晚清的西文翻译中是非常少见的现象。

需要提及的是，在严复和林纾的时代，翻译并不是一门独立的学问，更没有形成专业的翻译家群体，未有翻译伦理的制约和翻译理论的指引，翻译成为很多人茶余饭后的即兴活动，在译文风格上广受传统文化的影响和桎梏，以译意为主，译者的主观性较强。即便是译风严谨的严复，也在译文中加了很多按语。他一生译述一百七十多万字，但这一百七十多万字中，还有几百条严复自己所写的按语，以"复案"或"严复曰"开头引起评述，这是西文书籍原文中所没有的。按语约有十七万字，即占他所翻译文字的十分之一左

① 王森然：《近代二十家评传》，载《民国丛书》（第5编），上海书店，1996，第88页。
② 郭绍虞编著《中国文学批评史》（下），百花文艺出版社，1999，第310页。

右。按语包括对名物的诠释、对原书意见的补充甚或指出它的缺点，再是翻译原书时联系到对国内外特别是当日国内实际问题的意见。[①] 但严复的按语优雅耐读，俨然成为比原文更为重要的内容，这于后来是不可能出现的现象。与严复游学欧陆不同，林纾未出国门，不谙外语，译文主要是转述，并进行诸多删减。他在《黑奴吁天录·例言》中说："是书为美人著。美人信教至笃，语多以教为宗。顾译者非教中人，特不能不为传述，识者谅之……是书言教门事孔多，悉经魏君节去其原文稍烦琐者，本以取便观者，幸勿以割裂为责。"[②] 今天我们如果以现代翻译理论和译介伦理去审视林纾的译述，可能会做出完全不同的评价。可以说，林译小说的成功是时代背景使然，不可复制。一方面，得益于晚清时代世界格局的巨变，时人对西学的广泛兴趣和急切需求；另一方面，也得益于林纾深厚的古文功底和桐城文风，使其译文在失真的基础上仍然具有可读性，进而俘获了众多读者的心。林纾从桐城先驱那里继承了"义法"，强调文章谋篇布局，言物有序，并以此作为优秀文学作品的标准，还用其指导自己的翻译实践，特别是在早中期的翻译文本中，最能体现出这些特征。他翻译的第一部小说《巴黎茶花女遗事》，就用桐城义法对其进行了相关的改动；另外对《迦茵小传》《黑奴吁天录》《块肉余生述》《孝女耐儿传》《撒克逊劫后英雄略》等小说都通过自己的古文风格进行了改写和转译。当然，林纾通过桐城古文"义法"改译的这些外国文学作品，符合当时接受者的文化习惯，并成为时人了解外来文学和文化的有效中介。虽然有"琴南说部译者为多，然非尽人可读也。……后生小子，甫能识丁，令其阅高古之文字，有不昏昏欲睡者乎？"[③] 的否定评价，但林译小说在当时受人热捧足以说明其阅读障碍并不大，受众十分广泛。

三　严、林西学翻译对桐城文法的挪用

晚清的西文翻译风格芜杂，并未形成规范的译风，译者不管在内容的调适上还是在风格语言的转换上都极具随意性。文采是当时很多译者看重的首

① 王栻：《严复与严译名著》，载商务印书馆编辑部编《论严复与严译名著》，商务印书馆，1982，第 17 页。

② 张正吾、陈铭选注《中国近代文学作品系列·文论卷》，海峡文艺出版社，1992，第 136—137 页。

③ 苦海余生：《论小说》，转引自郭延礼《中国近代文学发展史》，高等教育出版社，2001，第 597 页。

要元素，严复和林纾的译文在当时皆以文采著称，实得益于桐城古文遗风。严复提出翻译应做到“信”“达”“雅”，这成为后世翻译界的三大核心词。严氏“幼即聪慧，词采富逸……硕学通儒，湛深文学，冠其同侪”[①]，对自己的译述要求自然就高，他在著名的西文八大代表译著中，可谓身体力行，尽量达到自己理想的翻译目标，同时也兼顾了知识背景的传送，是为晚清社会科学翻译的标杆。如《天演论·导言一·察变》云：“赫胥黎独处一室之中，在英伦之南，背山而面野。槛外诸境，历历如在几下。乃悬想二千年前，当罗马大将恺彻未到时，此间有何景物。计惟有天造草昧，人功未施，其借征人境者，不过几处荒坟，散见坡陀起伏间。而灌木丛林，蒙茸山麓，未经删治如今日者，则无疑也。怒生之草，交加之藤，势如争长相雄，各据一抔壤土，夏与畏日争，冬与严霜争，四时之内，飘风怒吹，或西发西洋，或东起北海，旁午交扇，无时而息。上有鸟兽之践啄，下有蚁蝝之啮伤，憔悴孤虚，旋生旋灭，菀枯顷刻，莫可究详。是离离者亦各尽天能，以自存种族而已。数亩之内，战事炽然，强者后亡，弱者先绝，年年岁岁，偏有留遗，未知始自何年，更不知止于何代。苟人事不施于其间，则莽莽榛榛，长此互相吞并，混逐蔓延而已，而诘之者谁耶！”[②] 该段译文读来恰如古文家的写景散文，雅致恬适，历来被认为是严氏译文精良和雅致的代表语句，“俨有读先秦子书的风味”[③]。严复对译文雅致的追求，可谓贯穿其翻译生平。“严复的译文很尔雅，有文学价值，是人人所公认无有异议的。”[④] 在中国传统文化中，“雅”是很多文人毕生追求的目标。严复提出信、达、雅的翻译原则时说：“译事三难：信、达、雅。求其信已大难矣，顾信矣不达，虽译犹不译也，则达尚焉。《易》曰：‘修辞立诚。’子曰：‘辞达而已。’又曰：‘言之无文，行之不远。’三曰乃文章正轨，亦即为译事楷模。顾信达而外，求其尔雅，次不仅期以远行已耳。”[⑤] 严复的翻译原则切合了桐城派“义理、考据、文章”三者统一的为文标准；又比如在《社会通诠》中，严复解释“图腾”这一术语云：“图腾，蛮夷之所以自别也，不以族姓，不以国种，亦不以部落，而以图腾。图腾之称，不始于澳洲，而始于北美之红种。顾他洲蛮制，乃与不谋而合，此其所以足异也。聚数十数百之众，谓之曰——图腾，建虫鱼鸟兽百

① 王森然：《近代二十家评传》，载《民国丛书》（第5编），上海书店，1996，第99页。
② 〔英〕赫胥黎：《天演论》，严复译，商务印书馆，1981，第1页。
③ 贺麟：《严复的翻译（附表）》，《东方杂志》1925年第21期。
④ 贺麟：《严复的翻译（附表）》，《东方杂志》1925年第21期。
⑤ 〔英〕赫胥黎：《天演论》，严复译，商务印书馆，1981，译例言。

物之形，揭橥之为徽帜。凡同图腾，法不得为牝牡之合，所生子女，皆从母以奠厥居，以莫知谁父故也。澳洲蛮俗，图腾有祭师长老，所生者，听祭师为分属，以定图腾焉。其法相沿最古，至今莫敢废。盖蛮夷之性，有成俗古礼，则不敢不循，至于礼意，非所及矣。"① 严氏上述主张和译文实践与桐城派"清真雅正"风格一脉相承。

严复要求翻译中做到"雅"，强调在达意的基础上文采斐然，这无疑源自桐城古文意蕴，故吴汝纶称赞道："自来译手，无似此高文雄笔。"② 更有论者指出，严复"十九世纪晚期实践过四种主要文体：骈体文、白话文、八股文和桐城派古文，他选择了最后一种，坚持以中国古典思想作为吸收外国文本的方式。与其他译者不同，他并不使用便捷的日本汉字或者传教士使用过的现成术语，相反。他不辞辛苦地从古代经典文本中发掘古老术语，其中部分术语连学识渊博的同代人都不太熟悉，难以理解"。但是这并不影响严复译文信息的有效传达。当然，严复的翻译也是具有极强的针对性的，"译文之所以采取这样渊雅、古朴的文笔，也有译者的苦心在，即希望他所翻译的西方资产阶级的学说能为妄自尊大的中国士大夫所接受"③，这样才利于新思想和新观念的传播。

而林纾在翻译西方小说时，并没有采用明清时期小说创作的流行文体——白话文，而是采用文言文，再加上深厚的先秦文学修养，使得译文文采斐然、雅致耐读，这也是林译小说风靡一时的最根本原因。当然这些都是出自桐城古文的风韵。林纾首先对西方文学名目做了中国式的典雅改动：《威尼斯商人》译为《肉券》；《罗密欧与朱丽叶》译为《铸情》；《哈姆雷特》译为《鬼诏》；《堂吉诃德》译为《魔侠传》；《巴黎圣母院》译为《钟楼怪人》；《奥立弗·退斯特》译为《贼史》；《董贝父子》译为《冰雪因缘》；《老古玩店》译为《孝女耐儿传》；《汤姆叔叔的小屋》译为《黑奴吁天录》；《波斯人信札》译为《鱼雁抉微》；《艾凡赫》译为《撒克逊劫后英雄略》；《格列弗游记》译为《海外轩渠录》；《悲惨世界》译为《孤星泪》……完全符合中国古代文化的求"雅"传统，也间或有明清之际通俗文学的形式特征，更符合当时读者的阅读期待。吕思勉说："所谓古文者性质如何？论古文最要之义，在雅、俗之别（亦称雅郑）。必先能雅，然后有好坏可说。如其不雅，

---

① 〔英〕甄克思：《社会通诠》，严复译，商务印书馆，1981，第3—4页。

② （清）吴汝纶撰《答严几道书》，载《吴汝纶全集·尺牍》（第3册），施培毅、徐寿凯校点，黄山书社，2002，第588页。

③ 郭延礼：《中国近代文学发展史》，高等教育出版社，2001，第561页。

则只算范围之外，无以评论好坏。故雅俗为古文与非古文之界限。所谓雅者何也？雅者，正也。即正确之义；同时亦含有现代心理学上所谓文雅之义，即用于实用之外，尚能使人起美感。”① 《巴黎茶花女遗事》中介绍茶花女的译文堪称林纾“雅致”译文的代表。“马克常好为园游，油壁车驾二骡，华妆照眼，遇所欢于道，虽目送之而容甚庄，行客不知其为夜度娘也。既至园，偶涉即返，不为妖态以惑游子。余犹能忆之，颇惜其死。马克长身玉立，御长裙，仙仙然描画不能肖，虽欲故状其丑，亦莫知为辞。修眉媚眼，脸犹朝霞，发黑如漆覆额，而仰盘于顶上，结为巨髻。耳上饰二钻，光明射目。余念马克操业如此，宜有沉忧之色，乃观马克之容，若甚整暇。余于其死后，得乌丹所绘像，长日辄出展玩；余作书困时，亦恒取观之。马克性嗜剧，场中人恒见有丽人拈茶花一丛，即马克至矣。而茶花之色不一，一月之中，拈白者二十五日，红者五日，不知其何所取。然马克每至巴逊取花，花媪称之曰‘茶花女’。时人遂亦称之曰‘茶花女’。”② 从上引译文可见出林纾翻译时所贯彻的古文义法和清雅文风，时人阅之，既有中国古代散文家写人摹景之法，亦有西方文化和文学的异域特色，引来严复“可怜一卷茶花女，断尽支那荡子肠”之叹。故钱锺书先生说：“林纾所用文体是他心目中认为较通俗、较随便、富于弹性的文言。”③ 其译文“笔致宛刻，自成蹊径，风靡一时，行文美绮，读者入胜”④。林纾虽不谙西文，但认为“天下文人之脑力，虽欧亚之隔，亦未有不同者”⑤，因此其译文亦能获取众多读者的喜爱，包括周氏兄弟都是林译小说的忠实读者。个中原因，一是晚清时西学翻译文献较少，读者选择面较窄；另是林译小说体现出的优美趣味和雅致风格。

四　桐城文法对严、林西学翻译的影响

王国维认为：“若禁中国译西书，则生命已绝，将万世为奴矣。”⑥ 足见晚清开明知识分子对西学翻译重要性的深刻认知。严复和林纾的翻译，在有效传达信息的基础上，还兼顾译文内容与形式的统一，这也明显得益于桐城

① 吕思勉：《文学与文选四种·宋代文学》，上海古籍出版社，2010，第 3 页。

② 〔法〕小仲马：《巴黎茶花女遗事》，林纾、王寿昌译，商务印书馆，1981，第 5 页。

③ 钱钟书等：《林纾的翻译》，商务印书馆，1981，第 39 页。

④ 王森然：《近代二十家评传》，载《民国丛书》（第 5 编），上海书店，1996，第 88 页。

⑤ 林纾：《〈离恨天〉译余剩语》，见《春觉斋著述记》（卷 3），载《民国丛书》（第 4 编），上海书店，1992，第 37 页。

⑥ 《王国维全集·书信》，中华书局，1984，第 3 页。

古文的创作主张。“古文者先义理而后言词。义理醇正，则立言必有可传。”① 严、林二人可谓身体力行。而“自桐城方望溪氏以古文专家之学，主张后进，海峰承之，遗风遂衍。姚惜抱禀其师传，覃心冥追，益以所自得，推究阃奥，开设户牖，天下翕然号为正宗。承学之士如蓬从风，如川赴壑，寻声企景，项领相望，转相传述，遍于东南。由其道而名于文苑者，以数十计。呜呼！何其盛也！”② 严、林作为晚清中外文化交流旋涡中既恪守传统文化精髓，又开眼引进西学的双面知识分子，桐城文风必然深入其内心。当然，严、林二人在吸收桐城文章法的基础上，亦形成了自己独具特色的翻译话语。“严复话语延续了先秦文体的词法句法结构，桐城派古文的优点，其他文体的某些积极因素，在此基础上进行创造性转化，创造了独具个人特色的新型文体。这种文体不但优雅，而且具有很强的感染力。”③ 严复在翻译中坚持“一举足则不能无方向，一论著则不能无宗旨”的原则，这无疑和桐城派文章讲究义理的传统一脉相承④；他还强调“译文取明深义，顾词句之间，时有所颠到附益，不斤斤于字比句次，而意义则不倍本文。题曰达旨，不云笔译，取便发挥，实非正法。什法师有云：学我者病。来者方多，幸勿以是书为口实也”⑤ 的个人特色，力求形成自己独特的翻译话语。为此，胡适评价道：“严复的英文与古中文程度都很高……严复的译书，有几种——《天演论》，《群己权界论》，《群学肄言》，——在原文本有文学价值，他的译本在古文学史也应该占一个很高的地位。”⑥ 与胡适相反，鲁迅则认为严复的译文“桐城气息十足，连字的平仄也都留心，摇头晃脑的读起来，真是音调铿锵，使人不自觉其头晕”⑦。当然，鲁迅先生是新文化运动的先驱，对使用古文翻译西学肯定评价不高。不管评价褒贬，皆能见出严复利用桐城雅致文风翻译西学的一贯坚守。

林纾在翻译外来文学的时候，受到桐城派古文理论的影响，将经史之理用于西文翻译，尤其是《左传》之行文方式。“就古文而言，林舒是堪称

---

① 朱羲胄编《春觉斋著述记》（卷2），载《林畏庐先生学行谱记四种》，世界书局，1949，第126页。

② 王先谦：《〈续古文辞类纂〉序》，载王先谦《葵园四种》，梅季标点，岳麓书社，1986，第30页。

③ 韩江洪：《严复话语系统与近代中国文化转型》，上海译文出版社，2006，第59页。

④ 牛仰山：《严复评传》，载牛仰山、孙鸿霓《严复研究资料》，海峡文艺出版社，1990，第9页。

⑤ 〔英〕赫胥黎：《天演论》，严复译，商务印书馆，1981，译例言。

⑥ 胡适：《五十年来之中国文学》，载《胡适文存二集》（卷2），亚东图书馆，1924，第56页。

⑦ 鲁迅：《关于翻译的通信》，载《鲁迅全集》（第4卷），人民文学出版社，1980，第381页。

‘殿军’之名的。从写作到选评，从理论撰述到招生授业，其著述之丰，涉足之广，造诣之深，门庭之大，自吴汝纶以后确实无人可以与之抗衡。”① 虽然林纾不愿承认自己属于桐城派，但在具体翻译过程中，明显受到桐城古文的影响。特别是他和桐城“正统”传人吴汝纶结识后，作文都是以桐城派为效仿对象，翻译时也就潜移默化地运用桐城派古文风格进行译述。“平心而论，林纾用古文做翻译小说的试验，总算是很有成绩的了。古文不曾做过长篇的小说，林纾居然用古文译了一百多种长篇小说，还使学他的人也用古文译了许多长篇小说，古文很少滑稽的风味，林纾居然用古文译了欧文与狄更司的作品。古文不长于写情，林纾居然用古文译了《茶花女》与《迦茵小传》等书。古文的应用，自司马迁以来，从没有这种大的成绩。”② 此外，体现林纾文学创作和翻译见解主张的，大都散见于其译序里，包括用中国传统的文化理论和文学创作方法比附西方文学等，这些都潜移默化地受到桐城古文的影响。“林纾是近代著名的古文家，他虽师从桐城名家，但他的散文并不囿于桐城范围，尤其是他的译文，与桐城古文相去更远。他洗练明快、流畅隽永的文笔，极富艺术表现力，写景、叙事、抒情均能曲尽其妙，颇受读者喜爱。”③ 他在《〈冰雪因缘〉序》中云：“惟其伏线之微，故虽一小物、一小事，译者亦无敢弃掷而删节之。”④ 另在《〈撒克逊劫后英雄略〉序》中又云：“惜余年已五十有四，不能抱书从学生之后，请业于西师之门。顾以中西文异，虽欲私淑，亦莫得所从。嗟夫！青年学生，安可不以余老悖为鉴。”⑤ 可见其认真负责、忧国忧民的译风。钱基博评价说：“纾之文工为叙事之情，杂以诙谐，婉媚动人，实前古所未有，固不仅以译述为能事也。”⑥ 钱锺书先生亦认为：“林译小说带领我们进入一个新天地，一个在《水浒》、《西游记》、《聊斋志异》以外另辟的世界……接触到林译，我才知道西洋小说会那么迷人。”⑦ 可谓切中肯綮之评。

概言之，严、林的西文翻译，读之言而有物，行文有序，风格古雅，内

---

① 张俊才：《林纾评传》，中华书局，2007，第201页。

② 胡适：《五十年来之中国文学》，载《胡适文存二集》（卷2），亚东图书馆，1924，第121—122页。

③ 郭延礼：《中国近代文学发展史》，高等教育出版社，2001，第582页。

④ 林纾：《〈冰雪因缘〉序》，见《春觉斋著述记》（卷3），载《民国丛书》（第4编），上海书店，1992，第14页。

⑤ 林纾：《〈撒克逊劫后英雄略〉序》，载《林琴南书话》，吴俊标校，浙江人民出版社，1999，第35页。

⑥ 钱基博：《现代中国文学史》，龙门书店，1933，第128页。

⑦ 钱钟书等：《林纾的翻译》，商务印书馆，1981，第37页。

容和形式完美统一，深得桐城文法和义理之精髓，这在晚清的西学翻译中独树一帜。他们利用桐城散文形式进行西学翻译，较好迎合了当时上层知识分子的胃口，同时也增强了译文的阅读美感，因而取得了较好的译述效果和传播效果。胡适先生曾经评价说："严复是介绍西洋近世思想的第一人，林纾是介绍西洋近代文学的第一人。"① 对严林二人的翻译类型和译述成就给予充分肯定，可谓盖棺之论。可以说，严林二人的西学翻译，对中国近代思想的更新和新文学的生成具有开拓性的功用。他们之所以取得译述的巨大成功，一是时代背景把他们推向了域外文化翻译的最前沿，也是对拓荒者历史贡献的认可；二是他们选用桐城古文作为翻译语言和行文布局手段，能得到当时读者的广泛接受，这亦是严、林译文风靡一时的主要原因。时人乃至今人去阅读林纾的翻译小说，并不以他不谙外语而鄙夷拒斥，反而如醉如痴、手不释卷，这无疑和林纾深厚的国学功底和借鉴桐城古文的创作经验息息相关；而严复翻译的西方社会科学文献，虽然观念较新，和中国传统较隔，但仍然流播广泛、影响深远，读之亦具有文学的审美享受，也不会使阅读者感到索然寡味，这亦缘于桐城派古文的引领。

① 胡适：《五十年来之中国文学》，载《胡适文存二集》（卷2），亚东图书馆，1924，第113页。

现代文人对林译小说的三种态度*

在我国近现代文学及翻译研究领域，学界对林纾及其翻译小说的研讨可谓十分详备。从民国初年延及当下，研究林纾的专书或以其为章节的著述不下百部。笔者以“林纾”为关键词检索近现代报刊全文数据库，与之相关的文献就有4000余条；检索中国知网，仅硕、博士学位论文就有200多篇，单篇论文则超过了2800篇，如果算上部分失收和未刊录文献，这个数据还会被不断刷新。当然就目前的研究成果而言，有很多是重复阐述的。但“在学术研究中，重复阐释本身具有两个重要的意义，第一，显示出问题的重要性；第二，显示出价值的恒定性”①。学者们对林纾及其翻译小说阐释的重复正体现了研究的价值和意义，充分说明其一直是百余年来学术关注的热点，也从另一层面证明它确实有很多值得探讨的地方，故在学界常说常新，不断有学者进行关注和挖掘。从百余年的研究路数来看，主要成果集中在以下几个方面：一是研究林纾的翻译著述；二是研究林纾的文学创作成就；三是研究林纾思想的前后变化；四是研究林纾对现代新文学生成的引导和影响。其中，第一类成果占80%左右，后三类占比不高，仅有20%左右。从文学史角度看，现代文人或多或少都受过林译小说的影响，但他们对林译小说却持有不同态度，主要有三种类型：一是批评和否定，二是赞扬和肯定，三是矛盾和中性。本文以现代文人对林译小说的接受和评价为出发点，全面审视现代文人对林译小说的接受心态，并极力阐述这些复杂心态背后的文化和时代成因。

作为跨代文人，林纾身上具有明显的新旧时代冲突的二元对立性。他一生以古文立世，不但创作因袭古文，还用文言译述了100多部外国小说，乃至当时“士大夫言文章者，必以纾为师法”②，对清末文言使用和新文化运动

---

* 本文原载于《贵州大学学报》（社会科学版）2019年第5期，收入本书时有修改。

① 张福贵：《鲁迅研究的三种范式与当下的价值选择》，《中国社会科学》2013年第11期。

② 钱基博：《现代中国文学史》，岳麓书社，1986，第193页。

都具有相当大的影响。现代文学领域的先驱者，如鲁迅、周作人、胡适、茅盾、郭沫若、郑振铎、朱自清、冰心等，都受林译小说的启蒙，这和他在文学史上被定性为旧派文人的身份似乎相悖。其实，林纾早年思想并不保守，曾拥护维新，附和康、梁，倡办过《杭州白话报》，甚至撰有白话诗《闽中新乐府》；但民元后，特别是“五四”前后猛烈攻击白话文运动诸人，屡谒光绪崇陵，拼死卫道，反被认定为清末民初跨代文人保守复古的代表，更被定性为新学翻译家和旧派文人进入中国文学史。而现代文人对林纾及其翻译小说的态度也因此表现出不同的面向，这些不同的接受面向实际上是现代文人在文学转型和文化巨变时期的社会心态和接受心态的真实写照。

一 批判及否定

林译小说是近代西学东渐的产物，它在中国文学现代转型过程中具有重要的启蒙和引领作用。但林纾不谙外文，必须依靠口述者进行翻译，故在俘获大批读者的同时，也饱受质疑和批评。在晚清民国时段，批判林译小说的主要有两类文人学者。

第一类是反对文言的白话文运动诸人。不管是林纾的翻译还是创作，只要是用古文书写的，这类人悉数批判，诸如钱玄同、刘半农、陈独秀、鲁迅等新文化运动健将，均曾对林纾发难。但就他们的批判目的而言，旨在确立白话文的书写正宗，以更新文学类型和文化范式。耐人寻味的是，这些人早年都对林译小说产生兴趣，大量阅读并受其影响，但在新文化运动之后基本上给予否定。实质上，他们批判林纾不见得是出于真实的内心想法，在很大程度上是借批判林纾来批判整个中国传统文化。前面提及，林纾一开始其实并不反对白话文，后来转向新文化运动的对立面，是因为他痛恨新文化运动诸人尽废古文之举，反对他们完全抛弃传统之伦理纲常。他和胡适、陈独秀、刘半农、钱玄同等年轻后辈的笔战，实非自己主动挑起，而是被贴上“桐城谬种，选学妖孽”标签后的被动还击，更缘于被钱玄同和刘半农“双簧信”的指名激怒，实是被请入瓮。论争中，他撰写了《论古文之不宜废》《论古文白话之相消长》《致蔡鹤卿书太史》等文，以力证古文之不可废、传统之不可抛、激进西化之不可行，尤其针对钱、刘二人的“双簧信”，创作了《妖梦》和《荆生》两小说进行影射回击。如《荆生》里的“皖人田其美”指陈独秀，“浙人金心异”则为钱玄同，“美洲归来的狄莫”喻指胡适；《妖梦》里的“教务长”田恒影射陈独秀，“副教务长”秦二世对号胡适，“校长元绪”则指向北大校长蔡元培。林纾慌不择路地批判和影射，由于孤军奋战和时代错位，反而使自己四面受敌、文名扫地。他没有意识到语言及其书写方式在西学东渐的世界潮流中业已开始了现代化的进程，古文正失去立足的时代根基和传承主体；他也未作明判，新文化运动诸人批判他，目的是为白话文运动的合法性寻找一个标靶，而非对他私人持有多大仇怨。论战中，钱、刘二人非常激进甚至刻薄，隐忍多时的林纾也措辞激烈，但胡、蔡二人则不温不火，贯持君子之风，这更加反衬出林纾的劣势和失态。钱玄同、刘半农、陈独秀等人在反对林纾及其古文的同时，也就否定了其以古文为媒介翻译的外国小说。论战中，钱、刘二人将林纾说得一无是处，几乎全盘否定，如钱玄同批驳林纾“用《聊斋志异》文笔和别人对译的外国小说，多失原意，并且自己搀进一种迂缪批评，这种译本，还是不读的好”①；林纾翻译的外国小说“所叙者皆西人之事也，而用笔措词，全是国文风度，使阅者几忘其为西事”②，实难归入翻译之类型。而刘半农则批评林纾翻译中“遇到文笔蹇涩，不能达出原文精奥之处，也信笔删改”。③ 这样一来，林译小说在他们眼里“半点儿文学的意味也没有！何以呢？第一是原稿选择得不精，往往把外国极没有价值的著作，也译了出来，真正的好著作却未尝——或者是没有程度——过问；第二是谬误太多，把译本和原本对照，删的删，改的改，‘精神全失面目皆非’，第三层是能以‘唐代小说在神韵移译外洋小说，’不知这件事实在是林先生最大的病根”④。钱、刘二人的批评，确实抓住了林译小说的通病，但在当时对其进行全部否定，也过于绝对和主观。作为第一个翻译外国长篇小说的人，林纾没有前人的蓝本以资借鉴，也无成功经验可供吸收，能取得这些成就，已属难能可贵了。

第二类是认为林纾不懂外语，也未曾有过留洋生涯，对林纾的翻译资格和林译小说的真实性和有效性进行质疑者。这一类人主要是有着海外经历，或有外国语言学知识背景的学者，比如梁启超、鲁迅、傅斯年、陈西滢等人。他们对林纾的批判主要基于两点：一是认为林纾用文言翻译外国小说之举在清末民初已偏离语言发展的时代氛围，远离民众的阅读和接受基础，完全不

---

① 陶履恭、独秀、钱玄同：《通讯：独秀先生鉴，近年以来，沪上颇有以世界语号召同人者……》，《新青年》1917 年第 6 期。

② 钱玄同：《文学革命之反响》，载郑振铎编选《中国新文学大系·文学论争集》（影印本），上海文艺出版社，2003，第 24 页。

③ 刘半农：《复王敬轩书》，《新青年》1918 年第 3 期。

④ 王敬轩、半农：《文学革命之反响：王敬轩君来信》，《新青年》1918 年第 3 期。

合时宜；二是对林纾不懂外语的翻译引进进行深度质疑，尤其对他翻译对象的经典性和文学地位进行批判。譬如，几乎与林纾同时代的梁启超，对林译小说的价值和作用就不予认可："有林纾者，译小说百数十种，风行于时，然所译本率皆欧洲第二三流作者：纾治桐城派古文，每译一书，辄'因文见道'，于新思想无与焉。"① 评论家苦海余生也反对林纾用文言翻译外国小说之法："琴南说部译者为多，然非尽人可读也。……后生小子，甫能识丁，令其阅高古之文字，有不昏昏欲睡者乎？故曰琴南之小说非尽人可读。"② 傅斯年则更极端，他将林译小说的古文笔法斥为"下流"："论到翻译的文词，最好的是直译的笔法，其次便是虽不直译，也还不大离字的笔法，又其次便是严译的子家八股合调，最下流的是林琴南和他的同调……我们想存留作者的思想，必须存留作者的语法，若果换另一幅腔调，定不是作者的思想，所以直译一种办法，是存真的必由之径。"③ 也就是说，与林纾同时代或稍后的文人对他使用古文翻译西方小说持反对意见，在新文化运动以后成长起来的文人就更难完全认同林纾的翻译方式了。

作为中国现代文学的第一人，鲁迅虽然没有和林纾正面论战，但却不时发表言论批评林纾及其翻译小说，尤其对林纾不谙外语的翻译活动持明显的反对态度。鲁迅早年在日本留学期间就大量接触林译小说，但已对林译小说深感不满，这种不满甚至催生了《域外小说集》的面世。1932 年他在致日本汉学家增田涉的信中说："《域外小说集》发行于一九〇七年或一九〇八年，我与周作人在日本东京时。当时中国流行林琴南用古文翻译的外国小说，文章确实很好，但误译很多。我们对此感到不满，想加以纠正，才干起来的。"④ 吊诡的是，《域外小说集》也是用文言翻译的，这个因不满林纾翻译而策划的书本，却无人问津，销量奇差。在鲁迅的一些文章里，他时不时拿林纾说事，顺手批驳。如他在《"题未定"草・三》一文中对近代以来的外语学习状况进行描述时，顺便质疑林纾的翻译："绍介'已经闻名'的司各德，迭更斯，狄福，斯惠夫德……的，竟是只知汉文的林纾。"⑤ 1921 年他在《阿 Q 正传》第一章序里说："这一篇也便是'本传'，但从我的文章着想，因为文体卑下是'引车卖浆者流'所用的话，所以不敢僭称。"而文中"引

① 梁启超：《清代学术概论》，载《饮冰室合集》（第 34 卷），中华书局，1989，第 72 页。
② 苦海余生：《论小说》，转引自郭延礼《中国近代文学发展史》，高等教育出版社，2001。
③ 傅斯年：《译书感言》，《新潮》1919 年第 3 期。
④ 鲁迅：《致增田涉》，载《鲁迅全集》（第 14 卷），人民文学出版社，2005，第 196 页。
⑤ 鲁迅：《"题未定"草・三》，载《鲁迅全集》（第 6 卷），人民文学出版社，2005，第 369 页。

车卖浆者流”一语，正是鲁迅从林纾给蔡元培信中的“若尽废古书，行用土语为文字，则都下引车卖浆之徒所操之语，一凡京津之稗贩，均可为教授矣”① 一句引申而来的。针对林纾不懂外语而借助合译这一行为，茅盾也认为欠妥：“这种译法是不免两重的歪曲的；口译者把原文译为口语，光景不免有多少歪曲；再由林氏将口语译成文言，那就是第二次歪曲了。”② 鲁迅和茅盾等文人，都有较好的外语阅读能力，也不时进行外国文学的译介，故在他们眼里，不谙外语而进行文学翻译，即便不错漏频出，问题也肯定不少。如果缺少对原文的阅读体悟，靠听取别人的口述成文，其有效性和真实性是绝对值得质疑的。在这点上，林纾其实也是心知肚明，并对自己不懂外语的翻译行径致以真诚歉意：“鄙人不审西文，但能笔述，即有讹错，均出不知，尚祈诸君子匡正是幸。”③

那么，为什么在清末受林译小说启蒙的新文化运动诸人却在“五四”前后对其进行批判和否定呢？这一悖论性的问题有其复杂的缘由。究其原委，一方面在于林纾用古文翻译外国小说，在清末民初已经不合时宜。新文化运动反对的正是古文的书写传统，即便林纾不主动迎战，新文化运动者们也会主动找上门来，对之进行攻击和批驳。林纾成为新文化运动诸人攻击的对象，被当成传统文化的代表摆上祭坛，以突出白话文运动的正当性和使命性，“五四”文人们“不骂他好像就显不出自己进步”④，要以之彰显变革时代的决心和态度。另一方面在于他不懂外语，依靠合作者的口述翻译外国文学，对原文缺少审视，翻译的不实和错漏之处肯定不可避免。而新文化运动诸人很多都有海外留学经历，在外语能力上都高出林纾不少，有对照原文和译文的语言能力，很容易找出林译小说中诸如误译、漏译、反译等错漏。这两点实是林纾本人及其翻译小说的硬伤，即便他才气过人，也是百口莫辩。当然，批判自有其历史的必然，亦有失历史的公允，“五四”的先驱们在反对林纾的同时，有意或无意遮蔽了受益于林译小说的这一事实，没有将其置于历史发展的大背景中去分析其成就和贡献，他们用新观念去匡范旧思想，以新标准去评价旧文人，过分夸大林译小说的问题和瑕疵，这对于林纾来说，算不上一个公允的评判。

---

① 林纾：《致蔡鹤卿太史书》，《公言报》1919 年 3 月 18 日。

② 茅盾：《直译、顺译、歪译》，《文学（1933 年）》1934 年第 1—6 期。

③ 林纾：《〈西利亚郡主别传〉附记》，载阿英编《晚清文学丛钞》（小说戏曲研究卷），中华书局，1960，第 258 页。

④ 蒋英豪：《林纾与桐城派、改良派及新文学的关系》，《文史哲》1997 年第 1 期。

二　赞扬及肯定

与前述部分新文化运动者全盘否定林纾不同，现代文人中也有很多对林译小说给予赞誉的。这部分文人主要以郑振铎、郭沫若、苏雪林、寒光、钱锺书等人为代表，他们充分肯定林纾及其翻译小说的两大贡献：一是认为林纾用古文翻译西方小说的成就是值得首肯的，作为第一个引进域外长篇小说的翻译家，即便存在诸多不足，仍然具有开创之功，并不像钱玄同等人所说的那样一无是处；二是认为他对中国现代新文学的发生有着非常重要的诱导作用，中国现代文学，特别是小说的现代性转变和林译小说是有着深刻渊源的。林纾有外语方面的硬伤，这也是时代所限，在西学东渐的历史大潮中，时不我待，不可能等到高素质的外语人才培养出来之后才开始翻译外来文学。林纾虽用古文转译外国小说，但与中国传统小说有着本质区别，在形式、内容和观念等角度皆有更新，旧小说与之已不可同日而语，故其贡献是怎么也抹煞不了的。即便是被林纾怒怼、整体对林纾持批判态度的胡适，也对林纾的翻译贡献不吝赞誉："平心而论，林纾用古文做翻译小说的试验，总算是很有成绩的了。古文不曾做过长篇的小说，林纾居然用古文译了一百多种长篇小说，还使学他的人也用古文译了许多长篇小说，古文很少滑稽的风味，林纾居然用古文译了欧文与狄更司的作品。古文不长于写情，林纾居然用古文译了《茶花女》与《迦茵小传》等书。古文的应用，自司马迁以来，从没有这种大的成绩。"① 胡适所言或许有些夸大，但由于胡林二人时代观念和文学立场差异难弥，胡评无疑更能说明林译小说的重要意义和历史价值。

作为文学史家，郑振铎的立论一向以客观公正著称。他对林译小说一直比较推崇。在1924年林纾去世以后，他撰有《林琴南先生》一文进行评说，持论公允，真正是林纾盖棺定论之文。他认为林纾的翻译和创作推动了我国现代文学的发生，不管同时代或稍后的文人们对林纾持何种态度，他的"功绩却是我们所永不能忘记的，编述中国近代文学史者对于林先生也决不能不有一段记载"②，林纾及其翻译小说是值得研究近代文学的史家们专书的。而对于林纾由之前的维新倒向了晚年的保守，郑振铎则说："大约与他的环境很有关系，戊戌之前，他时常与当时的新派的友人同在一起，所以思想上不

① 胡适：《五十年来中国之文学》，载《胡适文集》（第4卷），人民文学出版社，1998，第345页。

② 郑振铎：《林琴南先生》，《小说月报》1924年第11期。

知不觉的受到了他们的渲染，后来清廷亡了，共和以来，人民也不能有自由的幸福，于是他便愤慨无已，渐渐变成顽固的守旧者了，这样的人实不止林先生一个，有好些人都是与他走同样的路的。”[①] 在郑氏看来，林纾走向保守是因为环境和周围人的影响，其实深层原因应是林纾对旧文化的坚守和信仰，尤其是对新文化运动中少数人全盘西化论调的担忧，为此，他曾作诗明志：“学非孔孟均邪说，话近韩欧始国文。荡子人含禽兽性，吾曹岂可与同群？”[②] 林纾义无反顾，坚决与“五四”诸人划清界限，即便被认为落伍保守，也斗争到底。除郑振铎外，郭沫若也一直不忘林译小说对自己的启蒙之功和对中国新文学的作用，他说：“《迦茵小传》有两种译本，林琴南译的在后，有前的一种只译了一半。这两种译本我都读过，这怕是我所读过的西洋小说的第一种。这在世界的文学史上并没有甚么地位，但经林琴南的那种简洁的古文译出来，真是增了不少的光彩！前几年我们在争取白话文的地位的时候，林琴南是我们当前的敌人，那时的人对于他的批评或者不免有一概抹煞的倾向，但他在历史上的地位是不能够抹煞的。他在文学上的功劳，就和梁任公在文化批评上的一样，他们都是资本制革命时代的代表人物，而且相当是有些建树的人物。”[③] 与郑、郭相延，苏雪林对林纾也是赞誉有加，他在《林琴南先生》一文中高度评价林纾才气过人，有自己的信仰，哪怕这种信仰不为别人所理解，但这种信仰是支持他走下去的理由。“一个人在世上，不能没有信仰，这信仰就是他思想的重心，就是他一生立身行事的标准。”[④] 貌似迷恋清朝的林纾，深层次上是对中国传统文化现代命运的担忧。他维护古文的权威，也就是在维护中国传统文化的精髓。“中国文化之高，固始不能称为世界第一，经过了四五千年长久的时间，也自有他的精深博大。沉博绝丽之处，可以叫人惊喜赞叹，眩惑迷恋。所谓三纲五常之礼教，所谓孝悌忠信礼义廉耻的道德信条，所谓先王圣人的微言大义，所谓诸子百家思想的精髓，所谓典章文物之灿备，所谓文学艺术的典丽高华，无论如何抹不煞他的价值。”[⑤] 这就是为什么王国维、辜鸿铭不愿剪辫，林纾推崇古文，它们其实是旧文化的符码，是他们的信仰所依，更是他们立身处世的价值中枢。周振甫指出，林

---

① 郑振铎：《林琴南先生》，《小说月报》1924 年第 11 期。

② 朱羲胄述编《贞文先生年谱》，世界书局，1949，第 62 页。

③ 《郭沫若选集》，四川人民出版社，1979，第 117—118 页。

④ 苏雪林：《林琴南先生》，《人间世》1934 年第 14 期。

⑤ 苏雪林：《林琴南先生》，《人间世》1934 年第 14 期。

纾“并不轻视白话，却愤愤然与新文学运动相抗争，遂成众矢之的”[①]，他是看不到社会发展的大方向，但不代表他个人的品格有什么问题，维护传统文化有什么大错。

如果说前述诸人对林纾及其翻译小说的肯定和赞扬是率性而发，那寒光对林纾的肯定和赞扬则是经过深入研究和综合思考得出来的。1935 年他出版了第一本研究林纾的专著《林琴南》，可谓“挺林”文人的重要代表，他对林纾的看法一直比较客观冷静。如他在《近代中国翻译家林琴南》一文中说：“林琴南的翻译是他在文学上顶大的成绩，也是中古近几十年文坛上，社会上一个很大的事件，无奈近来批评他的人们，总喜欢说他的翻译很多与原文不对和差错，我觉得这种论调未免过于苛刻！试想当清季时代，中外交通尚未发展，中国人与外国人还少接触，研究外国语言文字的人们当然也如凤毛麟角，虽说中间也有一些比较精通的人士，但于文学方面究竟尚很浅尝，这是时代的限制，所以错误的发生是难免的。”[②] 在他看来，林纾用文言翻译外来小说是成功的，由于时代原因，翻译中存在错漏在所难免，这也是可以理解的。他进一步评论说：

> 林氏译小说的时候，恰当中国人贱视小说习性还未铲除的时期，一班士大夫们方且以帖括和时文为经世的文章，至于小说这一物，不过视为茶余酒后一种排遣的谈助品。加以那时咬文嚼字的风气很盛，白话体的旧小说虽尽有描写风俗人情的妙文，流利忠实的文笔，无奈他们总认为下级社会的流品，而贱视为土腔白话的下流读物。林氏以古文名家而倾动公卿的资格，运用他的史、汉妙笔来做翻译文章，所以才大受欢迎，所以才引起上中级社会读外洋小说的兴趣，并且因此而抬高小说的价值和小说家的身价。很显明的，倘使那时不是林氏而是别人用白话文来译《茶花女》等书，无论如何决不会收到如此的好结果，这道理不待识者当会明白的。[③]

寒光对林译小说的理性评价非常值得借鉴。很多文人在接触林译小说之后才真正进入文学世界，他们充分肯定林译小说的引领作用和影响。茅盾评

---

① 周振甫：《林畏庐的文章论》，《国文月刊》1946 年第 42 期。

② 寒光：《近代中国翻译家林琴南》，《新中华》1934 年第 7 期。

③ 陈锦谷编辑《林纾研究资料选编》，福建省文史研究馆，2008，第 21 页。

价林译小说“颇能保有原文的情调，译文中的人物也描写得与原文中的人物一模一样”，“他不仅读过不少林译小说，林纾死后他还为林译《撒克逊劫后英雄略》做校注，重新印刷发行”。[①] 冰心说自己接触西方文学完全得益于林译小说的引导，她感叹：“竭力搜求‘林译小说’的开始，也可以说是我追求阅读西方文学作品的开始。”[②] 钱锺书亦云：“林译小说带领我们进入一个新天地，一个在《水浒》、《西游记》、《聊斋志异》以外另辟的世界……接触到林译，我才知道西洋小说会那么迷人。”[③] 可见，对林纾予以肯定和赞扬的现代文人都承认从林译小说中获得启发，林纾是他们文学上的导师，是他们从事文学创作和研究的基础。

而现代文人对林纾及其翻译小说的肯定，有两个因素。第一，他们认识到林译小说对国人了解外来文学的重要作用，即便翻译中存有错漏，也不能因此抹煞其开拓之功。在他们看来，林纾运用文言翻译外国小说，在清末民初不但不是缺点，反而是具备一定优势的策略，中外文学之间的差异明显，特别是小说，不管在思想观念、审美意识上还是在书写形式上都存在较大区别，要想让中国读者接受西方小说，只能将原著进行删减，改编成人们所熟知的体式，这样才能拉近与读者的心理距离。再有，翻译家内心也对西方的很多东西有所排拒，有意无意地对西方小说进行改译，使之靠近中国的文学审美和语言习惯，这些处理虽有违原著，却更易为当时的读者所接受。“西方的文学在描述上，在人情世态上，在结构和语言上，都存在着某种缺陷，有不合情理的地方，有不合习惯的地方，有不优美的地方，林纾都按照他自己的理解径直改之。这样，西方文学在经过林纾的翻译之后，除了剩下一些‘事实’以外，其它都变成了中国本土的东西”[④]，虽与原著差距甚大，传播效果却更好。当时很多人就是通过阅读林译小说才开始接触外国小说的，这在无形中改变了世代中国文人轻视小说的传统，打破了明清以来文坛的尚古之风。第二，在清末民初时段，还没有形成系统的翻译理论，人们对翻译的规范性和自觉性也不够重视，但是林纾由于自身过人的文学感悟力，即便是合译，也能较好贴合原文意境，虽然有所偏差，但也能基本达到宣传外国文学的目的，实现启蒙之功效，故林纾的翻译是值得肯定和赞扬的。“中国的

① 郑振铎：《林琴南先生》，《小说月报》1924 年第 11 期。
② 冰心：《我的故乡》，载《冰心选集》（第 2 卷），四川人民出版社，1934，第 328 页。
③ 钱钟书：《林纾的翻译》，《翻译通讯》1985 年第 11 期。
④ 高玉：《本土经验与外国文学翻译》，《华中师范大学学报》（人文社会科学版）2012 年第 5 期。

旧文学当以林氏为终点，新文学当以林氏为起点”①，此言虽非全实，却也不虚。

三　矛盾及中性

在清末民初的时代语境中，完全否定林译小说无疑是过激之举，完全肯定当然也不尽客观。在这两个极端之外，现代文人中，还有一类人对林纾及其翻译小说持中性和矛盾态度，以胡适、周作人、曾朴等人为代表。他们一方面能客观审视林纾的文学史贡献，另一方面又能冷静辨析林译小说的缺点，站在文化和文学发展的高度来看待林译小说这一非常态现象，并能进行较为合理的评价。

胡适是早年林纾攻击的对象之一，作为新文化运动的健将，他猛批古文乃“死的文字”，做不出“活的文学”，断言中国文学史上“没有真有价值真有生命的‘文言的文学’”。② 这一表述触及了清末保守派的语言底线而被林纾影射谩骂，但胡适在《五十年来中国之文学》中还是对林纾进行了比较客观的评价，甚至赞美。与钱玄同等人不同，胡适能以谦和的心态看待林译小说，能客观冷静地分析林译小说的贡献和价值。特别是到晚年，更是大度承认自己受林纾影响这一事实。他说自己“叙述文学受了林琴南的影响，林琴南的翻译小说我总看了上百部”③；而在 1924 年林纾死后，他还写有《林琴南先生的白话诗》一文，对其进行了评价。“我们这一辈的少年人只识得守旧的林琴南，而不知道当年的维新党林琴南，只听得老年反对白话文运动的林琴南，而不知道林琴南壮年时曾做很通俗的白话诗——这算不得公平的舆论，所我把这些诗选了几首，托晨报纪念号发表出来。”④ 综观胡适的言论，他整体上对林纾的评价较为中性，对林译小说的批判不是那么激烈。胡适晚年的反思则更为理性：“我必须指出，那时的反对派实在太差了。在 1918 和 1919 年间，这一反对派的主要领导人便是那位著名的翻译大师林纾（琴南），对这样一个不堪一击的反对派，我们的声势便益发强大了。”⑤ 为此，胡怀琛指出：“胡适之创造新文学，常力诋林琴南，然有时亦誉之，认为有相当之

① 寒光：《林琴南》，载薛绥之、张俊才编《林纾研究资料》，福建人民出版社，1983，第 225 页。
② 胡适：《建设的文学革命论》，《新青年》1918 年第 4 期。
③ 胡颂平：《胡适之先生晚年谈话录》，中国友谊出版公司，1993，第 280 页。
④ 胡适：《林琴南先生的白话诗》，《晨报六周年增刊》1924 年第 12 期。
⑤〔美〕唐德刚译注《胡适口述自传》，华东师范大学出版社，1993，第 165 页。

价值，不若其他新文学家，将其长处，一笔抹去也。”[①] 胡适对林纾评价的前后不一，实是新文化运动者们自己矛盾心态的反映，也说明那一时期他们的文化主张过于激进，特别是对传统文化的一概否定和挞伐。

胡适之外，周作人也是看待林纾比较矛盾的文人之一，他毫不讳言自己是受林纾的影响才对外国文学产生兴趣，也才进行外国文学翻译的。他说，林译小说“一方面引我到西洋文学里去，一方面又使我渐渐觉到文言的趣味”[②]。正是受林译小说的影响，他才走进外国文学翻译的殿堂：“我从前翻译小说，很受林琴南先生的影响：一九〇六年往东京以后，听章太炎先生的讲论，又发生多少变化，一九〇九年出版的《域外小说集》，正是那一时期的结果。一九一七年在《新青年》上做文章，才用口语体。”[③] 他和鲁迅合译《域外小说集》，用的是文言，他也大方承认和鲁迅留日期间是林译小说的忠实读者：“我们对林译小说有那么的热心，只要他印出一部，来到东京，便一定跑到神田的中国书林，去把它买来，看过之后鲁迅还拿到订书店去，改装硬纸板书面，背脊用的是清灰洋布。”[④] 对于林纾被新文化运动诸人攻击，周作人也曾为之喊冤，在林纾去世之后，他还撰有《林琴南与罗振玉》一文给予支援，为林纾被时人辱骂打抱不平：“文学革命以后，人人都有骂林先生的权利，但有没有人像他那样的尽力于介绍外国文学，译过几本世界名著？”[⑤] 但时隔一年，在《再说林琴南》一文里，他却又对林纾大加鞭挞：

> 林琴南的作品我总以为没有价值，无论它如何的风行一时，在现今尊重国粹的青年心目中有如何要紧的位置。译本里有原作的精魂一部分存在，所以披带了古衣冠也还有点神气，他的著作却没有性格，都是门房传话似的表现古人的思想文章……我看世人对于林琴南称扬的太过分了，忍不住要再说几句，附在半农玄同的文章后面。林琴南的确要比我们大几十岁，但年老不能勒索我们的尊敬，倘若别无可以尊敬的地方，所以我不能因为他是先辈而特别客气。[⑥]

---

① 胡怀琛：《后十年笔记（续）：林琴南为司马迁后第一人》，《文心》1940 年第 11 期。

② 周作人：《我学国文的经验》，载赵家璧主编《中国新文学大系》（第 7 集），上海文艺出版社，1935，第 204 页。

③ 周作人：《〈点滴〉序》，载钟叔河编《周作人文类编·希腊之余光》，湖南文艺出版社，1998，第 585 页。

④ 周作人：《鲁迅的青年时代》，止庵校订，河北教育出版社，2002，第 74 页。

⑤ 开明（周作人）：《林琴南与罗振玉》，《语丝》1924 年第 3 期。

⑥ 开明（周作人）：《再说林琴南》，《语丝》1925 年第 20 期。

是什么原因使周作人在短短一年中对林纾的看法变化如此之大，由之前的赞扬变成批判，直到目前，学术界也未有定论。王桂妹认为，这与周作人章门弟子身份有关，在章太炎及其他弟子都对林纾大加挞伐之时，周作人对林纾的声援显得离群，故他及时调整并反转对林纾的评价。正是这样的“门户观念，影响了周作人对林纾的态度”①。林纾在生前，饱受新文化运动诸人的无情痛骂，但是在他死后，很多文章却又对他进行过分赞扬。可能在周作人看来，这又是另外一个极端，故他又发表与之前观点相左的文章，提醒大家注意对林纾评价的尺度。但他的转折实在太突兀，很难按照常理进行推测，可能变成一桩悬案。

身兼作家和翻译家身份的曾朴，也是受林译小说的影响之后才进行法国文学翻译的，当然他也有对林纾的委婉的批评。在曾朴看来，林纾用文言翻译西方小说是失策之举，一是应该使用白话文进行外国小说的翻译，这样才能让更多人阅读，也能使译文更为接近原著；二是应对翻译对象给予筛选定位，才能找寻到好的底本，译本才会更精确。但这两点林纾都坚决反对，故曾朴只能表达自己的遗憾：

> 我就贡献了两个意见，一、是用白话，固然希望普通的了解，而且可以保存原著人的作风，叫人认识外国文学的真面目、真精神；二、是应预定译品的标准，择各时代，各国、各派的重要名作，必须移译的次第译出。他对于第一点完全反对，说用违所长，不愿步《孽海花》的后尘；第二点怕事实做不到，只因他自己不懂西文，无从选择预定，人家选择，那么和现在一样。人家都是拿着名作来和他合译的，何必先定目录，倒受拘束。我觉得他理解很含糊，成见很深固，还时时露出些化朽腐为神奇的自尊心，我的话当人要刺他老人家的耳，也则索罢了。②

其实曾朴的建议是很好的，可惜林纾未听进去。在曾朴看来，林纾在翻译中“如果把没有价值的除去，一家屡译的减去，填补了各大家代表的作

---

① 王桂妹：《“宽容”与“不容”：鲁迅、周作人对林纾的批判——“五四新文化运动反对派”的历史面相考辨》，《西南大学学报》（社会科学版）2018 年第 4 期。

② 曾朴：《曾先生答书》，见黄嘉德编《翻译论集》，载《民国丛书》（第 3 编），上海书店，1991，第 45—46 页。

品，就算他意译过甚，近于不忠，也要比现在的成就圆满得多”[①]。曾朴的评价是十分中性和客观的。

相对于全面赞扬和全盘肯定，对林译小说持矛盾和中性评价的观点更为合理。林纾作为晚清最后一批坚守古文的人，在新的时代看不清文学和语言发展的方向，因此具有一定的局限性；而他翻译的西方小说，是新旧文学过渡的桥梁和纽带，对其全盘否定也不合理。有论者指出，林纾“一方面给古文做了一个最后保护者，一方面给新文学做了个半开门。……自新文学提倡以来，常把林氏作为攻击的对象之一，这本是一个手段，不作反面的攻击，正面的局势不容易成立，在这种场面之下，议论当然是偏激的，既至利用他把新的局面让出之后，当然要平心静气的给他在文学史上留个相当的地位”[②]。“五四新文化运动也并非没有缺点或失误，如在旧戏、汉字的评价上，某些先驱者的意见就相当偏激。在另一些具体问题上为了矫枉，有时也不免走过了头。”[③] 处于晚清时代转型和思想巨变历史场域中的林纾，有着太多的迷茫、不安和焦虑。特别是民国的第一个十年，社会并未整体向好，“袁世凯想帝制自为了，内战一年一年不断了，什么寡廉鲜耻、狗苟蝇营、覆雨翻云、朝秦暮楚的丑态，都淋漓尽致地表现出来了”[④]，作为旧派文人，林纾发现变革后的民国在某些方面还不如晚清，这实在令他难以接受。故在《残蝉曳声录·序》中说：

> 革命易而共和难。观吾书所纪议院之斗暴刺击，人人思逞其才，又人人思牟其利，勿论事之当否，必坚持强辩，用遂其私。故罗兰尼亚革命后之国势，转岌岌而不可恃。夫恶专制而覆之，合万人之力，萃于一人易也。言共和，而政出多门，托平等之力，阴施其不平等之权。与之争，党多者虽不平，胜也，党寡者虽平，败也。则较之专制之不平，且更甚矣。此书论罗兰尼亚事至精审。然于革命后之事局，多愤词，译而出之，亦使吾国民读之，用以为鉴，力臻于和平，以强吾国。则鄙人之费笔墨，为不虚矣。[⑤]

① 曾朴：《曾先生答书》，见黄嘉德编《翻译论集》，载《民国丛书》（第3编），上海书店，1991，第46页。

② 毕树棠：《书评：林琴南》，《人间世》1935年第30期。

③ 严家炎：《五四新文化运动与传统文化》，《鲁迅研究月刊》1995年第9期。

④ 苏雪林：《林琴南先生》，《人间世》1934年第14期。

⑤ 测次希洛、林纾、陈家麟：《残蝉曳声录·序》，《小说月报》1912年第7期。

民元之后的国家并未出现民众期待的治世，仍然乱象丛生，这无疑加剧了林纾思想的保守性。他“这种在新旧夹缝中苦苦挣扎的两难处境，包括其犹豫、忧伤与困惑，以及日渐落寞的身影，很值得后来者深切同情。某种意义上，转型时代读书人的心境、学养与情怀，比起此前此后的‘政治正确’来，更为真挚，也更可爱”①。当时处于时代转型大潮中的他，在革新与守旧中彷徨和徘徊实在是身不由己。新文化运动诸人对林纾的批判态度，确实不够理性，当时的“少年强济之士，遂一力求新，丑诋其故老，放弃其前载，唯新是从”② 确有过头之嫌。因此，公正看待林纾现象和林译小说才是今天学者们应做的。

林纾及其翻译小说在“五四”前后被新文化运动诸人猛烈批判，只不过是因为当时找不到更适合的攻击对象而已，他碰巧入局，实在是有些冤枉。对于自己在新文化运动前后的遭遇，林纾只有发出“吾辈已老，不能为正其非；悠悠百年，自有能辨之者”③ 之吐槽，希望后世还以公论。在今天看来，林纾对中国近现代文学和文化的影响，并不输于同时代的任何人，他“以翼古卫道之古文，写茶余酒后之小说，一破我国评话小说之体例，而市井俚俗之故事，亦一跃而登于士大夫之堂上”④，不经意间改变了中国文学的千年定式，是值得肯定的；历史走过百年，林纾当时对传统文化的倾力呵护，确有积极意义。因此对于林纾，既不能因他身上的保守性而一概否定，也不能因他的开拓性而摆上神坛。如何评价林纾及其翻译小说，我们认为张俊才的观点可资借镜：

> “五四”时代，林纾的思想、立场确实是守旧的，但是不能由此得出结论，认为林纾在“五四”时代的所有观点和见解都毫无可取之处，都毫无革新合理的因素。他反对“覆孔孟，铲伦常”当然有反对新道德的一面，但是孔子、孟子在中国文化史上的杰出贡献和崇高地位真的可以随心所欲地倾覆吗？伦常中的“仁义礼智信”真的全是糟粕而必须全部铲除吗？难道我们可以不负责任地为不仁不义、不智不信的行为唱赞

① 陈平原：《古文传授的现代命运——教育史上的林纾》，《文学评论》2016 年第 1 期。

② 林纾：《〈吟边燕语〉序》，载阿英编《晚清文学丛钞》（小说戏曲研究卷），中华书局，1960，第 208 页。

③ 林纾：《社说：论古文白话之相消长》，《文艺丛报》1919 年第 1 期。

④ 沈苏约：《小说杂谈：近人论小说多推尚林琴南……》，《新月》1926 年第 4 期。

> 美曲吗？他反对“尽废古书”，认为“非读破万卷，不能为古文，并亦不能为白话”，当然也有反对新文学的一面，但是古书、文言文真的可以废弃吗？我们今天不还在整理古籍并不反对多读一些优秀的传统文学作品吗？①

我们如何对待传统？是通盘封闭的自我中心主义，还是完全西化的历史虚无主义？二者都不可取。平心而论，历史发展到今天，我们再回首新文化运动，其历史功绩确实是巨大的、不容抹煞的，但新文化运动诸人为战斗之需，激进的言谈举止亦是不少，在对待中国传统文化、思想价值方面却不见得完全没有瑕疵。就林纾而言，他支持的是渐进式的文化改良，而非打倒一切的革命式扫荡。他“与新文化的分歧，并非是否使用白话，而是是否使用白话，就一定废除古文”②。他认为文化改良并不一定要完全抛弃传统，民族优秀的文化传统更是不可偏废。“由于历史的原因和时代的要求，当时的新文学提倡者不能也不可能看到林纾反对意见中的有价值的东西，而只能一笔抹煞和一棍子打死。”③

综上所述，现代文人对林纾及其翻译小说评价迥异，主要归因于以下几点：一是林纾在翻译引进外国小说的过程中，不谙原著，并用文言翻译，后来有过域外留学经历、稍懂外语之人，都能轻易找出林纾误译、改译、漏译、反译等问题，而且身处时代错位的他，又以传统文化的守护者自居，自然成了新文化运动者最合适的攻击对象，这成为时人或后来者否定他的理由；二是林译小说一新国人耳目，他翻译引进的西方长篇小说，颠覆了中国传统才子佳人小说模式的书写习惯，当一部部完全不同于自己民族和文化传统的文学作品摆在读者面前时，无疑会吸引国人的好奇心，这使林纾获得大批拥趸；三是林纾过人的文言描写能力和文学修养，影响了很多文人，特别是在传统和现代之间、在中西文化之间寻求国家富强、民族进步的学者文人，从林译小说中发现时代新变的世界性元素，他们开始反思传统之积弊，努力把中国带入现代化的门槛，思考中国文学转型的可能性，诱发了中国新文学的发生。但不管对林纾的评价如何，他在近现代文化史和文学史上都是一个特殊的现象和存在，成为在新文学、翻译文学、古文等方面一个绕不开的点，正如寒

---

① 张俊才：《林纾评传》，中华书局，2007，第132页。

② 杨联芬：《林纾与中国文学现代性的发生》，《中国现代文学研究丛刊》2002年第4期。

③ 刘克敌：《晚年林纾与新文学运动》，《中国现代文学研究丛刊》1997年第1期。

光所言："中国文学界由他才开放文学的世界眼光；所以他对于新文学的功绩就像哥伦布的发现新大陆，荒谬的所在应该原谅，功绩却是永远不可埋没的。"[①] 可以断言，对林纾的研究和阐发还将持续下去，我们也将会不断还原、接近真实的林纾及其翻译作品。

① 寒光：《林琴南》，中华书局，1935，第211页。

林译小说与文化误读*

清末民初是中国文化急剧变革重组的时代，在西学东渐大潮中，中西两种异质文化产生了猛烈碰撞。这一方面刺激中国传统知识精英被动思考自身文化体系的缺失和弊端，另一方面又促使他们极力维护传统文化的权威和核心地位。译者在被动接受西学的过程中，在翻译对象的抉择上体现出迥异于历史上任何一次翻译活动的特征。作为晚清译界标杆人物之一的林纾，是翻译史上的特例，他不谙外语，也未有域外留学等经历，一生却翻译了 180 余部外国小说。他在译述外国文学时，只能通过合作的形式展开，即便讲述者尽力复述原文样貌，他也努力客观记述，但难免存在对译介对象的主观阐释和误解。因此，林译小说对原文本和文化的“误读”是难以避免的。“误读”本为阅读学之概念，本义是“错误的阅读”，其先在条件为“正读”，“误读”意为偏离阅读对象本义的阐释和解读，“错误地阅读或阐释文本或某一情境”。[①] 长期以来，学界都将“误读”视为“曲解”“歪曲”等义项。20 世纪 60 年代后，后现代思潮和解构主义重新审视“误读”理论，尤其是批评家布鲁姆、哲学家伽达默尔等人，颠覆了传统“误读”概念，强调了“误读”对文本建构的独特维度，肯定了“误读”的文化意义和价值。乐黛云先生指出，误读是文化交流时的文化处理行为，“人们在接触异质文化时，往往很难摆脱自身文化传统、思维方式的影响，总是根据自己熟知的一切进行选择、切割和解读。这种现象就是文化误读”[②]。学界对“误读”的阐释，从对象而言，有政治误读、伦理误读、审美误读等范畴之分；如从主体来看，则有主观误读和客观误读之别。

---

* 本文原载于《中国文学研究》（第三十三辑，复旦大学出版社 2020 年 9 月出版），收入本书时有修改。

① 赵一凡等主编《西方文论关键词》，外语教学与研究出版社，2006，第 6 页。

② 乐黛云、勒·比维主编《独角兽与龙——在寻找中西文化普遍性中的误读》，北京大学出版社，1997，第 110 页。

在清末民初的时代语境中，我们如果以“误读”理论来观照林译小说，其对西方文学的误读可谓全方位的，既有政治、时代、道德、文化等方面的误读，亦有主观的有意误读和客观的无意误读。林译小说的误读问题，是中西文化交流和相互理解不够深入阶段的一种常见现象，也是不同文化交流碰撞初期的一种文化表征。

一　林译小说的“晚近性”与背景文化误读

中国封建社会延续了两千余年，形成高度集权且不易从内部坍塌的政治体制，并潜移默化地规约着中国传统士人的价值抉择：他们虽有经世致用的抱负意识，但也有着忠于君王、崇拜威权、服从等级的怯弱人格。这一方面有利于维护皇权和社会的稳定，另一方面又限制了士人的逆向思维和批判性，使之缺少文化反省意识，特别是近代以后弊端立显。虽然近代早期西学的传入对中国传统文化的冲击和撼动并不带有颠覆性和普遍性，但域外文化（西方文化）进入华夏大地，便和中国恒久的传统体制产生了异质性的矛盾，导致翻译文本中误读现象的多发。在清末民初的翻译实践中，不管译者出于何种目的，“社会政治因素始终占据着译介选择的主要地位”[①]，即时代特征决定了翻译对象的取舍。由于中西方在历史传统、政治体制等方面的差异性，翻译家在涉及外来文学文化翻译时，对政治体制文化的归化和误读就成为十分普遍的现象。

在清末民初，由于梁启超等人的推行，小说成为救亡启蒙的重要工具，并带动翻译文学的勃兴。“晚清政治形势严峻，随时有被列强瓜分而亡国的可能，政治改革刻不容缓，但另一方面，清廷一些换汤不换药的改革，并没有能扭转劣势，有志之士便转向人民，期望以文学——主要是小说来开民智。”[②] 据统计，晚清时期我国的翻译小说在量上大大超过创作小说，而翻译小说的兴起，是中国社会现代转型的必然需求，因此，晚清西方小说翻译，首先面临的就是中国如何对接世界形势的现代性问题。现代性作为一个充满阐释张力的词语，与晚近以来的世界发展走向密切相关。本文所谓“晚近性”的特征与“现代性”有着密切的关联，指的是中国社会处于传统与现代

① 谢天振、查明建主编《中国现代翻译文学史（1898—1949）》，上海外语教育出版社，2004，第 23 页。

② 王宏志编《翻译与创作——中国近代翻译小说论》，北京大学出版社，2000，第 195 页。

之间的社会特性，是晚清社会在鸦片战争之后体现出的古代文化向近现代转型的征候。知识精英在与外来文化产生激烈碰撞并有所妥协接受的同时，又对传统文化给予一定程度的维护，林译小说就深深打上了这种烙印。与传统古文创作相比，林译小说有着文化转型时期的独特风格，体现出明显的晚近性。比如他在译介域外文学时，经常采用中国式的“序”“跋”“识”“译余”“剩语”“达旨”“小引”等来对自己的翻译感受和见解进行阐释，即用古文的形式来表述现代性的内涵。“林纾的早期译作，差不多每篇都有序、跋或达旨评语之类，他在这方面是很下功夫、很见功力的。除文学赏析外，特别注意结合国内和国际政治抒发自己的见解，他简直把序跋之类当成了讲坛或奏章。”① 林纾对域外小说的翻译处理，在晚清极具代表性，一方面体现了西学东渐视野下中国文学现代转型的必然，另一方面也是晚清文人极力维护传统文化的内在心理呈现。

具体而言，林译小说的晚近性主要体现为，在对外国文学进行中国化处理时，一方面有强势的对中国古代文学和文化思想的表达，另一方面又有对域外现代思想的转述。世界进步思潮和观念不经意间渗透在译文中，影响着中国社会的现代性进程，而且译文有着文化重组和断裂时期的明显特点，具有明显的过渡性质。但不管林纾坚持何种文学理念，对译文进行怎样的主观处理，其译文和传统文学已迥然有别。“在翻译过程中，林纾发现，文艺作品同样有影响社会的功能，并且自觉地利用这个功能，有意识地传输西方资产阶级民主思想宣扬爱国主义精神，激励国人奋发图强、抗敌御侮的志气。”② 经过林纾的文化处理，传统文学的美刺教化变成了启蒙救亡，儒家修齐治平的价值追求演进成为晚近的爱国抗辱，并被他巧妙地植入译本中。文学不再是士大夫茶余饭后把玩的对象，而是有着宣传、教育，甚至警示作用。

需要提及的是，林纾是晚清桐城古文的重要代表，一生以古文为业，翻译域外文学并不是他的主项。因此，林纾在意的是别人对其古文成就的赞扬，而非对其域外文学译介的肯定。他在翻译外国文学时，主要以合作的形式进行，以听故事的形式记述，而合作者对原文的理解和对语词的传递可能存在错漏，林纾也只能将错就错地译述出来，故林译小说存在诸多硬伤。当然，我们不能以今天的标准和要求去苛求那个时代的知识分子，就算有过留学经历的译者也未必能完全理解外国文化和文学的本真意义，对外来文化和文学

① 连燕堂：《林纾：译界之王》，辽宁人民出版社，2015，第51页。
② 连燕堂：《林纾：译界之王》，辽宁人民出版社，2015，第51页。

肯定会有误读情况，而林纾将自己耳闻的故事情节进行改译，则误读的可能性就更大了。在某种程度上，这样的误读是无意识的。林纾虽不谙西文，但他有自己的翻译自信和理由，他认为“天下文人之脑力，虽欧亚之隔，亦未有不同者”①，以作家的感受来说明人类文学存在着共通性，故他即便不从原文译出，也自信能转达原文的大体题旨。其译文受到众多读者的喜爱，包括周氏兄弟等都是林译小说的忠实拥趸，影响颇深。个中原委，一是晚清时西学翻译文献较少，读者的选择面较窄；二是林译小说体现出的优美趣味和雅致风格，符合当时国人的审美和阅读习惯，即便存在诸多误读，读者也会信以为真，因为他们只关注译文本身，也没有对照原文的能力和想法。

林纾的外国小说翻译，与晚清民族国家的社会需求联系在一起，而非自己的文学喜好和追求。有论者指出，林纾“欲开中国之民智，道在多译有关政治思想之小说始。故尝与通译友人魏君、王君，取法皇拿破仑第一、德相俾士麦全传属稿。草创未定，而《茶花女遗事》反于无意中得先成书，非先生志也”②。也就是说，一开始林纾的翻译目的不是促进中国文学的更新，而是在于启蒙民众，以使国人的知识素养得到提升。这在《不如归·序》中表述得最为精到：“方今朝议，争云立海军矣。然未育人才，但议船炮，以不习战之人，予以精炮坚舰，又何为者？所愿当事诸公，先培育人才，更积资为购船制炮之用，未为晚也。”③ 在他看来，富国强兵、抵御外辱的出发点首先在于培养人才。又如在《译林·叙》中写道：“吾谓欲开民智，必立学堂，学堂功缓，不如立会演说，演说又不易举，终之唯有译书。”④ 观点和梁启超相通，主张译书是强国第一要义，以之激励国人奋进。为此，他在翻译《鲁滨孙历险记续篇》时说：“此书在一千七百六十五年时所言中国情事，历历如绘。余译至此，愤极，欲碎裂其书，掷去笔砚矣。乃又固告余曰：‘先生勿怒，正不妨一一译之，令我同胞所丑耻，努力于自强，以雪此耻。’余闻言，气始少静，复续竟其书。”⑤ 由此可知，在清末民初，翻译小说首要的任务是启蒙，审美和文学性倒是其次。林纾对原著进行改动，甚至存在大量误读现象，是当时的时代背景和救亡需求所决定的，有其合理缘由，因为他翻译小说的出发点并不是文学性，所以也就没有考虑是否与原文高度相符。时

① 林纾：《〈离恨天〉译余剩语》，载《民国丛书》（第4编），上海书店，1992，第37页。

② 连燕堂：《林纾：译界之王》，辽宁人民出版社，2015，第48页。

③ 连燕堂：《林纾：译界之王》，辽宁人民出版社，2015，第52页。

④ 罗新璋编《翻译论集》，商务印书馆，1984，第16页。

⑤ 陈受颐：《鲁滨孙的中国文化观》，《岭南学报》1930年第3期。

人陈熙绩评论说："吾友林畏庐先生，夙以译述泰西小说，寓其改良社会、激劝人心之雅志。自《茶花女》出，人知男女用情之宜正；自《黑奴吁天录》出，人知贵贱等级之宜平；若《血战余腥》，则示人以军国之主义；若《爱国二童子》，则示人以实业之当兴。凡此，皆荦荦大者，其益可按籍稽也。其余亦一部有一部之微旨。总而言之，先生固无浪费之笔墨耳。"① 也就是说，林纾翻译的最初目的，主要在于为救亡启蒙服务，在处理译文方面，他有着很高的自由度，并不拘泥于原文，而主要考虑是否对启迪民智有益。在翻译《撒克逊劫后英雄略》时，他凭空增加感叹道："今亡国之余，凡诸物产悉归法人掌握，惟此区区空气属我辈耳。此空气允余呼吸者，正须我力为之役，若不须我者，并此空气亦靳之耳。"② 很明显，这些内容为原文所无，是林纾有感而发比附上去的。林纾使用文言翻译外国小说，译笔简洁古雅，迎合了当时读者的口味，利于译本的流播，选择文言翻译外国小说，体现了林纾的文化自信。在他看来，既然文言能写出优美的散文，那也一定可以翻译出耐读的外国小说。以林纾为代表的晚清翻译家，"对自己和自己文化的理解，是影响他们翻译方法的诸多因素之一"③。林纾以古文为载体，大量译述外国小说，对处于文化冲撞时代的国人进行政治、文化的启蒙，即便存在对原文的误读，其重要的社会作用也是不容忽视的。正如列斐伏尔所言："翻译实际上也是译者对文本的摆布，使文学以一定的方式在特定的社会里产生作用。"④ 从这个意义上说，林译小说的背景文化误读，对中国文学、文化的现代转型是有积极作用的。

二　林译小说的"失真性"与伦理文化误读

中国传统文化，尤其是儒家文化最重道德伦理。忠孝节义、父慈子孝、兄悌弟敬、三从四德等构成道德伦理的价值核心，并贯穿两千多年的历史。晚清从事西书翻译的知识分子从小受其熏陶，在无形中影响着翻译文本的抉择，其在人文社科领域的影响最为明显，林译小说即是最为突出的代表。

林纾的外国文学翻译，历来最受人诟病的是其不懂外文，主要借助别人的转述，因此和原文相比有所出入，内容和人物形象有所失真，但是"当两

① 连燕堂：《林纾：译界之王》，辽宁人民出版社，2015，第53页。
② 〔英〕司各德：《撒克逊劫后英雄略》，林纾、魏易译，商务印书馆，1914。
③ 郭建中编著《当代美国翻译理论》，湖北教育出版社，2000，第162页。
④ 郭建中编著《当代美国翻译理论》，湖北教育出版社，2000，第159页。

种文化开初接触时，翻译，哪怕是难免错讹的翻译，都是促进了解的必要步骤，是跨越语言和文化鸿沟的桥梁”[①]。林纾曾对自己的外国文学翻译做过具体说明：“今已老，无他长，但随吾友魏生易、曾生宗巩，陈生望蘅，李生世中之后，其朗诵西文，译为华语，畏庐则走笔记之。”[②] 不管林纾一开始基于何种诉求和目的进行翻译，其客观效果却是推动了中国文学的世界化进程，打破了传统文化自我封闭圈。林纾作为文化上的保守者，虽然不主张学习洋文，也不主张留学海外，但他还是深刻认识到，时代背景不同了，只有具备海外经历，才有可能立足社会。他在给儿子林琮的家书中写道：“学生出洋，只有学坏，不能有益其性情，醇养其道德。然方今觅食，不出洋进身，几于无可谋生。余为尔操心至矣。”[③] 可以说，正是林纾对外国文学的翻译，促使他认识到西洋文化的合理和可取之处，即便他一生固守古文传统，也已经意识到这不能传导到下一代身上。也就是说，林纾的见识比同时代的知识分子还是高出了不少。他甚至告诫子女只有学会洋文才能在社会上混口饭吃：“吾意以七成之功治洋文，以三成之功治汉文。汉文汝略略通顺矣。然今日要用在洋文，不在汉文。尔父读书到老，治古文三十年，今日竟无人齿及。汝能承吾志、守吾言者，当勉治洋文，将来始有啖饭之地。”[④] 可见，林纾对当时中国的状况和文化的未来走向是有着深刻思考和精准把握的，而对文言的坚守是林纾骨子里的追求和对传统文化的坚持，他也深知自己无力回天，仅是一种情怀性、习惯性的执着而已。

并且，林纾对自己翻译的硬伤，实是有合理的判断。他在《黑奴吁天录·例言》中说：“是书为美人著。美人信教至笃，语多以教为宗。顾译者非教中人，特不能不为传述，识者谅之……是书言教门事孔多，悉经魏君节去其原文稍烦琐者，本以取便观者，幸勿以割裂为责。”[⑤]《黑奴吁天录》最后一章的译文即是明证：“汤姆死时，余曾在其新坟之上，告天下立誓，自吾及吾子孙，永不蓄奴尔，诸君今日脱籍，自由，均吾汤姆扩其爱心。”[⑥] 对照原文，应该译为“在他的坟前我向上帝发了誓，只要有可能就让黑奴获得自由，我今后不再拥有一个黑奴了。绝不让任何人在我的手里遭受到妻离子

① 张隆溪：《比较文学研究入门》，复旦大学出版社，2009，第 137 页。

② 林纾：《林琴南书话》，吴俊标校，浙江人民出版社，1999，第 69 页。

③ 《林纾示琮儿书》，载《现代中国》（第十辑），北京大学出版社，2008。

④ 陈平原：《古文传授的现代命运——教育史上的林纾》，《文学评论》2016 年第 1 期。

⑤ 张正吾、陈铭选注《中国近代文学作品系列·文论卷》，海峡文艺出版社，1992，第 136—137 页。

⑥ 〔美〕斯土活：《黑奴吁天录》，林纾、魏易译，商务印书馆，1981，第 206 页。

散，像汤姆一样死在偏僻的种植园的悲惨境遇”①。两相比较后不难发现，林纾在译文中将“上帝”省去了，因为这不符合民众的宗教认知，国人对基督教的“上帝”较有隔膜。再比如《撒克逊劫后英雄略》的大结局，林纾的译文是：

“倘蒙将军问我者，请夫人告之以此。”语至此，哽不成声。举躯皆颤。防为人觉，匆匆起而道别。临行且曰：“天主佑夫人！必降以殊福。”遂行。鲁温娜愕然不省所为。后此一一举告挨梵诃，挨梵诃乃深印入脑筋之内。挨梵诃与鲁温娜两小无猜，以至于成礼，伉俪至笃。惟挨梵诃念及吕贝珈，常悠然若有深念者。②

而现代汉语的译文为：

丽贝卡的声音情不自禁地有些发抖，语气也变得温情脉脉。这也许过多地泄露了她所不愿意表达出来的一种感情，于是她急忙向罗文娜告别。她飘然离开了屋子，让罗文娜感到惊诧不已，好像眼前飘过了场幻影。这位撒克逊美女后来把这次奇特的会见告诉了丈夫。这在他的心中留下了深刻的印象。他与罗文娜度过了漫长而幸福的一生，因为他们从小就青梅竹马，心心相印。对于克服了那些阻碍他们结合的重重障碍的回忆，只是使他们更加相亲相爱；不过，对美丽而高尚的丽贝卡的回忆，是否时常涌上艾凡赫的心头，超过了这位阿尔弗雷德彬彬有礼的后裔所愿意的程度，那就不得而知了。③

通过对两段译文的比较，可以发现，林译将犹太女子对爱情的舍弃描绘为深明大义的中国女性形象，原配两小无猜、伉俪至笃的情感则凸显出中国传统爱情的美好结果。这明显是林纾置换进中国式背景的译法，这样的误读对于读者而言，在某种程度上更加真实可信。“文学作品最容易产生误读，也最鼓励误读。作家鼓励读者充分发挥他们的聪明才智和想象力去阅读文学作品，实际上也是鼓励各种创造性的误读。”④ 在当时，国人几乎难以见到外

① 〔美〕斯托夫人：《汤姆叔叔的小屋》，林玉鹏译，译林出版社，2010，第 439 页。

② 〔英〕司各德：《撒克逊劫后英雄略》，林纾、魏易译，商务印书馆，1914，第 232 页。

③ 〔英〕司各特：《艾凡赫》，王天明译，译林出版社，2004，第 524—525 页。

④ 赵一凡：《西方文论关键词》，外语教学与研究出版社，2006，第 626 页。

国女性的具体外形，如果林纾以真实的外国女子豪放之风呈现，务必会使国人有接受的隔阂，难以实现翻译的社会功效。另外，在《黑奴吁天录》中，“‘世界得太平，人间持善意’被译成‘道气’；‘上帝创立的国度’则被译成‘世界大同’，以回应康有为具有广泛影响的《大同书》”①，译文可谓与原著大相径庭。但是林纾以古雅的文笔，较好地传达了外国人的心理和感情，对中国读者有很大的感染力，这一点实是非常有才气的转化。

此外，林纾将《茶花女》中妓女的性病称为“春病”，对生理周期予以隐讳表达，都是用中国伦理文化对翻译小说进行改写的典范。另外，他把《美洲童子万里寻亲记》和《英孝子火山报仇录》中的“千里寻亲”和“为母报仇”置换为中国式“孝道”的力量，认为“《英孝子火山报仇录》一烈一节，在吾国烈女传中，犹铮铮然”②；或用“孝”直接命名译本，如《孝女耐儿传》《双孝子喋血酬恩记》《孝友镜》等。再如《块肉余生述》中描写女子贤淑的四个形容词“good”（善良）、“beautiful”（漂亮）、“earnest”（认真）、“disinterested”（无私）在林纾笔下变成了“德言容功”（四德）。“……吾敬之仰之，钦其孝性，佳其立品”③ 等译文，都是用忠孝节义等道德伦理进行译文改写的具体做法，虽然他的置换招致后世的不少批评。对此，林纾实是早有认识：“惜余年已五十有四，不能抱书从学生之后，请业于西师之门。顾以中西文异，虽欲私淑，亦莫得所从。嗟夫！青年学生，安可不以余老悖为鉴。”④ 林纾也知道自己的翻译在某种程度上是失真的，但他也知道不可能等到大量熟知外来文化和语言的人才培养出来后才开始翻译外国文学，因为时代已经等不及。

按照林语堂的观点，译者必须具备三个条件：“翻译的艺术所依赖的：第一是译者对于原文文字上及内容上透彻的了解，第二是译者有相当的国文程度，能写清顺畅达的中文，第三是译事上的训练，译者对于翻译标准及手术的问题有正当的见解。”⑤ 对于上述标准，林纾均不能满足。因此，林译小说的失真性、他对外来文化的误读，实是无法避免的。因为林纾与合作者知道，如果自己的译文有悖于中国的传统伦理道德准则，或是有违儒家仁义礼

---

① 〔美〕孙康宜、〔美〕宇文所安主编《剑桥中国文学史》（下卷），刘倩等译，生活·读书·新知三联书店，2013，第589页。

② 阿英编《晚清文学丛钞》（小说戏曲研究卷），中华书局，1960，第214页。

③ 〔英〕迭更司：《块肉余生述》，林纾、魏易译，商务印书馆，1981，第399页。

④ 林纾：《林琴南书话》，吴俊标校，浙江人民出版社，1999，第35页。

⑤ 林语堂：《论翻译》，见黄嘉德编《翻译论集》，载《民国丛书》（第3编），上海书店，1991，第7页。

智信等世俗规范，就会招致社会的谴责和读者的抵制，译文的社会效果和传播效果就得不到保障。

三　林译小说的“复雅性”与审美文化误读

中国文学深受传统审美文化的影响，文道合一、风雅中和、文质彬彬、意象自然等是最重要的审美特征，由此形成了独特的言说方式和文学创评系统，一直赓续，对翻译家的译文风貌产生重大影响。特别是汉语的语用特征决定了中国审美文化的与众不同，因此翻译家在语言甄别上的功力尤为重要。

林纾一生未离开国门，有着深厚的古文功底，且以桐城散文嫡传人物自居，一生坚守文言的书写正宗，因此不但操用文言创作诗文，亦使用文言翻译外来文学，这就使得其文学翻译在清末民初的现代性大潮中具有复古倾向。他翻译的一系列外来文学，有效地承袭了中国古代文学的书写习惯，如他将《威尼斯商人》译为《肉券》、《罗密欧与朱丽叶》译为《铸情》、《哈姆雷特》译为《鬼诏》、《堂吉诃德》译为《魔侠传》、《巴黎圣母院》译为《钟楼怪人》、《奥立弗·退斯特》译为《贼史》、《董贝父子》译为《冰雪因缘》、《老古玩店》译为《孝女耐儿传》、《汤姆叔叔的小屋》译为《黑奴吁天录》、《波斯人信札》译为《鱼雁抉微》、《艾凡赫》译为《撒克逊劫后英雄略》、《九三年》译为《双雄义死录》、《格列佛游记》译为《海外轩渠录》、《大卫科波菲尔》译为《块肉余生述》、《见闻杂记》译为《拊掌录》等。这些译名的改变，使读者丝毫看不出原著的面目，这就是审美文化误读的集中体现。其实在林纾大量翻译外国文学的晚清，白话已经在书写中具有一定的地位，甚至林纾在清末立宪运动中就已做过白话诗，题名《闽中新乐府》刊行，说明林纾其实对白话也不是完全抵制。他完全有能力用白话来翻译外国文学，之所以没有这么做，主要是因为林纾预设的读者都是有深厚古文功底的人，再是用文言进行创作和翻译，林纾更加得心应手。有评论家指出：“林纾译书之所以受到欢迎，是由于其天赋的文艺鉴赏能力和高雅的古文笔法。”① 这说明林纾文言译文在当时是有市场的，白话还没到完全取代文言成为书面语的程度，桐城古文影响的余波还在。正如郭绍虞所论：“清代文论以古文家为中心。而古文家之文论又以桐城派为中坚。有清一代的古文，

① 〔美〕费正清编《剑桥中华民国史》（上卷），杨品泉等译，中国社会科学出版社，2016，第479页。

前前后后殆无不与桐城派发生关系。在桐城派未立以前的古文家，大都可视为桐城派的前驱，在桐城派方立或既立的时候，一般不入宗派或别立宗派的古文家，又都是桐城派之羽翼与支流。由清代的文学史言，由清代的文学批评言，都不能不以桐城派为中心。"①

《巴黎茶花女遗事》是林纾翻译的第一部外国小说，最能代表林纾文言翻译的成就和风格。他在介绍主人公玛格丽特的出场时，有一段经典的译文：

> 马克常好为园游，油壁车驾二骡，华妆照眼，遇所欢于道，虽目送之而容甚庄，行客不知其为夜度娘也。既至园，偶涉即返，不为妖态以惑游子。余犹能忆之，颇惜其死。马克长身玉立，御长裙，仙仙然描画不能肖，虽欲故状其丑，亦莫知为辞。修眉媚眼，脸犹朝霞，发黑如漆覆额，而仰盘于顶上，结为巨髻。耳上饰二钻，光明射目。余念马克操业如此，宜有沉忧之色，乃观马克之容，若甚整暇。余于其死后，得乌丹所绘像，长日辄出展玩；余作书困时，亦恒取观之。马克性嗜剧，场中人恒见有丽人拈茶花一丛，即马克至矣。而茶花之色不一，一月之中，拈白者二十五日，红者五日，不知其何所取。然马克每至巴逊取花，花媪称之曰"茶花女"。时人遂亦称之曰"茶花女"。②

而现代汉语的译文显然要长得多：

> 的确玛格丽特可真是个绝色女子。她身材颀长苗条稍许过了点分，可她有一种非凡的才能，只要在穿着上稍稍花些功夫，就把这种造化的疏忽给掩饰过去了。她披着长可及地的开司米大披肩，两边露出绸子长裙的宽阔的镶边，她那紧贴在胸前藏手用的厚厚的暖手笼四周的褶裥都做得十分精巧，因此无论用什么挑剔的眼光来看，线条都是无可指摘的。在一张流露着难以描绘其风韵的鹅蛋脸上，嵌着两只乌黑的大眼睛，上面两道弯弯细长的眉毛，纯净得犹如人工画就的一般，眼睛上盖着浓密的睫毛，当眼帘低垂时，给玫瑰色的脸颊投去一抹淡淡的阴影；俏皮的小鼻子细巧而挺秀，鼻翼微鼓，像是对情欲生活的强烈渴望；多一张端正的小嘴，轮廓分明，柔唇微启，露出一口洁白如奶的牙齿，皮肤颜色

① 郭绍虞：《中国文学批评史》（下），百花文艺出版社，1999，第310页。
② 〔法〕小仲马：《巴黎茶花女遗事》，林纾、王寿昌译，商务印书馆，1981，第5页。

就像未经人手触摸过的蜜桃上的线衣：这些就是这张美丽的脸蛋给你的大致印象。一个月里有二十五天玛格丽特带的茶花是白的，而另外五天她带的茶花却是红的，谁也摸不透茶花颜色变化的原因是什么，而我也无法解释其中的道理。在她常去的那几个剧院里，那些老观众和她的朋友们都像我一样注意到了这一现象。除了茶花以外，从来没有人看见过她还带过别的花。因此，在她常去买花的巴尔戎夫人的花居里，有人替她取了个外号，称她为茶花女，这个外号后来就这样给叫开了。①

林译296个字符，现代汉语的译文523个字符，林译几乎减半，这一方面是古文的简洁雅致所致，另一方面则是林纾删减文中的字词所致。但林译也基本将原文信息传达出来，并且有其耐读性，这正是林译小说的优势所在。林纾的译文几乎完全是中国古典小说的翻版，和原文的差距还是比较大的，而且他将女性生理周期通过中国式的改写，使之符合中国的避讳文化特征，也照顾到了读者的阅读感受。在小说结尾的描述中，林纾翻译道："亚猛妹名博浪，二目明澈，聪颖绝伦，而出言婉淑无俗状，见其兄归，乃大喜，竟不知有一勾栏人为其兄保家声，竟掩抑以死也。"② 而现代汉语译文为："他女儿名叫布朗什，她眼睛明亮，目光明澈，安详的表明她灵魂里全是圣洁的思想。嘴里讲的全是虔诚的话语。看见她哥哥回来她满脸微笑，这个纯洁的少女一点也不知道，仅仅为了维护她的姓氏，一个在远处的妓女就牺牲了自己的幸福。"③ 由译文的比对不难看出，林译虽与原著大体意思相近，但内容实有本质的不同，他将西方女子形象附会中国式大户人家女眷的派头，尤其是将西方根深蒂固的基督教背景刻意隐去了。

这种处理在《撒克逊劫后英雄略》中也十分明显，林纾将犹太女子的美貌呈现为：

夫以吕贝珈之美，在英国中固第一，身段既佳，又衣东方之衣饰，髻上束以鹅黄之帕，愈衬其面容之柔嫩；双瞳剪水，修眉入鬓；准直颐丰，居中适称；齿如编贝，柔发作圆辫，被之肩际；缟颈酥胸，灿然如玉；衣波斯之锦，花朵如生，合众美为一。④

---

① 〔法〕小仲马：《茶花女》，王振孙译，外国文学出版社，1986，第256页。
② 〔英〕司各德：《撒克逊劫后英雄略》，林纾、魏易译，商务印书馆，1914，第84页。
③ 〔法〕小仲马：《巴黎茶花女遗事》，林纾、王寿昌译，商务印书馆，1981，第5页。
④ 〔英〕司各德：《撒克逊劫后英雄略》，林纾、魏易译，商务印书馆，1914，第39页。

而现代汉语的译文是：

即使是让约翰亲王这么一位精明的鉴赏家来评判，丽贝卡的姿色与英国最感自豪的美女相比，也丝毫不会逊色。她的身材优美匀称，而按照她本族妇女的方式穿在身上的那套东方服饰，把她身材的曲线更加突出出来，为她增色不少。她的黄绸头巾与她略显黝黑的皮肤互相映衬，相得益彰。她那双眼睛晶莹闪亮，两条娥眉弯如弱柳。她高高的鼻梁，洁白的、有如颗颗珍珠的牙齿，那头瀑布般深褐色的鬈发——它们形成一串串形态各异的螺旋形发鬈，从头顶一泻而下，披在她同样迷人的、允许显露在外的颈项和胸膛上，也披在她色彩绚丽的波斯绸外衣的紫色衬底、作为装饰的具有真实自然色彩的鲜艳花朵上——总之，这一切构成了一幅赏心悦目的美丽与魅力的结合体，使她周围哪怕最美丽的少女也相形见绌。①

林纾师法桐城古文，其译文主要是用古文写成，因此具有明显的桐城文风，如："大树林中，一日斜阳方落，回光倒映纤草之上。千百巨橡，臃肿无度，瘿周其身，虬枝怒拿如伸龙臂。树之年代，当罗马大兵入国时，固已见之矣。群橡之中，苍藤蔓生，荆棘杂出，几于阳光无能射入。人迹既稀，长日幽静，而树影所不及者，则细草廉纤，斜阳如画矣。"② 这样的译文，确实将古文家的笔法用到极致，必会受到读者喜爱和引起读者共鸣。王森然说："严几道林畏庐二先生同出吴汝纶门下，世称林严，二公古文，可称桐城派之嫡传，尤以先生（林纾）自谓能谨守桐城义法。但二公所以在中国三十年来古文界占重要之地位者，乃在其能用古文译书，将古文应用之范围推广，替古文开辟新世界，替古文争得最后之光荣也。"③ 因此，林纾在翻译外国小说时，首先考量的是中国的国情和需求。他是想通过翻译西方小说的形式在国人中介绍西方文化，并没有思考译文是否客观真实。而当时具有阅读外来文学能力者，大都是受过传统文化熏陶的知识分子和士大夫，林纾用文言翻译外国文学并不具备转换优势，故难免存在词不达意和强行附会等误读现象。

---

① 〔英〕司各特：《艾凡赫》，王天明译，译林出版社，2004，第76—77页。
② 〔英〕司各德：《撒克逊劫后英雄略》，林纾、魏易译，商务印书馆，1914，第6页。
③ 王森然：《近代二十家评传》，载《民国丛书》（第5编），上海书店，1996，第91页。

“今日之中国，衰耗之中国也。恨余无学，不能著书以勉我国人，则但有多译西产英雄之外传，俘吾种亦在其倦敝之习，追摄于猛敌之后，老怀其以此少慰乎！”①但是，林纾使用文言翻译的外国小说，在清末民初却有着非常良好的传播效果，一方面是获得文言守旧派的关注，即便批评多于赞美，也不影响其传播；另一方面又获得新文化运动知识分子的好奇，对中国现代文学的影响是十分深远的，后来者如钱锺书等人都深受其影响。“林纾所用文体是他心目中认为较通俗、较随便、富于弹性的文言”②，正是以文言翻译外国小说，使得译文既不像中国传统章回小说，又不是传统的文言小说，由此引起人们的广泛兴趣。“林译小说带领我们进入一个新天地，一个在《水浒》、《西游记》、《聊斋志异》以外另辟的世界……接触到林译，我才知道西洋小说会那么迷人。”③文言翻译外国文学的成功，是因为林纾的文言功底好、国学修养深；文言小说的风行，更是因为时代背景使得国人对外来文化的了解十分急迫，即便存在着诸多问题和不足，林译小说依然成为清末民初的畅销书，拥有大量拥趸。有论者指出：“晚清的翻译以文言为主，严复古雅的译文深受读者推崇，这些都充分说明传统的以雅为美的诗学理念在清末的中国文坛还占据着主导地位。”④

可以说，林纾的外国文学翻译，在社会背景、意识形态、伦理文化，审美文化等方面都存在一种对应性的“误读”现象，不管是出于主观，还是因为无意，林译小说的误读现象都值得学界重视。当异质文化交会时，外来文化经常被正反两向利用，或用来反证本土文化落后，或以之彰显自我文化优越。并且，译者鉴于本国的文学和文化谱系、伦理意识、审美风格等因素，往往会对翻译文本进行改动，做出增减、置换等处理，以使译文符合本国的文学、文化传统。当然，林译小说误读的结果也可从正反两方面来审视：从消极角度来看，“误读”是对原作的“曲解”“误解”，甚至是对原文的强行“改变”，因而它导致了部分文学、文化信息传播的失败，使译作读者看不到异质文化、文学的真相；就积极方面说，误读使原文本出现新的面貌，甚至在异域获得了新生，原作者也因此重获定论，增加文学的多样化可能。尤其在晚清民初，中国文学文化的发展急需输入外来血液，林纾“横绝一世的翻译事业促使近代文坛形成了一种可贵的开放气氛。他不仅为中国的文学翻译

① 袁荻涌：《林纾的文学翻译思想》，《中国翻译》1994 年第 3 期。

② 钱钟书等：《林纾的翻译》，商务印书馆，1981，第 39 页。

③ 钱钟书等：《林纾的翻译》，商务印书馆，1981，第 7 页。

④ 张祝祥、刘杰辉：《从〈巴黎茶花女遗事〉看林纾的译笔》，《文艺广角》2007 年第 3 期。

工作奠了基，而且以自己的经验和教训促使这项工作向更高的层次提高。一批又一批文学家之所以探首域外，正是由此而受到启发；西方的文学观念、形式、创作技巧也正因此而输入中国”[①]。从这个意义上说，即便林纾对外国文学的翻译有着各种各样的误读，其贡献仍然是不可磨灭的，是值得学者们铭记的。

① 张俊才：《林纾评传》，南开大学出版社，1992，第270—271页。

周作人对林纾及其翻译小说的矛盾心态

学界对新文化运动诸人与林纾的笔战和矛盾有较多探讨，譬如关于林纾和蔡元培的交恶，与钱玄同、刘半农的“双簧信”事件，以及鲁迅“引车卖浆”的影射等，都有不少卓有见地的成果。陈平原、杨联芬、王桂妹等人的著述，兼顾史料解读和理论推演，为我们深入了解林纾与新文化运动知识分子的价值离合提供了很多新视角。但学界对周作人与林纾之间微妙的关系却鲜有涉及，尤其是周氏对林纾及其翻译小说的矛盾心态，至今还未有深入合理的阐释。本文以周作人对林纾的言论和评价为中心，对其矛盾心态进行分析，力图接近、还原当时的笔战场景，力争客观、多维评价林纾与新文化运动者之间的历史恩怨。

一　林纾与新文化运动诸人的价值离合

林纾是晚清民国时期特立独行的文人，深受桐城派文法的影响，一生心仪古文，在清末民初坚守文言阵地，不但自撰作品操用古文，也坚持以古文翻译外国文学。在白话文运动尚未席卷文坛之前，影响了诸多读者，乃至于当时“士大夫言文章者，必以纾为师法”，即便是后世批判他的新文化运动健将们，如鲁迅、周作人、刘半农、胡适、茅盾等人，都从林译小说中感受到欧风美雨的文学风貌，接受并更新了中国文学的书写范式。在林纾的读者群里，包括大量有文学创作能力的著名作家和翻译家，就这一点而言，在中国文学发展历程中还没有哪个翻译家像林纾一样产生如此深远的影响。纵观林纾的一生，他的思想其实并不保守，早年曾积极倡导社会改良，还参与经营林白水筹办的《杭州白话报》等报刊，支持维新，这些行为似乎很难和一般封建遗老画上等号。但民国建立之后的时代变迁、体制更替并未带来国家民族境况的实质性好转，令他深感失望，尤其是年龄稍长后思想难免转向保守，开始怀旧，于是被新文化运行者视为对立者，成为晚清民国跨代文人保守卫道的代表。

林纾与新文化运动诸人的笔战，实非他主动挑起，而是成为攻击标靶后的被动回击。“林纾思想前后迥异的浮动摇摆，一方面源于新文化运动诸人的过度激怒，另一方面则因文化转型和社会巨变时知识分子价值判断的迷茫失范。因此林纾文学史地位的变迁沉浮，都在新学翻译家和旧派守旧文人之间螺旋徘徊。”[①] 可以说，他和新文化运动者之间的恩怨，在其生前身后都未完全消停。林氏于 1924 年 10 月 19 在北京去世，距离新文化运动已过去好几年，但报刊刊载的报道及对他的评论文章仍充满了诸多矛盾之处。林纾死后，首先是李佳白、赵士骏在《国际公报》上发表了《追怀名誉主笔林纾先生》的纪念文章，认为林氏“学艺文章，洋溢环海内外”[②]，评价极高；之后，胡适、郑振铎、周作人、钱玄同、刘半农、陈独秀、郭沫若等新文化运动的中坚力量也撰有文章或评述、或追忆林纾的生平过往。但从这些评价林纾的文章来看，有几乎完全否定者，不管是林纾的翻译还是创作，只要是用古文书写的，他们悉数批判，诸如钱玄同、刘半农、陈独秀、鲁迅、傅斯年、陈西滢等人的措辞；其次是对林译小说给予赞誉者，这部分文人以郑振铎、郭沫若、苏雪林、寒光等人为代表，他们承认自己受惠于林译小说这一事实，充分肯定林纾及其翻译小说对中国文学的贡献和对中国作家的引领价值；最后是肯定和否定之外的中性评价，主要以胡适和周作人为代表，但他们对林纾及其翻译小说的评价也不完全客观，即便是性格谦和的胡适，措辞也不尽友好。尤其是周作人对林纾的评价前后矛盾，这比单纯肯定或否定更为复杂，也更值得进行深入探讨。

周作人为什么和刘半农、钱玄同、陈独秀、鲁迅等人对林纾几近全否不同，对林纾及其翻译小说表现出长期的矛盾性呢？其实，这种矛盾性正反映了周作人对传统文化现代转型的不停思索，对晚清民国易代之际跨代文人的理解、同情。当刘半农、钱玄同二人唱双簧对林纾极尽谩骂之能事时，周作人虽有附和，但总体温和克制。周作人是学贯中西之士，亦是一位知名外国文学翻译家，深刻体会到翻译之不易，也能理解林纾的良苦用心。而且周作人正是在阅读到林纾小说之后，才产生对外国文学的兴趣，也才走上了翻译外国文学的道路。林纾可谓其从事外国文学翻译和研究的最初启蒙者，故其

---

① 管新福：《林纾的鼎新与恋旧——从胡适〈林琴南先生的白话诗〉说起》，《集美大学学报》（哲社版）2018 年第 1 期。

② 李佳白、赵士骏：《追怀名誉主笔林纾先生》，《国际公报》1924 年第 47 期。

内心对林纾应该是充满敬意的。和林纾意译外国文学不同，周作人一直主张直译，但林纾翻译的语言和风格，至少影响到周作人早期的翻译活动，在清末留日期间他已是林译小说的拥趸。从这个意义上来说，周作人虽然和林纾有知识背景、文学接受、域外经历等方面的差异，但与林纾对他的影响相比，根本算不了什么，因此在林纾遭刘半农、钱玄同等人恶语相向时，周作人的内心其实是有所抵制和排斥的。他是敬佩、同情林纾的，故他和林纾之间的价值离合显得不是很彻底，他批评林纾的话语不见得都是出于本心，而是被时代氛围所裹挟、被流派成见所左右，这也从另一角度反映出林纾当时的真正处境和历史价值。

林纾和新文化运动者之间的价值离合，也可以通过鲁迅的一些言辞得以窥见。在《忆刘半农君》一文中，鲁迅评价刘半农“活泼、勇敢，很打了几次大仗，譬如罢，答王敬轩的双簧信，‘她’和‘它’字的创造，就都是的，这两件，现在看起来，自然琐屑得很，但那是十多年前，单是提倡新式标点，就会有一大批人‘若丧考妣’”①。鲁迅的这一段话信息量很大，一是对刘半农、钱玄同攻击林纾的行动表示赞赏，二是重申自己的文学、文化观点。从时间节点来看，即便林纾去世已届十年，鲁迅也未对其给出肯定的评价，这一方面说明林纾与新文化运动为敌的行为是错误的，另一方面也暗示了新文化运动健将们批判林纾的历史合理性。

对于林纾与新文化运动中坚们之间的恩怨，苏雪林有过一句形象的比喻，她认为“在五四运动时，他干了许多堂吉诃德先生的可笑的举动，因之失去了青年的信仰”②。堂吉诃德的比喻非常切合林纾在晚清民国易代之际的行动举止。林纾一方面怀抱理想主义，对新旧体制、新旧思想交替时代抱有不切实际的幻想；另一方面又以自己微薄的力量对抗文化车轮的滚滚向前，与时代对抗，即便很多人对他的行为嗤之以鼻，他的理想主义仍能博取后人的同情和尊敬。故当时有诗云：“养生余事托荆关，乱后今知鬓尽斑。一饱一饥留命去，古心古貌立人间。遗民汐社偕陈郑，列国虞初铸马班。四海不知埋骨地，祝公娱老八闽山。”③ 不管林纾和新文化运动者之间有什么过节，很多人仍旧将林纾视为传统文人之典范，对他的言谈举止给予理解和同情，这也说明林纾的历史价值是客观存在的，对中国文学的贡献是深得人们认同的。

---

① 鲁迅：《刘半农先生纪念：忆刘半农君》，《青年界》1934 年第 3 期。

② 苏雪林：《林琴南》，见人间世社编《二十今人志》，载《民国丛书》（第 5 编），上海书店，1996，第 75 页。

③ 赵熙：《怀畏庐叟》，《星期》1923 年第 49 期。

二　周作人著述中关于林纾的评价

为了还原周作人对林纾评价的整体样貌，我们有必要将涉及周氏评价林纾的论述进行大致梳理，以便从中找出周氏矛盾评价的动因。我们从周氏发表的文章和著述中可以发现，涉及林纾的言辞主要是在新文化运动之后，而这时候的林纾已经风烛残年，不可能凭借一己之力扭转乾坤。

下面，我们以时间为线，梳理周作人对林纾及其翻译小说的相关论述。

1918 年，周作人在《新青年》上发表的《随感录》一文中说："凡是外国人著作被翻译到中国来的，多是不幸……中国用单音整个的字，翻译原极为难；即使十分仔细，也只能保存原意，不能传本来的调子。又遇见翻译名家用古文一挥，那更要不得了，他们的弊病，就只在'有自己无别人'，抱定老本领旧思想，丝毫不肯融通，所以把外国异教的著作，都变作班马文章，孔孟道德。这种优待，就是哈葛得诸公，也挡不住。"① 周作人文中"翻译名家用古文一挥""班马文章""哈葛得诸公"等措辞，正是和林纾的翻译活动相关，无疑在影射林纾及其翻译小说。当然这不见得是周作人内心最为真实的想法，《新青年》杂志以反传统为要，在新文化运动大旗刚刚树起之时，周作人不可能与之唱反调，而批判林纾正好为白话文运动造势，也是对胡适等文化同人的支持。

1919 年，周氏在给钱玄同回信之时，顺便批判了林译小说："将查白士书店编给小孩作文练习用得短篇故事译成了诗人解颐语，当作泰西聊斋看。这类情形虽然可笑，却还该颂扬他大度。因为满肚子圣经贤传的人，居然肯拿点外国东西来附会。在中国还算稀罕。"② 其中，"诗人解颐语""泰西聊斋"等措辞也是在影射林纾及其翻译小说。

1920 年，周氏在为自己翻译的"近代名家短篇小说集"《点滴》写的译序中直截了当地说："我从前翻译小说，很受林琴南先生的影响；一九〇六年往东京以后，听章太炎先生的讲论，又发生多少变化，一九〇九年出版的《域外小说集》，正是那一时期的结果。一九一七年在《新青年》上做文章，才用口语体。"③ 这一段评价明确点出自己早年受惠于林译小说这一实情，措

---

① 周作人、孟和：《随感录》，《新青年》1918 年第 3 期。

② 〔日〕樽本照雄：《林纾冤案事件簿》，商务印书馆，2018，第 29 页。

③ 周作人：《〈空大鼓〉序》，载罗新璋、陈应年编《翻译论集》，商务印书馆，2009，第 441 页。

辞的基调是肯定的。

1922 年，周氏发表了《十八〈魔侠传〉》一文，对林纾和陈家麟合译的《魔侠传》进行评价。“中国居然也有了译本，但是因为我们的期望太大，对于译本的失望也就更甚，倘若原来是‘白髭拜’（GuyBoothby）一流人的著作，自然没有什么可惜。”[①] “林君的古文颇有能传达滑稽味的力量，这是不易得的，但有时也大失败，如欧文的《拊掌录》的译文，有许多竟是恶札了。在这《魔侠传》里也不免如此。”[②] 林译《魔侠传》为塞万提斯《堂吉诃德》的节译本，在周作人看来，错漏实多，遂以“恶札”评之，字里行间有一股厌恶的味道。

1922 年，周氏在《我的复古的经验》一文中说：“最初读严几道、林琴南的译书，觉得这种以诸子之文写夷人的话的办法非常正当，便竭力地学他。虽然因为不懂‘义法’的奥妙，固然学得不像，但自己却觉得不很背于移译的正宗了。”[③] 他在文中承认自己翻译小说时模仿过严林二人使用古文翻译西书的方式。

以上是林纾在世时周作人对他的评价文字。

1924 年，林纾去世后，周氏撰写了《林琴南与罗振玉》一文对林纾进行声援：“文学革命以后，人人都有骂林先生的权利，但有没有人像他那样的尽力于介绍外国文学，译过几本世界名著？”[④] 这个评价很正面，对林纾及其翻译小说持积极肯定的态度。

但吊诡的是，仅隔一年，1925 年他在《再说林琴南》一文里，却又对林纾大加挞伐：“林琴南的作品我总以为没有价值，无论它如何的风行一时，在现今尊重国粹的青年心目中有如何要紧的位置。译本里有原作的精魂一部分存在，所以披带了古衣冠也还有点神气，他的著作却没有性格，都是门房传话似的表现古人的思想文章……我看世人对于林琴南称扬的太过分了，忍不住要再说几句，附在半农玄同的文章后面。林琴南的确要比我们大几十岁，但年老不能勒索我们的尊敬，倘若别无可以尊敬的地方，所以我不能因为他是先辈而特别客气。”[⑤] 这一段评价完全否定了一年前他自己的措辞，个中原

---

① 周作人：《十八〈魔侠传〉》，转引自樽本照雄《林纾冤案事件簿》，商务印书馆，2018，第 327 页。

② 周作人：《十八〈魔侠传〉》，转引自樽本照雄《林纾冤案事件簿》，商务印书馆，2018，第 328 页。

③ 作人：《我的复古的经验》，《晨报副镌》1922 年 11 月 1 日。

④ 开明（周作人）：《林琴南与罗振玉》，《语丝》1924 年第 3 期。

⑤ 开明：《再说林琴南》，《语丝》1925 年第 20 期。

因值得深究。

1926年，周氏在《我学国文的经验》一文中说："我们正苦枯寂，没有小说消遣的时候，翻译界正逐渐兴旺起来，严几道的《天演论》，林琴南的《茶花女》，梁任公的《十五小豪杰》，可以说是三派的代表。我那时的国文时间实际上便都用在看这些东西上面，而三者之中尤其是以林译小说为最喜看，从《茶花女》起，至《黑太子南征录》止，这其间所出的小说几乎没有一册不买来读过。这方面引我到西洋文学里去，一方面又使我渐渐觉到文言的趣味，虽林琴南的礼教气与反动的态度终是很可嫌恶，他的拟古的文章也时时成为恶札，容易教坏青年。"① 该段评价虽再现"恶札"一词，但仅隔一年，周作人对林纾的评价又发生了明显的变化，转向了稍显温和的否定。

1934年，周氏在《中国新文学的源流》中说，林纾"译司各特（Scott）狄更斯（Dickens）诸人的作品，其理由不是因为他们的小说有价值，而是因为他们的笔法有些地方和太史公相像，有些地方和韩愈相像，太史公的《史记》和韩愈的文章既都有价值，所以他们的也都有价值了"②。这个论述显得中性却带有一些否定之意，在周作人看来，林译小说之所以有价值是因为有司马迁等人的影子，而非原著精神的伟大和林纾翻译的成功，这是趋向于中性偏负面的评价。

周氏于1957年3月在中国青年出版社出版了《鲁迅的青年时代》一书，署名周启明。里面说："我们对林译小说有那么的热心，只要他印出一部，来到东京，便一定跑到神田的中国书林，去把它买来，看过之后鲁迅还拿到订书店去，改装硬纸板书面，背脊用的是清灰洋布。但是这也只以早期的林译本为限。"③ 这段措辞和1926年的措辞差不多，也就是说，时隔数十年，周作人对林纾的情感因素还是复杂的，但是已经没有"五四"前后年轻人的激进和火药味了，态度显得更为平和、客观。

20世纪70年代初版的《知堂回想录》，载有《翻译小说（上）》一文，文章里有周氏对《红星佚史》的翻译说明："因为一个著者是哈葛德，而其他一个又是安特路朗的缘故。当时看小说的影响，虽然梁任公的《新小说》是新出，也喜欢它的科学小说，但是却更佩服林琴南的古文所翻译的作品，

① 周作人：《我学国文的经验》，载赵家璧主编《中国新文学大系》（第7集），上海文艺出版社，1935，第204页。

② 周作人：《中国新文学的源流》，载钟叔河编订《周作人散文全集》（第六卷），广西师范大学出版社，2009，第90页。

③ 周作人：《鲁迅的青年时代》，河北教育出版社，2002，第74页。

其中也是优劣不一，可是如司各得的《劫后英雄略》和哈葛德的《鬼山狼侠传》，却是很有趣味，直到后来也没有忘记。安特路朗本非小说家，乃是一个多才的散文作家，特别以他的神话学说和希腊文学著述著名，我便取他的这一点，因为《红星佚史》里所讲的正是古希腊的故事。”① 周作人这一段对林纾回忆性的评价，是在更大的时代背景和横向比较中展开的，显得更为合理。

以上周作人对林纾及其翻译小说的十一条评价，有几条是否定的，有几条则是肯定的。周氏对林纾或明或隐的矛盾评价，基本是从新文化运动后开始的，这个时间节点充分说明，周作人和林纾之间并没有任何私人恩怨。周作人对林纾左右摇摆的评价，缘于被时代潮流所裹挟、被文学流派所左右，他将林纾视为新文化运动的对立面进行批判，并不是因为林纾本人及人格上有什么污点，在民族大义上有什么瑕疵。这或许使周作人感觉到，如果从文化更新、民族发展的高度来说，批判林纾及其翻译小说是必要的程序，是时代赋予的使命；但如果从林纾的文学史贡献和人品考量，批判他又显得有失道义，于心不忍。周作人文字的矛盾正显示了他内心的纠结。相对于全面赞扬和全盘肯定，对林译小说持矛盾和中性评价的观点更为合理。林纾作为晚清最后一批坚守古文的人，在新的时代看不清文学和语言发展的方向，因此具有一定的局限性；而他翻译的西方小说，是新旧文学过渡的桥梁，对其否定也有失合理性。那么，今天我们应该如何去客观评价林纾和新文化运动的关系？或许从周作人对林纾的评价中可以梳理出相对合理的结论。

三　周作人对林纾及其翻译小说评价矛盾的深层原因

周作人对林纾及其翻译小说的矛盾心态，其实有内在的深层原因，体现出传统观念与时代思想的碰撞，激进与保守的选择，伦理道德与现代价值的冲突。这种心态是很多晚清民国跨代知识分子在面对西学和传统文化时的普遍现象。作为家道中落的封建家庭子弟，周作人和鲁迅早年所受教育有深刻的传统文化根基，对于传统的儒家学问都自幼耳濡目染，但年长后迎来时代巨变，留学日本，积极吸收了明治维新之后的新思想、新观念。他们知道中国文学、文化的振兴必须冲破旧学的束缚，积极拥抱西方世界及其现代模式，但在深层心理结构上，与林纾大致类似，都对传统文化还保有一丝迷恋。周

① 周作人：《翻译小说（上）》，载氏著《知堂回想录》，三育图书文具公司，1974，第208页。

作人对林纾的批判，是由于看到传统文化必须革新，吸收外来文化尤其是西方文化是必然的，理智告诉他这是文化新变的必经之路；但另一方面，他对林纾的理解和同情，又是对中国几千年传统文化的守护和认同。从这个意义上来说，周作人对林纾及其翻译小说评价的矛盾、摇摆，是吸收西方文化之后反观中国文化时所产生矛盾心态的突出反映。

一是对林纾的肯定和否定被时代所裹挟，并不是周作人内心最为真实的想法。周作人作为新文化运动主将之一，必须反传统，不管这样的倡导是否合理，都必须以激进的手段和方式推进。对林纾的批判有“吾爱吾师但更爱真理”的意味，他被历史潮流裹挟着往前走，而对代表旧学的林纾严加批判，这是新文化运动者的斗争方略，周作人只能给予配合。后来林纾去世后，周作人发表悼念文章，并没有改变对林纾及其翻译小说的整体判断。周作人对林纾的态度，和鲁迅有一点共通之处：鲁迅早年也喜欢林译小说，但后来有所批判。这是新文学发展的历史趋势，古文衰落的命运进入现代以后已经不可逆转。周氏兄弟反对林纾，在很大程度上不是反对林纾本人，而是难以认同林纾坚守古文的迂腐立场，这和对个人进行人身攻击还是有本质上的区别。其中的重点是林纾去世一周年内周作人评价的矛盾问题，是什么原因使周作人在短短一年中对林纾的看法发生巨大变化，由之前的赞扬变成批判。直到目前，也未有定论。林纾在生前，饱受新文化运动诸人痛骂，但是林纾死后，很多文章都对他进行赞扬，似乎林译小说没有任何缺点。可能在周作人看来，这又是另外一个极端，故他又发表与之前观点相左的文章，提醒大家注意对林纾的评价尺度。作为中国现代文学翻译的核心人物，周氏始终站在中国现代文学翻译的最前沿，引领中国现代文学翻译的发展方向，不断寻找适合中国历史境遇和文化语境的翻译方式。他用白话翻译外国作品，其原因一方面是介绍新知，启蒙民众；另一方面是引入新的文法，期望产生新的文体。这和林纾的追求恰好相反，因此周氏也就难以对林纾及其翻译小说保持不变的评价了。

二是中国传统文化中为尊者讳、为长者讳、为死者讳的古训，使周作人对林纾的评价产生了短时的偏移。林纾出生于 1852 年，比 1881 年出生的鲁迅大 29 岁，比 1885 年出生的周作人大 33 岁，比 1891 年出生的胡适和刘半农大近 40 岁。林纾中过举人，知识背景和所受教育完全是旧式的。对这些喝过洋墨水的新文化运动中坚来说，林纾实在是父辈，甚至是祖辈的人。他在清末民初古文已江河日下的历史语境中和这些有过留学经历的、初生牛犊不怕虎的后辈论争，肯定难以胜出。不要说林纾和周作人所受教育完全不同，即便教育背景一致，几十岁的年龄差异，也会使价值观念产生严重分歧。“单从年龄来看，老人（旧人）与青年（新人）的对立图式成立。这是针对六十七岁的林纾（福建闽侯）而言的。此外，若加上鲁迅（1881—1936，浙江绍兴）三十八岁、周作人（1885—1967，浙江绍兴）三十四岁，包括陈独秀在内，他们全都是年轻人。即便如此，针对林纾一个人而组建一个多人青年集团，对其进行批判的情景，实在令人觉得怪异。这或许可以反过来说，林纾一人具有对抗多数的地位与实力。”[①] 其实，五四运动之后的林纾已年近古稀，可谓风烛残年，并非真有以一己对抗新文化运动的实力。这或许说明，当时新文化运动在国人中的影响，远远没有我们后世所认为的那么大。虽然林纾孤身一人奋战，也未见落于下风，但在周作人看来，和这样一位年龄悬殊的前辈笔战，对后辈而言，是不尊重长者的行为。尤其是林纾本人并没有任何道德上的污点，更没有任何民族大义上的偏差，从传统文化的角度视之，并不是一件值得批判的事情，故周作人对林纾的评价前后矛盾。

三是章门弟子宗派主义倾向的潜在影响，左右了周作人对林纾评价的一贯性。民国时期学者之间的评价和论争，不管是直接论战还是间接论争，整体上还是在学术研究的语境下展开，“但有时也免不了中国文坛、译坛中的宗派主义的、党同伐异的倾向，或因带有个人的情感意气乃至成见偏见，影响了论争的学术性和科学性。譬如有的论者在论争中缺乏与人为善的态度，将学术论争与人际关系、长幼尊卑混为一谈，经不起别人的学术的批评，在反批评中有失学术立场”[②]。周作人和鲁迅、钱玄同、刘半农同为朴学大师章太炎的弟子，且在“五四”前后同在新文化运动的中心——北大任职，但林纾又是周作人的老师——章太炎所瞧不起的对象，这就难免影响到章门弟子对林纾作出正确而客观的评价。尤其在钱玄同和刘半农大肆攻击林纾、全面否定林译小说的语境下，周作人如果和同门大唱反调，于情于理都说不过去，因此只能对林纾及其翻译小说进行批评和否定，从面上保持一致，其实他的内心是纠结的，甚至是有所抵触的。周氏对林纾充满矛盾的评价，正说明了其对林译小说的熟悉，受到林纾影响之大，受惠林纾之多。在林纾去世之后，尤其是数十年后，还对林纾有所提及就是明证。其实不光是周作人一人，新中国成立后很多还健在的民国学者，譬如胡适等人，也在反思当时攻击林纾的合理性，即便当时的出发点没有任何问题，但对林纾起码有失尊敬。这也

---

① 〔日〕樽本照雄：《林纾冤案事件簿》，商务印书馆，2018，第 34 页。

② 王向远：《翻译文学研究》，宁夏人民出版社，2007，第 276 页。

反映了林纾及其翻译小说在20世纪中国文学史上的价值和意义是不容抹煞的。从这一点来看，周作人虽显激进，但还是表现出值得肯定的客观立场。

四 周作人对林纾及其翻译小说评价的启示

对于新文化运动诸人尤其是周作人对林译小说的缺点和问题、价值及意义的评价，日本著名汉学家樽本照雄从外国文化的维度、第三者评价的角度进行的论述，或许比我们置身于中国文学、文化场域中的学者更为冷静和客观。他说：

> 像这般将大量的多国文学翻译于世，真正可谓之超人。有此成就的原因，很简单，他是与别人合作翻译的。若是英国文学，则与精通英语者组合；若是法国文学，则与法语专家组合。翻译者口述，林纾当场以文言做记录。对于他个人来说，不必花费大量的时间去学习外语，也丝毫不受限于自己所会的语种。只要增加外语专家的数量，则可应对世界各国的文学。并且，若是选择英文转译的作品，则将扩大外国文学翻译的对象。这是有效利用各人所长的翻译方法。这就是成就林纾翻译的可能性。不过，仔细看一下汉译的协助者，主要是英语与法语专业。俄国、德国、日本等作品亦可视为经由英译本的转译。像我这样留意到林纾翻译模式长处的简单说明，在中国几乎还没有人提及。就算有，也是不多的。对于林纾的翻译方法一般都是负面评价。①

当然，樽本照雄对林译小说持全方位肯定的态度，我们也应该辩证审视。如果从当时的语境中，特别是从近代中国文坛引进域外文学的急迫性来看，无疑是合理的；但是将林译小说置于数千年来中国对外翻译的语境中看，缺点也是显而易见的。这提示我们对林纾及其翻译小说的评价应该遵循历史的尺度，不是片面肯定或否定那么简单。这也为我们理解周作人对林纾及其翻译小说的矛盾态度带来了新的审视维度。此外，我们可以引述郭延礼的观点对照来看，似乎可以更为客观地反映林纾的历史地位和文学史价值：

> 其实关于林纾的翻译，我们不妨换一个视角，即应当破除“原著中

① 〔日〕樽本照雄：《林纾冤案事件簿》，商务印书馆，2018，第2—3页。

心论”的束缚。所谓“原著中心论”，就是把翻译视为原著的复制品，把它视为被动的、次要的、没有创造性的书写活动。所以过去人们往往斤斤计较于原著中某句话，甚至某个词、某个字译错了，并以此来论定翻译的好坏。这是一种非常陈旧的观点。整个20世纪对林纾翻译的批评基本上就是从这种观点出发来运作的。今天我们要换一个新视角，引入一个新的翻译批评标准，这就是“以译文为中心”的翻译观。所谓“以译文为中心”，就是要把翻译视为一种主动的、独立的、创造性的工作。这是20世纪70年代西方出现的一种新的翻译理论，他们认为翻译就是原著文本的“再生”，是作品“生命延续”的阶段。持这一理论的代表人物是西方翻译理论家本杰明（W. Benjamin）和德里达（Derrida）等人。倘以此理论来观照林氏的翻译，那末应当说林纾的翻译是成功或比较成功的。①

我们将外国学者、中国代表性学者对林纾及其翻译小说的评价和周作人的评价进行对照解读，可以更好解释周作人对林纾评价的矛盾心态。置身于历史场域中的周作人，已经发现林纾及其翻译小说的历史价值，当然也看到林译小说的问题和缺点，而周作人对林纾评价的矛盾心态，说明他对时代的思考比当时很多新文化运动的中坚更为深刻和客观。这也为我们今天评价特定的文化现象提供了一些视角上的启示。

① 郭延礼：《文学经典的翻译与解读——西方先哲的文化之旅》，山东教育出版社，2007，第201页。

参考文献

一 著作

[1] 阿英:《晚清文艺报刊述略》，古典文学出版社，1958。
[2] 阿英编《晚清文学丛钞》（小说戏曲研究卷），中华书局，1960。
[3] 阿英:《晚清小说史》，人民文学出版社，1980。
[4]〔美〕白瑞华:《中国近代报刊史》，中央编译出版社，2013。
[5] 包天笑:《钏影楼回忆录》，山西古籍出版社，1999。
[6]〔美〕本杰明·史华兹:《寻求富强：严复与西方》，叶凤美译，江苏人民出版，1990。
[7] 卞东磊:《古典心灵的现实转向：晚清报刊阅读史》，社会科学文献出版社，2015。
[8] 陈大康:《中国近代小说史论》，人民文学出版社，2018。
[9] 陈福康:《中国译学理论史稿》，上海外语教育出版社，1992。
[10] 陈福康:《中国译学史》，上海外语教育出版社，2011。
[11] 陈国庆:《中国近代社会转型研究》，社会科学文献出版社，2005。
[12] 陈平原:《中国现代小说的起点》，北京大学出版社，2005。
[13] 陈平原、王德威、商伟编《晚明与晚清：历史传承与文化创新》，湖北教育出版社，2002。
[14] 陈平原、夏晓虹编《二十世纪中国小说理论资料》（第1卷），北京大学出版社，1989。
[15] 陈玉刚:《中国翻译文学史稿》，中国对外翻译出版公司，1989。
[16] 陈子展撰《中国近代文学之变迁：最近三十年来中国文学史》，上海古籍出版社，2000。
[17] 方汉奇:《中国近代报刊史》，山西教育出版社，1991。

[18] 方华文：《20世纪中国翻译史》，西北大学出版社，2005。
[19] 方梦之、庄智象主编《中国翻译家研究·民国卷》，上海外语教育出版社，2017。
[20] 方锡德：《中国现代小说与传统文学》，北京大学出版社，1992。
[21]〔美〕费正清编《剑桥中国晚清史》，中国社会科学出版社，2011。
[22] 冯庆华主编《文体翻译论》，上海外语教育出版社，2002。
[23] 冯志杰：《中国近代翻译史·晚清卷》，九州出版社，2011。
[24] 高惠群、乌传衮：《翻译家严复传论》，上海外语教育出版社，1992。
[25] 高瑞泉主编《中国近代社会思潮》，华东师范大学出版社，1996。
[26] 高万隆：《文化语境中的林纾翻译研究》，浙江工商大学出版社，2012。
[27] 耿传明：《决绝与眷恋：清末民初社会心态与文学转型》，复旦大学出版社，2010。
[28] 耿强：《晚清至现代中国文学的对外译介研究——一段隐形的翻译史》，世界图书出版公司，2015。
[29] 龚书铎主编《中国近代文化概论》，中华书局，2002。
[30] 辜正坤编《中西文化比较与翻译研究》，高等教育出版社，2016。
[31] 辜正坤：《中西诗比较鉴赏与翻译理论》，清华大学出版社，2010。
[32] 关爱和：《从古典走向现代——论历史转型期的中国近代文学》，河南大学出版社，1992。
[33] 关爱和：《古典主义的终结——桐城派与"五四"新文学》，上海文艺出版社，1998。
[34] 关爱和主编《中国近代文学史》，中华书局，2013。
[35] 管林、钟贤培主编《中国近代文学发展史》，中国文联出版公司，1991。
[36] 郭延礼：《中国近代翻译文学概论》，湖北教育出版社，1998。
[37] 郭延礼：《近代西学与中国文学》，百花洲文艺出版社，2000。
[38] 韩江洪：《严复话语系统与近代中国文化转型》，上海译文出版社，2006。
[39] 胡翠娥：《文学翻译与文化参与：晚清小说翻译的文化研究》，上海外语教育出版社，2007。
[40] 胡全章：《晚清小说与文学转型》，中国社会科学出版社，2012。
[41] 胡适：《白话文学史》，百花文艺出版社，2002。
[42] 胡适、周作人：《论中国近世文学》，海南出版社，2002。
[43] 黄嘉德编《翻译论集》，载《民国丛书》（第3编），上海书店，1991。
[44] 黄霖：《近代文学批评史》，上海古籍出版社，1993。

[45] 黄忠廉等：《翻译方法论》，中国社会科学出版社，2009。
[46] 贾植芳、陈思和主编《中外文学关系史资料汇编（1898—1937）》，广西师范大学出版社，2004。
[47] 蒋晓丽：《中国近代大众传媒与中国近代文学》，巴蜀书社，2005。
[48] 阚文文：《晚清报刊上的翻译小说》，齐鲁书社，2013。
[49] 孔慧怡：《翻译·文学·文化》，北京大学出版社，1999。
[50] 孔慧怡、杨承淑编《亚洲翻译传统与现代动向》，北京大学出版社，2000。
[51] 黎难秋：《中国科学翻译史》，中国科学技术大学出版社，2006。
[52] 李德强：《近代报刊诗话研究（1870—1919）》，上海书店，2017。
[53] 李九华：《晚清报刊与小说传播研究》，中国社会科学出版社，2014。
[54] 李欧梵：《现代性的追求》，生活·读书·新知三联书店，2000。
[55] 李伟：《中国近代翻译史》，齐鲁书社，2005。
[56] 李亚娟：《晚清小说与政治之关系研究（1902—1911）》，中国法制出版社，2013。
[57] 李亚舒：《科学翻译学探索》，清华大学出版社，2017。
[58] 梁启超：《饮冰室合集》，中华书局，1989。
[59] 廖七一：《中国近代翻译思想的嬗变——五四前后文学翻译规范研究》，南开大学出版社，2010。
[60] 廖七一：《20世纪上半叶文学翻译散论》，科学出版社，2019。
[61] 刘靖之主编《翻译论集》，生活·读书·新知三联书店，1981。
[62] 刘宓庆：《文化翻译论纲》，湖北教育出版社，2005。
[63] 刘万全：《全国高等院校社会科学学报1906—1949年总目录》，吉林大学出版社，1984。
[64] 刘小刚：《清末民初翻译文学中的西方形象》，浙江大学出版社，2017。
[65] 刘兴豪：《报刊舆论与中国近代化进程》，光明日报出版社，2016。
[66] 刘运峰编《中国新文学大系导言集（1917—1927）》，天津人民出版社，2009。
[67] 刘增杰：《中国现代文学史料学》，中西书局，2012。
[68] 卢明玉：《西人西学翻译与晚清救国良策的探索》，北京交通大学出版社，2018。
[69] 栾梅健、张霞：《近代出版与文学的现代化》，复旦大学出版社，2015。
[70] 罗新璋编《翻译论集》，商务印书馆，1984。
[71] 罗选民主编《外国文学翻译在中国》，安徽文艺出版社，2003。

[72] 罗选民主编《文化批评与翻译研究》，外文出版社，2005。
[73] 马积高：《清代学术思想的变迁与文学》，湖南出版社，1996。
[74] 马祖毅：《中国翻译史》（上、下），湖北教育出版社，1999。
[75] 明明：《翻译与文化相互关系研究》，中国社会科学出版社，2019。
[76] 潘树广、涂小马、黄镇伟主编《中国文学史料学》，华东师范大学出版社，2012。
[77]〔澳〕皮姆：《翻译史研究方法》，外语教学与研究出版社，2007。
[78] 钱基博：《现代中国文学史》，上海古籍出版社，2011。
[79] 钱钟书、郑振铎、阿英、马泰来：《林纾的翻译》，商务印书馆，1981。
[80] 秦绍德：《上海近代报刊史论》（增订版），复旦大学出版社，2014。
[81] 任访秋：《中国近代文学作家论》，河南人民出版社，1984。
[82] 任访秋主编《中国近代文学史》，河南大学出版社，1988。
[83] 单正平：《晚清民族主义与文学转型》，人民出版社，2006。
[84] 商务印书馆编辑部编《论严复与严译名著》，商务印书馆，1982。
[85]〔英〕苏珊·巴斯内特、〔英〕安德烈·勒菲弗尔：《文化构建：文学翻译论集》，上海外语教育出版社，2001。
[86] 孙文礼：《严复与道家思想》，湖北人民出版社，2009。
[87] 谭载喜：《翻译学》，湖北教育出版社，2005。
[88] 谭载喜：《西方翻译简史》（增订版），商务印书馆，2013。
[89] 谭正璧：《中国文学进化史》，光明书局，1929。
[90] 涂兵兰：《清末译者的翻译伦理研究（1898—1911）》，湖南人民出版社，2013。
[91]〔美〕王德威：《被压抑的现代性——晚清小说新论》，宋伟杰译，北京大学出版社，2005。
[92] 王宏印：《文学翻译批评论稿》（第二版），上海外语教育出版社，2010。
[93] 王宏志编《翻译与创作——中国近代翻译小说论》，北京大学出版社，2000。
[94] 王宏志：《重释“信、达、雅”——20世纪中国翻译研究》，清华大学出版社，2007。
[95] 王宏志：《翻译与近代中国》，复旦大学出版社，2014。
[96] 王克非编著《翻译文化史论》，上海外语教育出版社，1997。
[97] 王栻主编《严复集》，中华书局，1986。
[98] 王韬：《西方思潮与中国近代文学》，复旦大学出版社，2015。

[99] 王宪明：《语言、翻译与政治——严复译〈社会通诠〉研究》，北京大学出版社，2005。
[100] 王晓元：《翻译话语与意识形态——中国1895—1911年文学翻译研究》，上海外语教育出版社，2010。
[101] 王瑶：《中国文学：古代与现代》，北京大学出版社，2008。
[102] 王一川：《中国现代性体验的发生：清末民初文化转型与文学》，北京师范大学出版社，2001。
[103] 王中江：《近代中国思维方式演变的趋势》，四川人民出版社，2008。
[104] 文军主编《中国翻译史研究百年回眸：1880—2005中国翻译史研究论文、论著索引》，北京航空航天大学出版社，2006。
[105] 文军、张镇华、王斌主编《外语、翻译与文学研究》，北京航空航天大学出版社，2007。
[106] 谢天振主编《翻译的理论建构与文化透视》，上海外语教育出版社，2000。
[107] 谢天振、何绍斌：《简明中西翻译史》，外语教学与研究出版社，2013。
[108] 谢天振、查明建主编《中国现代翻译文学史（1898—1949）》，上海外语教育出版社，2004。
[109] 熊月之：《西学东渐与晚清社会》，上海人民出版社，1994。
[110] 徐鹏绪：《中国近代文学史纲》，中国社会科学出版社，2004。
[111] 许纪霖、陈达凯主编《中国现代化史》（第一卷），上海三联书店，1995。
[112] 许钧：《翻译论》，湖北教育出版社，2006。
[113] 许渊冲：《文学与翻译》，北京大学出版社，2003。
[114] 薛绥之、张俊才编《林纾研究资料》，福建人民出版社，1983。
[115] 杨联芬：《晚清至五四：中国文学现代性的发生》，北京大学出版社，2003。
[116] 杨义：《中国现代小说史》（第一卷），人民文学出版社，1986。
[117] 杨义主编《二十世纪中国翻译文学史》（近代卷），百花文艺出版社，2009。
[118] 杨义主编《二十世纪中国翻译文学史》（三四十年代·俄苏卷），百花文艺出版社，2009。
[119] 余英时：《士与中国文化》，上海人民出版社，2003。
[120] 袁荻涌：《二十世纪初期中外文学关系研究》，中国文史出版社，2002。
[121] 袁荻涌：《中外文学的交流互润》，贵州民族出版社，2010。

［122］袁进：《近代文学的突围》，上海人民出版社，2001。
［123］袁进：《中国文学的近代变革》，广西师范大学出版社，2006。
［124］查明建、谢天振：《中国20世纪外国文学翻译史》，湖北教育出版社，2007。
［125］张朋园：《知识分子与近代中国的现代化》，百花洲文艺出版社，2002。
［126］张天星：《报刊与中国文学的近代转型（1833—1911）》，复旦大学出版社，2015。
［127］章艳：《在规范和偏离之间——清末民初小说翻译规范研究》，外语教学与研究出版社，2011。
［128］赵纪萍：《清末民初文学翻译中的创造性叛逆研究》，山东人民出版社，2017。
［129］赵稀方：《翻译与现代中国》，复旦大学出版社，2018。
［130］赵晓兰、吴潮：《传教士中文报刊史》，复旦大学出版社，2011。
［131］赵彦春：《翻译学归结论》，上海外语教育出版社，2005。
［132］郑宾于：《中国文学流变史》，北新书局，1931。
［133］郑家建：《中国文学现代性的起源语境》，上海三联书店，2002。
［134］《中国近代文学大系》总编辑委员会编《中国近代文学大系（1840—1919）》（第1—30卷），上海书店出版社，2012。
［135］周发祥、李岫主编《中外文学交流史》，湖南教育出版社，1999。
［136］周方珠：《文学翻译论》，中国对外翻译出版有限公司，2014。
［137］周作人：《中国新文学的源流》，华东师范大学出版社，1995。
［138］朱健华：《中国近代报刊活动家传论》，贵州民族出版社，1998。

二　论文

［1］曹明伦：《论以忠实为取向的翻译标准——兼论严复的“信达雅”》，《中国翻译》2006年第4期。
［2］陈才训：《论读者对晚清民初翻译小说文本形态的潜在影响》，《文艺研究》2014年第2期。
［3］陈大康：《翻译小说在近代中国的普及》，《文艺理论研究》2012年第3期。
［4］陈大康：《论近代翻译小说》，《文学评论》2015年第2期。
［5］陈福康：《洋务派的翻译主张》，《中国翻译》1992年第2期。
［6］陈平原：《古文传授的现代命运——教育史上的林纾》，《文学评论》2016

年第 1 期。
[7] 陈晓兰：《面海的经验与世界的想象——以晚清与民国时期海外游记为中心》，《中国比较文学》2020 年第 1 期。
[8] 陈永国：《翻译的文化政治》，《文艺研究》2004 年第 5 期。
[9] 程翔章：《中国近代翻译文学的兴盛及其原因》，《外国文学研究》1998 年第 6 期。
[10] 崔丽芳：《论中国近代翻译文学中的误读现象》，《南开学报》2000 年第 3 期。
[11] 邓伟：《归化与欧化——试析清末民初翻译文学语言的建构倾向》，《文艺理论研究》2010 年第 3 期。
[12] 高黎平：《论林乐知的西学翻译及其在晚清的接受》，《国外文学》2006 年第 1 期。
[13] 高玉：《论中国近代翻译文学的"古代性"》，《华中师范大学学报》（人文社会科学版）2000 年第 4 期。
[14] 耿传明：《清末民初小说中"现代性"的起源、形态与文化特性》，《文学评论》2010 年第 5 期。
[15] 关爱和：《梁启超与文学界革命》，《中国社会科学》2006 年第 5 期。
[16] 关爱和：《中国文学的"世纪之变"——以严复、梁启超、王国维为中心》，《文学评论》2016 年第 4 期。
[17] 管新福：《西方传统中国形象的"他者"建构与文学反转——以笛福的中国书写为中心》，《文学评论》2016 年第 4 期。
[18] 管新福：《中国近现代报刊刊载辞赋的特质及新变》，《复旦学报》（社会科学版）2020 年第 6 期。
[19] 郭延礼：《中国近代文学翻译理论初探》，《文史哲》1996 年第 2 期。
[20] 郭延礼：《近代翻译文学与中国文学的近代化》，《山东大学学报》（哲学社会科学版）1997 年第 4 期。
[21] 郭延礼：《中国文学由古典向现代的转型及其文学史意义》，《文艺研究》2002 年第 6 期。
[22] 胡翠娥：《不是边缘的边缘——论晚清小说和小说翻译中的伪译和伪著》，《中国比较文学》2003 年第 3 期。
[23] 胡翠娥：《翻译研究与文化研究》，《外语与外语教学》2007 年第 6 期。
[24] 胡翠娥：《作为五四浪漫主义运动的"直译"之经典化历程——兼论"直译、意译"之争》，《中国翻译》2016 年第 4 期。

[25] 胡全章：《梁启超与晚清文学翻译》，《文学评论》2020 年第 3 期。
[26] 黄立波、朱志瑜：《晚清时期关于翻译政策的讨论》，《中国翻译》2012 年第 3 期。
[27] 黄忠廉：《汉译的“雅”与“洁”》，《读书》2014 年第 4 期。
[28] 孔慧怡：《晚清翻译小说中的妇女形象》，《中国比较文学》1998 年第 2 期。
[29] 黎难秋：《清末译学馆与翻译人才》，《中国翻译》1996 年第 3 期。
[30] 李欧梵：《近代翻译与通俗文学》，《中国现代文学研究丛刊》2001 年第 2 期。
[31] 李欧梵：《林纾与哈葛德——翻译的文化政治》，《东岳论丛》2013 年第 5 期。
[32] 李泽厚：《梁启超王国维简论》，《历史研究》1979 年第 4 期。
[33] 李震：《晚清翻译小说凡例：不容忽视的伴随文本》，《中国比较文学》2020 年第 1 期。
[34] 廖七一：《从“信”的失落看清末民初文学翻译规范》，《外语与外语教学》2011 年第 1 期。
[35] 廖七一：《晚清集体叙述与翻译规范》，《上海翻译》2011 年第 1 期。
[36] 廖七一：《晚清批评话语与翻译实践》，《外国语文》2014 年第 6 期。
[37] 刘宏照：《中西比较视野中的林纾翻译小说及其影响》，《文艺研究》2012 年第 6 期。
[38] 刘克敌：《晚年林纾与新文学运动》，《文艺理论研究》1996 年第 4 期。
[39] 刘树森：《重新认识中国近代的外国文学翻译》，《中国翻译》1997 年第 5 期。
[40] 罗志田：《林纾的认同危机与民初的新旧之争》，《历史研究》1995 年第 5 期。
[41] 罗志田：《西方的分裂：国际风云与五四前后中国思想的演变》，《中国社会科学》1999 年第 3 期。
[42] 骆贤凤：《从目的论看中国近代外国文学翻译中的民族文化心理》，《民族文学研究》2006 年第 1 期。
[43] 秦弓：《论翻译文学在现代文学史上的地位——以五四时期为例》，《文学评论》2007 年第 2 期。
[44] 桑兵：《晚清民国时期的国学研究与西学》，《历史研究》1996 年第 5 期。
[45] 宋莉华：《传统与现代之间：从〈孽海花〉看晚清小说中的异域书写》，

《文学遗产》2008 年第 1 期。
[46] 宋丽娟、孙逊:《“中学西传”与中国古典小说的早期翻译(1735—1911)——以英语世界为中心》,《中国社会科学》2009 年第 6 期。
[47] 宋声泉:《文言翻译与“五四”新体白话的生成》,《文学评论》2019 年第 2 期。
[48] 苏桂宁:《林译小说与林纾的文化选择》,《文学评论》2000 年第 5 期。
[49] 孙晓娅:《如何为新词命名?——论民国初年的“翻译名义”之争》,《文艺研究》2015 年第 9 期。
[50] 孙尧天:《“科学”与“人情”的纠葛——论鲁迅的科学小说翻译》,《文艺研究》2017 年第 5 期。
[51] 汤哲声、朱全定:《清末民初小说的翻译及其文学史价值》,《中国现代文学研究丛刊》2014 年第 2 期。
[52] 王宏志:《民元前鲁迅的翻译活动——兼论晚清的意译风尚》,《鲁迅研究月刊》1995 年第 3 期。
[53] 王宏志:《“专欲发表区区政见”:梁启超和晚清政治小说的翻译及创作》,《文艺理论研究》1996 年第 6 期。
[54] 王克非:《论严复〈天演论〉的翻译》,《中国翻译》1992 年第 3 期。
[55] 王宁:《现代性、翻译文学与中国现代文学经典重构》,《文艺研究》2002 年第 6 期。
[56] 王向远:《“译文不在场”的翻译文学史——“译文学”意识的缺失与中国翻译文学史著作的缺憾》,《文学评论》2015 年第 3 期。
[57] 王向远:《“翻”、“译”的思想——中国古代“翻译”概念的建构》,《中国社会科学》2016 年第 1 期。
[58] 肖开容:《近代翻译对中国现代观念的塑造》,《西南大学学报》(社会科学版)2010 年第 2 期。
[59] 熊辉:《保守与现代:清末西书翻译的语言困境》,《贵州师范大学学报》(社会科学版)2017 年第 2 期。
[60] 熊月之:《1842 年至 1860 年西学在中国的传播》,《历史研究》1994 年第 4 期。
[61] 熊月之:《晚清西学东渐过程中的价值取向》,《社会科学》2010 年第 2 期。
[62] 徐中玉:《略谈近代散文、翻译、通俗文论的发展》,《齐鲁学刊》1994 年第 4 期。

[63] 许崇信：《社会科学翻译在中国近代翻译史上的地位及其现实意义》，《外国语》1992 年第 5 期。
[64] 许钧：《翻译精神与五四运动——试论翻译之于五四运动的意义》，《中国翻译》2019 年第 3 期。
[65] 许渊冲：《翻译的标准》，《中国翻译》1981 年第 1 期。
[66] 许渊冲：《谈谈文学翻译问题》，《外国语》1994 年第 4 期。
[67] 许渊冲：《关于翻译学的论战》，《外语与外语教学》2001 年第 6 期。
[68] 杨联芬：《林纾与中国文学现代性的发生》，《中国现代文学研究丛刊》2002 年第 4 期。
[69] 袁荻涌：《林纾的文学翻译思想》，《中国翻译》1994 年第 3 期。
[70] 袁荻涌：《晚清文学翻译家徐念慈》，《中国翻译》1994 年第 6 期。
[71] 袁荻涌：《清末译界前锋周桂笙》，《中国翻译》1996 年第 2 期。
[72] 袁荻涌：《苏曼殊——翻译外国诗歌的先驱》，《中国翻译》1997 年第 2 期。
[73] 袁进：《试论清代出洋士大夫对西方文明的认识》，《社会科学》1998 年第 3 期。
[74] 袁进：《试论中国近代对西方进化论思想的接受》，《中国比较文学》2004 年第 2 期。
[75] 袁进：《试论晚清翻译小说与林纾的贡献》，《明清小说研究》2011 年第 1 期。
[76] 张景华：《“西化”还是“化西”？——论晚清西学翻译的术语民族化策略》，《中国翻译》2018 年第 6 期。
[77] 张美平：《华蘅芳与近代西学翻译》，《中国科技翻译》2021 年第 1 期。
[78] 赵稀方：《翻译与文化协商——从〈毒蛇圈〉看晚清侦探小说翻译》，《中国比较文学》2012 年第 1 期。
[79] 周羽：《中国近现代翻译理念、翻译策略的演进初探》，《上海大学学报》（社会科学版）2001 年第 1 期。
[80] 左鹏军：《近代文学研究中的新文学立场及其影响之省思》，《文学遗产》2013 年第 4 期。

后　记

本书选录了本人近年来对晚清民国翻译研究的相关论述，其中部分内容曾经在《中国比较文学》《复旦学报》《江西社会科学》《山西大学学报》《当代文坛》《中华文化论坛》等刊物发表过，有些被中国人民大学复印报刊资料全文转载，但在收入本书时作了一些修改、补充。

本书的出版得到贵州师范大学文学院各位同仁的大力支持，社会科学文献出版社刘荣女士、许文文女士为本书的出版倾注了大量心血，在此一并致谢！

管新福

2021 年 3 月于贵州师范大学

图书在版编目(CIP)数据

晚清民国西学翻译摭论 / 管新福著. -- 北京 : 社会科学文献出版社, 2021.9
ISBN 978-7-5201-8834-0

Ⅰ.①晚… Ⅱ.①管… Ⅲ.①翻译-中国-清后期-民国-文集 Ⅳ.①H159-092

中国版本图书馆 CIP 数据核字(2021)第162991号

晚清民国西学翻译摭论

著　　者 / 管新福

出 版 人 / 王利民
责任编辑 / 刘　荣
文稿编辑 / 许文文

出　　版 / 社会科学文献出版社 (010) 59367011
地址: 北京市北三环中路甲29号院华龙大厦　邮编: 100029
网址: www.ssap.com.cn
发　　行 / 市场营销中心 (010) 59367081　59367083
印　　装 / 三河市东方印刷有限公司

规　　格 / 开　本: 787mm×1092mm　1/16
印　张: 17.25　字　数: 304千字
版　　次 / 2021年9月第1版　2021年9月第1次印刷
书　　号 / ISBN 978-7-5201-8834-0
定　　价 / 128.00元

本书如有印装质量问题, 请与读者服务中心 (010-59367028) 联系